精品课程新形态教材

21世纪应用型人才培养系列教材

新时代创新型人才培养精品教材

KEHU
GUANXI
GUANLI

客户关系管理

主编 胡佳婷 罗小燕 徐 建

山东大学出版社
SHANDONG UNIVERSITY PRESS
·济南·

图书在版编目（CIP）数据

客户关系管理/胡佳婷，罗小燕，徐建主编. —济南：山东大学出版社，2019.7（2024.6重印）
ISBN 978-7-5607-6382-8

Ⅰ. ①客… Ⅱ. ①胡…②罗…③徐… Ⅲ. ①企业管理-供销管理 Ⅳ. ①F274

中国版本图书馆CIP数据核字（2019）第146347号

责任编辑：陈　珊
美术编辑：张　荔
封面设计：尤　岛

出版发行：山东大学出版社
社　址　山东省济南市山大南路20号
邮　编　250100
电　话　市场部（0531）88364466
经　　销：新华书店
印　　刷：北京俊林印刷有限公司
规　　格：787毫米×1092毫米　1/16
13.5印张　　286千字
版　　次：2019年7月第1版
印　　次：2024年6月第3次印刷
定　　价：36.00元

版权所有，盗印必究
凡购本书，如有缺页、倒页、脱页，由本社营销部负责调换

前　言

高校应全面贯彻和落实党的二十大精神，坚持立德树人，以培养经管类专业高级应用型人才为目标，服务于地方经济社会高质量发展。

本书理论与实践密切结合，在研究客户关系基本理论的基础上，对通用客户关系管理系统的工作流程进行了分析和探讨，力图使读者了解客户关系管理的最基本的理论框架和最直接的系统全貌，对客户关系管理形成更完整的客观认知。在学术思想上，本书展示了当前客户关系管理研究的基本理论，力求做到知识完备、结构系统、内容充实、通俗易懂。在结构体系上，本书结构清晰、体系完整、内容紧凑，在正常授课内容的基础上增加了案例分析、知识拓展等知识模块，使学生能容易抓住客户关系管理的基本框架，在学习中达到事半功倍的效果。在写作特点上，本书兼顾学术性和通俗性，叙述时力求深入浅出，简单易懂。

本书在撰写过程中参阅了国内外学者的文献资料，汲取了大量专业方面的研究成果及新思想、新方法，并采用了部分新数据、新资料，在此谨向各位专家学者致以诚挚的谢意。由于相关理论的不断发展与更新，加之时间仓促，编者专业水平又有限，书中如有不完全符合企业管理实践，甚至是适当之处，敬请广大读者和专家不吝批评指正。此外，编者还为广大一线教师提供了服务于本教材的教学资源库，有需要者可致电 13811187534 或发邮件至 1176142336@ qq. com。

编　者

目　录

第一章　客户关系管理概述

学习目标

1. 理解客户关系管理的内涵和本质；
2. 了解客户关系管理的发展阶段；
3. 熟悉客户关系管理的发展趋势。

一个网络盛传很久的客户关系管理笑话：

客服："东东披萨店您好！请问有什么需要我为您服务？"

顾客："你好，我想要……"

……

客服："先生，请把您的 AIC 会员卡号码告诉我。"

顾客："喔！请等等，12345678。"

……

客服："陈先生您好，您是住在泉州街一号二楼，您家电话是 23939889，您的公司电话是 23113731，您的行动电话是 0939956956。请问您现在是用哪一个电话呢？"

顾客："我家，为什么你知道我所有的电话号码？"

客服："陈先生，因为我们连线到了"AIC CRM 系统"。

顾客："我想要一个海鲜披萨……"

客服："陈先生，海鲜披萨不适合您。"

顾客："为什么？"

客服："根据您的医疗纪录，您有高血压，且胆固醇偏高。"

顾客："那……你们有什么可以推荐的？"

客服："您可以试试我们的低脂健康披萨。"

顾客："你怎么知道我会喜欢吃这种的?"

客服："喔！您上星期一在中央图书馆借了一本《低脂健康食谱》。"

顾客："哎呀！好……我要一个家庭号特大披萨，要多少钱?"

客服："嗯，这个足够您一家十口吃，699元。"

顾客："可以刷卡吗?"

客服："陈先生，对不起，请您付现，因为您的信用卡已经刷爆了，您现在还欠银行十万四千八百零七元，而且还不包括房贷利息。"

顾客："喔！那我先去附近的提款机领钱。"

客服："陈先生，根据您的记录，您已经超过今日提款机提款限额。"

顾客："算了！你们直接把披萨送来吧，我这里有现金。你们多久会送到?"

客服："大约30分钟，如果您不想等，可以自己骑车来。"

顾客："什么?!"

（资料来源：《客户关系管理》，https：//wenku. baidu. com/view/a8c2c3e66bec0975f465e2f1. html.）

第一节　客户关系管理的起源及发展

客户关系管理源于20世纪80年代初提出的接触管理（Contact Management），即通过专门收集公司跟客户联系的所有信息提升市场营销的效率和绩效。这一实践到20世纪末则演化为包括电话服务中心与支撑性材料分析的客户服务（Customer Care）。目前，经过20多年的不断发展，客户关系管理已演变成一个独立的学科门类，并形成了一套完整的管理和技术应用体系。

一、客户关系管理产生的背景

客户关系管理是生产力发展到一定阶段的产物，有着深刻的社会和经济背景。客户关系管理产生的背景也是商品经济发展的必然要求。

在20世纪20年代以前，资本主义社会生产力相对落后，商品经济不发达。当时，市场趋势是供小于求，企业普遍持有生产观念，即将更多的精力集中于生产活动的组织，对市场及客户关注不多。由于社会生产力相对落后，许多产品的成本很高，企业为了扩大市场，必须提高生产率，降低成本。由于市场供小于求，因而顾客最关心的是能否得到产品，而不是关心产品的细节。于是，生产企业就要集中力量想方设法扩大生产。因而，这一阶段的企业不关注客户关系，对客户关系管理也没有现实的需求。

20 世纪 20 年代以后，随着商品经济的不断发展，供小于求的局面被逐步打破。1929 ~1933 年，资本主义社会爆发的延续时间最长、波及范围最广、对人们打击最为沉重的一次经济危机，便是供小于求的局面彻底被打破的集中体现。在供大于求的格局下，客户选择的空间和余地显著增大，而只有最能满足客户需求的产品和服务才能实现市场销售。因此，企业的营销活动从过去的单纯关注“生产”转向关注“客户”，并寻求使客户满意的战略和策略。在这一导向下，“客户满意”逐步得到了企业经营者的广泛认可。

20 世纪后期，尤其是进入 21 世纪以来，商品经济高度发达，个性化需求成为市场的典型特点。个性化需求要求企业针对不同的客户提供差异性的产品或服务。同时，即便是同一客户，也会因所处环境的不同而产生不同的个性化需求。此时，企业从产品的构思、设计、制造包装、运输、销售等方面认真思考客户的需求，从而给企业的营销管理工作带来了巨大的挑战。客户关系管理迎合了商品经济高度发达状况下客户个性化需求的高要求。企业通过完整掌握客户信息、准确把握客户需求的特点，能快速响应客户的个性化需求。因此，在 20 世纪后期，尤其是进入 21 世纪以来，客户关系管理得到了快速的发展。

可见，客户关系管理是在商品经济发展到一定阶段、在消费者产生个性化需求的时代背景下产生的。客户关系管理为企业给客户设计真正需要的产品或服务、构建便捷的购买渠道以及为客户实现高效、快捷的售后服务提供了方便。同时，网络技术的进一步发展也使得客户关系管理理念更容易实现，而广泛应用的客户关系管理软件也推动了客户关系管理的发展。

二、客户关系管理（CRM）出现的原因

客户关系管理是在市场经济比较发达，市场处于买方阶段的背景下产生的。总体而言，客户关系管理的产生还得益于三大推动因素的作用，分别为需求的拉动、技术的推动和管理理念的更新。

（一）需求的拉动

放眼看去，一方面，很多企业在信息化方面已经做了大量工作，收到了很好的经济效益。另一方面，一个普遍的现象是，在很多企业，销售、营销和服务部门等信息化程度越来越不能适应业务发展的需要，越来越多的企业要求提高销售、营销和服务等日常业务的自动化和科学化。这是客户关系管理应运而生的需求基础。

仔细地倾听一下，我们会从顾客、销售、营销和服务人员、企业经理那里听到各种抱怨。

来自销售人员的声音：

由于从市场部提供的客户线索中很难找到真正的顾客，我常在这些线索上花费大量时

间，由此也使我产生了是不是该自己来找线索这样的疑问。此外，我还有这样的愿望和疑问，如出差在外时，我也希望能看到公司电脑里的客户、产品信息。我这次面对的是一个老客户，应该给他报价多少才能留住他呢？

来自营销人员的声音：

去年在营销上的开销是2000万元，我怎样才能知道这2000万元的回报率？在展览会上，我们一共收集了4700张名片，怎么利用它们才好？展览会上，我向1000多人发放了公司资料，这些人对我们的产品看法怎样？其中有多少人已经与销售人员接触了？我应该和那些真正的潜在购买者多多接触，但我怎么能知道谁是真正的潜在购买者？我怎么才能知道其他部门的同事和客户的联系情况，以防止重复地给客户发放相同的资料？有越来越多的人访问过我们的站点了，但我怎么才能知道这些人是谁？我们的产品系列很多，他们究竟想买什么？

来自服务人员的声音：

其实很多客户提出的电脑故障都是自己的误操作引起的，很多情况下都可以自己解决，但回答这种类型的客户电话占去了工程师的很多时间，而且这些工作枯燥而无聊。为什么其他部门的同事都认为我们的售后服务部门只是花钱而挣不来钱？

来自顾客的声音：

我从企业的两个销售人员那里得到了同一产品的不同报价，哪个才是可靠的？我以前买的东西现在出了问题，这些问题还没有解决，怎么又来上门推销？一个月前，我通过企业的网站发了一封EMAIL，要求销售人员和我联系一下，怎么到现在还是没人理我？我已经提出不希望再给我发放大量的宣传邮件了，怎么情况并没有改变？我报名参加企业网站上登出的一场研讨会，但一直没有收到确认信息。研讨会这几天就要开了，我是去还是不去？为什么我的维修请求提出一个月了，还是没有等到上门服务？

来自经理人员的声音：

有个客户半小时以后就要来谈最后的签单事宜，但一直跟单的人最近辞职了，而我作为销售经理，对与这个客户联系的来龙去脉还一无所知，真急人。有三个销售员都和这家客户联系过，我作为销售经理，怎么知道他们都给客户承诺过什么？现在手上有个大单子，我作为销售经理，该派哪个销售员我才放心呢？这次的产品维修技术要求很高，我是一个新经理，该派哪一个维修人员呢？

上面的内容可归纳为两个方面的问题：第一，企业的销售、营销和客户服务部门难以获得所需的客户互动信息。其次，来自销售、客户服务、市场、制造、库存等部门的信息分散在企业内，这些零散的信息使得企业无法对客户有全面的了解，各部门难以在统一信息的基础上面对客户。这需要各部门对面向客户的各项信息和活动进行集成，组建一个以客户为中心的企业，实现对面向客户活动的全面管理。

随着企业间竞争的压力越来越大，在产品质量、供货及时性等方面，很多企业已经没有多少潜力可挖。而上面问题的改善将大大有利于企业竞争力的提高，有利于企业赢得新客户、保留老客户和提高客户利润贡献度。对于很多企业，特别是那些已经有了相当的管理基础和信息基础的企业来说，现在，这个时刻已经来临了。

实际上，正如所有的“新”管理理论一样，客户关系管理绝不是什么新概念。它只是在新形势下获得了新内涵。你家门口小吃店的老板会努力记住你喜欢吃辣这种信息，当你要一份炒面时，他会征询你的意见，问你要不要加辣椒。但如果你到一个大型的快餐店（譬如，这家店有300个座位）时，就不会得到这种待遇了，即使你每天都去一次。为什么呢？最重要的原因是，如果要识别每个客户，快餐店要搜集和处理的客户信息量是小吃店的n倍，超出了企业的信息搜集和处理能力，而信息技术的发展使得这种信息应用成为可能。

企业的客户可通过电话、传真、网络等访问企业，进行业务往来。任何与客户打交道的员工都能全面了解客户关系、根据客户需求进行交易、了解如何对客户进行纵向和横向销售、记录自己获得的客户信息；也能够对市场活动进行规划、评估，对整个活动进行360度的透视；能够对各种销售活动进行追踪。系统用户可不受地域限制，随时访问企业的业务处理系统，获得客户信息。他们拥有对市场活动、销售活动的分析能力，能够从不同角度提供成本、利润、生产率、风险率等信息，并对客户、产品、职能部门、地理区域等进行多维分析。

上面的所有功能都是围绕客户展开的。与“客户是上帝”这种可操作性不强的口号相比，这些功能把对客户的尊重落到了实处。客户关系管理的重要性就在于它把客户单独列了出来，围绕着客户做文章。

（二）技术的推动

计算机、通信技术、网络应用的飞速发展使得上面的想法不再停留在梦想阶段。

办公自动化程度、员工计算机应用能力、企业信息化水平、企业管理水平的提高都有利于客户关系管理的实现。在一个管理水平低下、员工意识落后、信息化水平很低的企业，我们很难想象其能从技术上实现客户关系管理。有一种说法很有道理：客户关系管理的作用是锦上添花。现在，信息化、网络化的理念在我国很多企业已经深入人心，很多企业有了相当的信息化基础。

电子商务在全球范围内正开展得如火如荼，正在改变着企业做生意的方式。通过Internet，可开展营销活动，向客户销售产品，提供售后服务，收集客户信息。重要的是，这一切的成本非常低。

客户信息是客户关系管理的基础。数据仓库、商业智能、知识发现等技术的发展，使得收集、整理、加工和利用客户信息的效率大大提高。在这方面，我们可用一个经典的案例来分析。美国最大的超市沃尔玛在对顾客的购买清单信息分析后表明，啤酒和尿布经常同时出现在顾客的购买清单上。原来，美国很多男士在为自己孩子买尿布的时候，还要为自己带上几瓶啤酒。而在这个超市的货架上，这两种商品离得很远，因此，沃尔玛超市就重新分布货架，即把啤酒和尿布放得很近，使得购买尿布的男人很容易地看到啤酒，最终使得啤酒的销量大增。这就是著名的“啤酒与尿布”的数据挖掘案例。

在可以预期的将来，我国企业的通信成本将会降低。这将推动互联网、电话的发展，进而推动呼叫中心的发展。网络和电话的结合，使得企业有统一的平台面对客户。

（三）管理理念的更新

经过二十多年的发展，市场经济的观念已经深入人心。当前，一些先进企业正在经历着从以产品为中心向以客户为中心的转移。有人提出了“客户联盟”的概念，也就是与客户建立共同获胜的关系，达到双赢的结果，而不是千方百计地从客户身上谋取自身的利益。

现在是一个变革的时代、创新的时代。比竞争对手领先仅仅一步，就可能意味着成功。业务流程的重新设计为企业的管理创新提供了一个工具。变革、创新的思想将有利于企业员工接受变革，而业务流程重组则提供了具体的思路和方法。

在互联网时代，仅凭传统的管理思想已经不够了。互联网带来的不仅是一种手段，它更触发了企业组织架构、工作流程的重组以及整个社会管理思想的变革。

三、客户关系管理的发展阶段

从总体上来说，客户关系管理的发展大致分为以下四个阶段。

（一）萌芽阶段

客户关系管理理念孕育于20世纪70年代末到80年代初。在客户关系管理理念的萌芽时期，人们进行的主要研究是探讨这种理念。美国是最早发展客户关系管理的国家，标志性的成果是在1980年年初提出的一个全新的概念——“接触管理”（Contact Management），它主要用于专门收集客户与企业联系的所有信息。1985年，Leonard L. Berry再次推动了市场营销理论的研究，他首先提出了“关系营销”，这一新概念的产生使市场营销理论的研究又向前迈了一大步。

（二）产生阶段

客户关系管理正式产生于20世纪80年代末到90年代中期。在这一时期，人们在萌芽阶段的基础上对客户关系管理进行了更加深入的探讨，主要进行的是商业策略的探讨。

John J. Sviokla 和 Benson F. Shapiro 编写的《寻找客户》和《保持客户》是这一时期的代表作。这两部著作的内容涉及较广泛，收录了这一时期的大多数探讨性文章，客户满意度、客户忠诚、客户保持及客户价值等新概念在书中都有体现。然而，由于这些文章的观点大多是在作者未经企业实际论证的基础上提出来的，因而有较大的主观性。

（三）发展阶段

客户关系管理发展于20世纪90年代中期到2001年左右。这一阶段客户关系管理研究的内容更加丰富，也更为深入，涌现出了大量的客户关系管理学术研究成果，并且这些成果已经进入实用化阶段。随着咨询公司的逐新发展，越来越多的企业认识到了客户关系的重要性与必要性，并开始在企业中创造性地运用客户关系管理。此外，客户关系管理的推广，在一定程度上还得益于许多软件公司推出的客户关系管理软件。客户关系管理的企业实施策略及客户关系管理软件的系统架构是这一时期研究的重点。较为深入的学术研究的重点是客户关系管理的价值创造理论，这一理论涉及了著名营销专家格鲁诺斯提出的客户关系生命周期理论，还有客户价值理论、客户满意度与忠诚度的关系研究、客户关系价值链研究等。管理咨询方面，Gartner Group、Hurwitz Group 等国际咨询企业积极推广它们的客户关系管理理念；软件商用方面，IBM、Oracle、SAP 等软件巨头纷纷推出自己的客户关系管理解决方案。互联网应用的快速普及使得 CTI、客户信息处理等技术也迅猛发展起来。

在20世纪90年代末期，客户关系管理市场开始爆炸式增长。此时客户关系管理市场的状况是企业对客户关系管理投资量过大、期望值过高，而客户关系管理实施的成功率和投资回报率却非常低。因而，理论界和企业界开始理性地把研究的重点放在客户关系管理的适用性上。

（四）提升阶段

2002年至今是客户关系管理的提升阶段。在此期间，客户关系管理的学术研究稳步发展，各项研究进一步深入。在客户价值领域，客户价值的评价应用引入了人工智能技术，因而价值与公司绩效、公司价值的相关性得到证实，增强了客户关系管理理论的客观性和科学性。此外，客户流失预警个性化推荐系统、客户知识管理等成为客户消费行为预测方面的研究重点。

四、客户关系管理的发展趋势

（一）基于云计算的客户关系管理

随着客户关系管理由员工在公司内部讨论客户相关信息的方式变为向外拓展的方式，慢慢地，客户关系管理系统中最重要的信息开始来自公司外部，来自在社交网络中的交谈和一些外部来源中。基于云的应用程序非常适合收集这些信息，并且能够方便地将它们转化为具有可操作性的实用情报。因此，现在的趋势是企业不必再花大价钱打造基础设施以连接云平台并挖掘客户资料，基于云的客户关系管理软件能够更加高效地完成这一工作，因而具备更好的费效比。

（二）更具易用性的家户关系管理

应用程序的易用性已经成为企业关注的一个重大问题，客户关系管理也不例外。使用者的工作环境逐渐发生变化，可能在传统的台式机和笔记本电脑之外，如平板电脑（如iPad）和智能手机都可以成为他们的工作设备。因此，使用者希望所有的数据只需要通过一个用户界面就可获得。这就要求客户关系管理软件应当拥有量身定制的、友好的界面，并且在传统平台和移动平台上均具有可访问性和易用性。

（三）汇聚更多信息的客户关系管理

随着企业与客户之间互动方式的增多，客户关系管理系统将在构建坚实合作关系方面发挥更大的作用。高效的客户关系管理体系应该能够将各个原本松散的环节贯穿起来，聚于一处，并与每位客户建立起紧密的合作关系，客户关系管理将成为所有信息的数据集散地。通过将客户数据集中化，企业才能够为客户提供更好的服务和更具针对性的解决方案。

（四）整合性更好的客户关系管理

企业一直希望客户关系管理能够与ERP、电子商务和专业服务自动化等应用完美结合，以获得集成度更强、运作效率更高的业务流程体系。它希望将整个业务处理过程加以整合，再以这种宏观视角与客户互动，同时更希望报告能够更加全面而不再被详细的职能划分切割得支离破碎。这里的整合是指从头到尾被设计为一个单一解决方案的系统，而不是那种初期各自独立发展而只是在后期被硬性整合在一起的应用。

（五）更具灵活性的客户关系管理

由于客户关系管理用户在交付模式、接口、数据实践及其他客户关系管理技术的选择上越来越熟练，因此他们在作出购买决定时会综合考虑上述因素。这将促使客户关系管理应用在设计上更易于实现集成化，用户也可以方便地通过定制进行有针对性的升级。同时，这也将促使那些产品只支持SaaS（软件即服务）的厂商扩充其客户可选择项。由于开源软件允许用户方便地进行调整和定制，因此开源软件在今后将继续对传统的客户关系管理模式造成冲击。

（六）社交化发展的客户关系管理

在获得重大发展之后，社交网络在决策过程中对客户的影响力越来越大。因此，客户关系管理软件厂商将会继续在其产品中整合社交网络，以使企业能够更好地了解细微的市场发展趋势，从而让他们的宣传和营销活动更具针对性。在社交网络的辅助下，客户关系管理将在自身平台上为业务团队带来更好的营销及技术支持渠道。

（七）更具移动应用的客户关系管理

移动性已经成为企业关键性的竞争优势，尤其在销售领域直接面向客户并进行客户服务活动的行业，允许现场员工使用手持移动设备将是提高服务水平的理想方式，目前这已经成为发展的主流。今后，移动组件的功能将影响到客户关系管理系统产品的销售。与缺乏移动组件的厂商相比，那些有功能强大的移动组件的厂商将获得显著的竞争优势。由此许多厂商将围绕本地客户端与安全性展开竞争。

（八）更关注客户反馈的客户关系管理

未来的客户关系管理将使客户的声音更多地融入产品，企业将逐渐尝试根据客户的反馈调整流程和应用，协助员工更好地了解现场客户的需求。如果能够以调查结果、客户访问、社交情感数据等形式为员工提供更多的客户反惯，那么这将更好地帮助员工理解他们的决策对客户所产生的影响。

第二节　客户关系管理的内涵

◎小案例

你该更换牙膏了

有一种“家庭购物代理”公司，公司员工会在一定的时间内向您打一个电话：“张先生，通过我们的了解，牙膏平均使用周期是 15 天，而您现在用的牙膏已经用了 13 天，您需要再来一管牙膏。”

（《市场高效率营销策划》，http：//www. doc88. com/p-909533630898. html）

思考：

1. 如果是你接到这个电话，你会再来一管吗？

2. 他们如何实现对顾客需求的精确测量？这对我们的销售有什么启示？

一、客户关系管理的定义

CRM 是英文“Customer Relationship Management”的简写，一般被译作“客户关系管理”，也可译作“顾客关系管理”。通常，“Customer”译作“客户”比译作“顾客”所表示的意义更为广泛，因为“客户”包括了过去购买或正在购买的现实客户以及还没有购买但今后可能产生购买行为的潜在客户，所指更为准确。

客户关系管理的定义有很多，不同的人从不同的角度会有不同的理解。下面给出几个具有代表性的定义，以从不同侧面反映客户关系管理的特点。

（1）策略说。策略说认为，客户关系管理是一种商业策略，企业按照客户的分类情况有效地组织企业资源，培养以客户为中心的经营行为以及实施以客户为中心的业务流程，并以此为手段来提高企业的盈利能力、利润及客户满意度。持这种观点的代表是全球最具权威的 IT 研究与顾问咨询公司 Gartner Group，它认为客户关系管理是一种基于企业发展战略上的经营策略。

（2）技术说。技术说认为，客户关系管理是在营销、销售和服务业务范围内，对现实的和潜在的客户关系以及业务伙伴关系进行多渠道管理的一系列过程和技术。该定义是由世界最大的独立社团 CRM Guru Group 提出的，它更强调客户关系管理作为软件载体的技术性，比较适合于客户关系管理开发系统。

（3）过程说。过程说认为，客户关系管理通过提高产品性能、增强客户服务、提高客户交付价值和客户满意度，与客户建立起长期、稳定、相互信任的密切关系，从而为企业吸引新客户、维系老客户，提高效益和竞争优势。这是 IBM 公司给出的客户关系管理定义。IBM 公司把客户关系管理分为三类，即关系管理、流程管理和接入管理，涉及企业识别、挑选、获取、发展和保持客户的整个商业过程。

（4）焦点说。焦点说认为，客户关系管理系统的核心是对客户数据的管理，焦点是改善市场营销、销售、客户服务等与客户关系有关的商业流程并实现自动化。持这种观点的代表是全球最大的企业管理和协同化商务解决方案供应商 SAP 和美国著名的研究机构 Hurwitz Group，它们认为客户关系管理系统主要具备了市场管理、销售管理、销售支持与服务等功能。

（5）工具说。工具说认为，客户关系管理也是一套软件和技术，客户关系管理应用软件简化和协调了销售、市场营销、服务和支持等各类业务功能的过程，并将注意力集中于满足客户的需求上，同时还将多种与客户交流的渠道，如面对面、电话接洽以及 Web 访问等融为一体，以方便企业按客户的喜好使用适当的渠道与之进行交流。从本质上说，客户关系管理不过是一个“聚焦客户”的工具。

提出上述定义的有 IT 厂商、商业机构及管理咨询专家和学者等。由于他们所从事的领域不同，侧重点也有所不同，但总的来说是一致的，即都认为“客户关系”是公司与客户之间建立的一种相互有益的、互动的关系，并由此把客户关系管理上升到战略高度，同时都认为技术在客户关系管理中起到了很重要的驱动作用。

本书采用的定义是：客户关系管理是将以客户为中心的理念集成在软件上，是与现代信息技术、经营理念和管理思想相结合的，旨在改善企业与客户之间关系的新型管理机制。它以信息技术为手段，实施于企业的市场营销、销售、服务与技术支持等与客户相关的领域，通过提供更快速和更加周到的优质服务吸引和保持更多的客户以及通过对业务流程的全面管理来降低企业的成本，从而提高客户的忠诚度，最终实现业务操作效益的提高和利润的增长。

二、客户关系管理的内在含义

客户关系管理的内在含义应该包括三个方面，即客户、关系和管理。

（一）客户的概念

客户是企业最重要的资源，是企业的衣食父母和利润之源，没有客户就没有企业的生存和发展。客户是企业的焦点，尤其是服务性行业。服务性行业的产品就是服务，产品的生产过程就是为客户服务的过程，一旦客户不存在了，产品和企业也就不存在了，所以以客户为中心的理念是客户关系管理的基础。那么什么是客户呢？

客户是对来商店或服务行业买东西或要求服务的人的称呼。这种解释显然已经不能满足现代管理需要。现代客户管理中的客户，其内涵已经扩大化，企业外部的合作伙伴、企业内部上流程与下流程的工作人员皆可称为客户，这些形成广义的客户概念。尤其在供应链的环境下，客户概念更是突破了消费者、用户这样传统的狭义的客户范围。总体而言，客户可以包含以下几个方面。

1. 普通消费者。客户可能是普通消费者，这是客户的传统覆盖对象，是购买最终产品或服务的零售客户，包括个人、家庭或者集体。

2. 其他企业。这部分客户将购买的产品或服务附加在自己企业的产品或服务上，再出售给另外的客户

3. 企业的合作者。处于供应链下游的企业是上游企业的客户，他们可能是批发商、零售商和物流商。只有当他们消费这些产品和服务时，他们才是客户，是产品和服务的最终接受者。

4. 内部客户。人们习惯于为企业之外的客户服务，而把企业内上下流程的工作人员看作同事或合作伙伴，从而淡化了服务意识，造成服务的内外脱节和不能落实。现在内部客户正日益引起企业的重视，这使企业的服务实现无缝连接。由于背景、地位、文化的差异，内部客户对不能预期达到的保质保值的服务通常不予正面抗议，而将责任或不便转嫁给企业之外的客户。例如，客户服务部门在前台竭尽全力实施客户忠诚计划，说服客户办理积分卡或会员卡，但却由于后方财务不能协调，出现办卡困难的情况，抵销了前台部门的努力，导致客户服务质量的低下。

因此，在供应链环境下，个体的客户和组织的客户都被统称为客户，因为无论是个体或是组织都是接受企业产品或服务的对象。而且从最终的结果来看，客户的下游还是客户。因此，客户是相对于产品或服务提供者而言的，他们是所有接受产品或服务的组织和个人的统称。当然，在企业一般的生产销售过程中，客户也经常被狭义地定义为产品或服务的一般购买者，所以客户所指的实际范围的大小有时会视境况不同而有所变化。

（二）关系的概念

所谓关系是指两个人或两组人中的一方对另一方的行为方式及感觉状态。企业之间的竞争经历了产品的竞争、服务的竞争后，发展到了客户关系的竞争。在客户关系中，企业要力求与客户建立和保持一种长期、良好、和谐的合作关系，这是一种互动的、相互了解和影响的关系。在互惠互利的基础上，长期满足客户要求和需要，并在使其满意的同时实现企业的利润，因而这种关系的结果应该是双赢的。企业与客户的关系有以下特征。

1. 关系的时间性

任何关系都有一个生命周期，包括关系建立、发展、维持、破坏和关系结束。企业与客户的关系也有从建立到终止的时段，即客户关系生命周期。好的客户关系需要慢慢积累，企业要有足够的耐心进行培养。

2. 关系的脆弱性

企业与客户建立、发展与维持关系需要投入大量的人力、物力、财力与时间。在客户关系建立阶段，企业是要求建立关系的一方，付出会比较多。关系稳固以后，企业才开始逐渐获得回报。不过越是这个阶段，企业越容易懈怠，越容易忽视维持关系的必要性。在如今这个供过于求的时代，作为被追求方的客户一般是比较挑剔的，只要有一次让他们感觉不好，就有可能导致企业的所有努力前功尽弃。

3. 关系的双重性

企业和客户的关系可以分为外在关系和内在关系。外在关系具有一定的行为特征，如重复购买；而内在关系则具有感情特征，如偏爱和向外推荐等。显然，外在关系可以带来企业明显的利润增加，但外在关系却具有明显的脆弱性。企业往往只重视外在关系而忽视内在关系，结果造成关系的破坏。例如，企业对重复购买的客户拼命进行电话营销，干扰了客户的正常生活，破坏了与之刚刚建立的情感关系，使客户愤然离去。实践证明，企业一旦与其客户建立了情感关系，就有可能使客户忠诚。忠诚客户乐于与企业交往，乐此不疲地购买企业的产品，会对企业更加宽容，对产品价格也相对不敏感，这样的客户关系就变成了企业的核心竞争力，使竞争对手不易模仿。

（三）管理的概念

客户关系管理是一个面向客户的管理系统，它整合了企业资源和业务流程，实现了客户和企业之间交互式的无缝链接，达到客户对企业产品和服务的完美体验，从而利用客户关系来提升销售利润。这种管理具有以下几个特征。

1. 管理的主动性

管理的主动性是指对客户关系的生命周期进行积极介入和控制，使这种关系能最大限度地帮助企业实现它所确定的经营目标。企业不能消极地管理这种关系，在没有关系时，企业要想方设法建立关系；有了浅层次的关系之后，企业要努力培养和加深这种关系。总之，企业要通过主动的管理使客户关系向纵深发展并趋于永久化。

2. 管理的区别化

企业的资源是有限的，企业实行区别化管理的目的就是要把有限的资源投入到最有价值的客户身上。不同的客户对企业的贡献是不同的，企业也无须让所有的客户满意。所以，企业对与客户的关系是区别对待的，资源会集中于能给企业带来丰厚利润的核心客户，对于一般客户则不作为管理的重点。而对于那些管理成本过高，使企业获利为零甚至可能是负利润的客户，企业将用一定方式将其排除在关系管理的范围之外。

3. 管理的技术性

无论是主动性管理还是区别化管理，对于客户数量众多的各类企业来说，都离不开客户数据。企业依靠所掌握的客户信息对客户进行主动接触和跟踪管理，要依据详细准确的数据来对客户进行差异化的管理。这就决定了这种管理是建立在现代信息技术基础之上的，离不开大量的客户数据。例如，呼叫中心的客户信息收集、接触技术以及数据仓库、数据挖掘技术为科学化的客户关系管理提供了技术保障。

三、客户关系管理的特点

客户关系管理是伴随着互联网和电子商务的大潮进入中国的。作为企业日益重视的管理系统，它的特性可以从不同角度来理解。

1. 客户关系管理是一种管理理念

在工业时代，企业是以土地、资本这些“物”为中心的。而在这个以客户为中心的新经济时代，管理软件是管理思想和管理理念的载体，客户关系管理就代表着这个时代最核心的管理理念，激励有价值的客户保持忠诚。

2. 客户关系管理是一种技术手段

要把以客户为中心的理念付诸实施，需要相应的技术支持。客户关系管理正是充分把握客户资源的重要手段，通过现代化的信息手段不断改善客户关系、互动方式、资源调配、业务流程和自动化程度，真正实现客户满意度的最大化。

3. 客户关系管理是一种商业策略

企业的根本目的还是要追求盈利，所以转变管理思想、改进管理方式、更新管理工具等，都是企业达成根本目标的途径。其中，客户关系管理就是一种通过技术与理念的结合选择和管理有价值的客户及其关系的商业策略。它可以有效地支持和整合市场、销售和服务的流程，以达到企业经营的目标。

4. 客户关系管理是一种企业文化

只有领导者具有客户思维是不够的，以客户为中心的运作模式要得到全体员工的认同，要成为企业文化的一部分。只有所有部门和级别的员工都能够认识到客户、企业和个人长远利益的紧密关系，他们才能更好地配合客户关系管理对资源和流程的整合，以更高的效率利用这个系统，以更敏感的思维感知客户，以更大的责任感修正客户对企业的不良体验。

5. 客户关系管理是一种经营哲学

有了客户关系管理，企业可以通过提高客户满意度来减少客户的流失。通过客户关系管理，企业可以更大程度地进行差异化服务，对新老客户进行个性化的交流。更重要的是，企业甚至可以在客户明确自己的需求之前理解、发掘和满足他们的需求。这种经营哲学影响着整个企业的运转方向和经营方式。

第三节　客户关系管理的内容及意义

一、客户关系管理的构成

客户关系管理到底由哪些部分组成，与客户关系管理的定义一样，至今并没有一个通用和权威的说法。不同领域的专家学者从不同的角度提出自己的想法和见解，给出论述不同却都具合理成分的观点。从本书的理论体系来看，客户关系管理应该由以下三个部分组成，如图 1.1 所示。

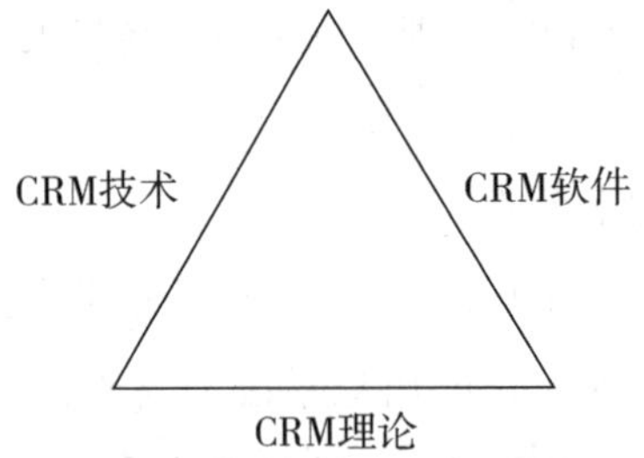

图 1.1　客户关系管理的构成

（一）客户关系管理理论

三角形的底边是客户关系管理理论，这是客户关系管理构成系统的基础。客户关系管理理论源于很多市场营销的基础理论，如关系营销、客户生命周期等，并在这些理论的基础上对诸如数据库营销、整合营销等策略进行典型应用。所有的客户关系管理实践都应该遵循客户关系管理理论，从客户关系管理理论中升华出的客户理念将贯穿于所有客户关系管理系统实施的始终。企业如果背离了这样一个基础，过于强调技术和软件的作用，将会走向管理客户的误区和极端，将会与和谐的客户关系渐行渐远。

（二）客户关系管理技术

要把客户关系管理理论更好地付诸实践，客户关系管理技术必不可少。这里的客户关系管理技术是指在客户关系管理实践中广泛采用的技术，如呼叫中心、数据仓库、数据挖掘等。只有在这些技术的支持下，企业才能真正了解客户，感知客户，在与客户的和谐共存中实现企业盈利的目的。

（三）客户关系管理软件

客户关系管理软件的出现使客户关系管理理论成为企业真正可操作的客户关系管理工具，它整合了企业营销、销售和服务的流程，一方面为客户提供连续高效的优质服务，另一方面为企业提供准确充足的客户信息，经过整理分析和挖掘后的信息规律将有效地指导企业的销售实践和营销创新。

近年来，客户关系理论正在日渐完善，可用于客户关系管理的技术正在向纵深发展，而客户关系管理软件系统的研发也如火如荼。正因为这三个部分的发展日新月异，才使客户关系管理的影响越来越广泛，越来越多的企业愿意投入资金去实施客户关系管理，以期获得全球化市场运行中的竞争优势。

二、客户关系管理的分类

最初，人们倾向于把所有的客户关系管理都称为运营型客户关系管理。随着客户关系管理厂商的日益增多和产品功能各有侧重，美国著名信息技术分析公司 Meta Group 等把客户关系管理分成运营型客户关系管理、合作型客户关系管理和分析型客户关系管理三种。

（一）运营型客户关系管理

运营型客户关系管理也称为“前台”客户关系管理，包括如营销自动化、销售自动化和客户服务管理等与客户直接发生接触的部分，目的是为了确保企业与客户的交流，确保企业能够通过各种互动渠道收集到所需的客户信息，以便建立起客户档案并将其存储在中央客户数据库中。各种技术的发展与成熟为企业提供了通过不同渠道与客户交互的能力。

互联网、数字电视和移动通信的出现，从根本上改变了企业与客户的互动渠道和互动方式。运营型客户关系管理对销售、营销和客户服务三个部分业务流程和管理进行信息化改造，注重客户连接点（销售、市场、客户服务方面）的业务流程自动化，其作用在于跟踪、分析和驱动市场导向，提高日常前台运作的效率和准确性，主要是销售自动化（Sales Automation，SA）、营销自动化（Marketing Automation，MA）和客户服务自动化（Customer Service& Support，CS&S）。这种客户关系管理主要面向与客户接触的业务或营销人员，存在与其他系统部分数据进行整合的需求，客户数据中包括未曾交易的潜在客户，注重目标客户细分与潜在商机的追踪管理、所提供的数据比较能够支持分析型客户关系管理需求、历史互动数据的再使用，达成一对一的营销模式，比较适用于产品销售与业务管理的企业等，特别适用于客户关系管理建设的中期，常常被用作部门整合的工具。

（二）合作型客户关系管理

合作型客户关系管理又称为协作型客户关系管理，是实现客户沟通所需手段（包括电话、传真、网络、电子邮件等）与客户互动渠道（例如，对于银行而言，有营业网点、网上银行、银行客户服务中心等）的集成和自动化，强调客户、员工、商业伙伴的协作，主要有业务信息系统（Operational Information System，Os）管理、联络中心（Contact Center，CC）管理和 Web 集成管理（Web Integration Management，WM）。通过协作界面的使用，使得客户、员工、商业伙伴实时交流，保障他们都能得到完整、准确、可靠而统一的信息。例如，客户在浏览网页和进行自助服务时，可以单击“帮助”进入在线服务功能，这样就可以与企业服务人员进行诸如网上交谈和 IP 电话等实时互动。这种客户关系管理主要针对第一线的服务人员，需要结合前端的话务系统（如交换机），提供自动转接与分配工作机制及整合语音互动服务，实时提供客户的基本数据，定时提供处理成本与效率的相关数据（如报表），实时处理客户的疑问或问题，并且比较适用于服务企业等。它适用于客户关系管理建设的中后期，常常被用作信息互动的工具。

（三）分析型客户关系管理

分析型客户关系管理是通过对上面两部分的应用所产生的信息进行加工处理和分析（商务管理数据分析和特殊客户的数据分析），产生相应报告和客户智能，为客户提供个性化服务，为企业的战略、战术的决策提供支持，包括数据仓库（Data Base/Warehouse，DB）和知识仓库（Knowledge Base，KB）建设及依托管理信息系统的商业决策分析智能，简称商业智能（Business Intelligence，BI）。企业通过对收集到的客户数据进行科学的分析与预测，把数据转为信息，把信息化为客户知识，然后再将客户知识应用到相应的目标营销、“一对一”营销和追加销售等管理活动中去。因此，分析型客户关系管理具有非常重要的角色，是企业成套客户关系管理发挥功效的前提，适合于客户关系管理建设的初期，常常被用作现有应用系统和数据库的整合、多维数据分析、预测和优化。

综合而言，其主要功能包括现有应用系统的整合、存放在不同数据库中的相互关联的原始数据的整合、关联性查询、客户价值评估和客户细分、利用分析数据和商业智能的方法验证行业经验、分析和考察客户的消费行为和数据挖掘、建立数据模型和预测市场活动效果、调整重要参数和估计对收益和利润的影响、知识发现和知识库、产品定位和市场决策、数据模型的优化和确定营销策略等。这种客户关系管理主要针对企业高层主管或市场营销分析人员，常常与数据仓库的作业平台结合使用，需要相关的产业经验积累来辅助，提供对企业经营方向具有参考价值的分析数据，注重前端客户资料的搜集与正确性，注重历史资料的保留与涵盖广度，并与联机分析处理数据结合起来提供 DSS 或 EIS 的前端支持等。

上面只是对客户关系管理的一种分类，实际上还存在着许多其他不同的分类方法。例如，客户关系管理还包括在线客户关系管理（E-CRM，指基于互联网平台和电子商务战略下的客户关系管理系统）和知识型客户关系管理（KCRM，指应用于电子商务关系管理的知识管理原则，它是知识管理、合作关系管理和电子商务的整合）。另外，还有人提出了客户智能系统（Intelligent-CRM，1-CRM）的概念。同时必须指出的是，按照其应用环境，还可以粗略地把客户关系管理分为消费市场客户关系管理（B to C CRM）和组织市场客户关系管理（B to B CRM）。其中，组织市场客户关系管理不应该只经营与企业客户采购部门的关系，更应该深入到部门和员工、经营与内部使用者之间的关系。只有这样，企业才能有效掌握客户采购时可能出现的变量。在组织市场客户关系管理环境下，企业的往来对象通常只有少数几家，每次交易的金额较高，且所售产品的复杂性也比较高。诸如此类的交易形态的差异、产品差异、买方和卖方特征差异，使得产业市场客户关系管理无法适用于消费市场客户关系管理企业可以运用的客户行为统计分析。

三、客户关系管理的核心思想

（一）全面提高客户满意度

市场的激烈竞争，使许多商品或服务在品质方面的区别越来越小。这种同质化的结果，使商品品质不再是客户消费选择的唯一标准，客户越来越注重企业能否满足其个性化的需求和能否提供及时的高质量服务。在企业越来越感觉到客户将在市场竞争中至关重要时，客户满意度和客户忠诚度就显得越来越重要。

客户满意度是指客户通过对一个产品或服务的可感知效果与他的期望值相比较后，所形成的愉悦或失望的感觉状态。客户满意度取决于可感知效果和期望值之间的比较，如果可感知效果低于期望值，客户就表现出不满意；如果可感知效果与期望值相匹配，客户就表现出满意；如果可感知效果大于期望值，客户就会表现出非常满意。较高的客户满意度能使客户在心理上对产品品牌产生稳定的依赖和喜爱，也正是这种高满意度创造了客户对该产品品牌的高度忠诚。对于企业来说，仅仅知道和了解客户对企业已经或正在提供的产品和服务是否满意是不够的，因为这一般只具有借鉴和参考作用，企业只是意味着企业获得了进入市场的“通行证”。只有通过对客户满意度的研究，掌握了客户对企业产品的信任和满意程度，全面提高有价值客户的满意度，才能对企业发掘潜在的客户需求、扩大未来市场销售具有重要的指导意义。

（二）努力增加客户忠诚度

客户满意是企业一直追求的目标。这一目的从长远来看在于缔造客户的忠诚度，因为只有忠诚客户才是企业持续不断的利润来源。这不仅由于忠诚客户直接的重复消费，更由于其口碑和推介效应，忠诚客户给企业带来的间接收益无法估量。要想提高客户的忠诚度，首先，企业就要完整地认识整个客户生命周期，从技术上提供与客户沟通的统一平台，提高员工与客户接触的效率和客户反馈率，建立多样化的沟通渠道和灵活高效的激励机制，形成一个完整的反馈流，从而既能为客户提供完全一致的高品质服务，使客户在意想不到的时刻感受来自企业点到点、面对面的关怀，又可以使企业实时掌握市场动态，迅速开发出新的市场。其次，提高客户忠诚度的重要手段是给客户提供个性化的产品和服务，或根据客户的不同需求为其提供不同内容的产品。这样，客户再次光顾的可能性才会大大提高。此外，在保证客户服务、让客户满意和建立良好信誉的基础上，通过适当的方法实施客户忠诚度计划将为企业带来巨大的价值。

（三）开拓新客户，保持老客户

从企业的经营过程来看，无论企业多么努力，客户仍然是不断流失的，只是不同阶段速度不同而已。所以，不断开发新客户以补充流失的客户以及扩大客户群，是企业终身要做的工作。而保持老客户的意义更是不言而喻，企业针对老客户的再次营销成本会显著降低，老客户也能通过示范和推荐给企业带来新客户。因此，开拓新客户和保持老客户一直是客户关系管理的核心思想。一方面，企业通过客户关系管理对客户信息资源整合，帮助企业捕捉、跟踪、利用所有的客户信息，在全企业内部实现资源共享，从而使企业更好地管理销售、服务和客户资源，为客户提供快速周到的优质服务；另一方面，客户可以选择自己喜欢的方式同企业进行交流，方便地获取信息并得到更好的服务。客户满意度得到提高，就能帮助企业保留更多的老客户，并有效地吸引新客户。

（四）鉴别把握核心客户

“二八效应”是最常见的，客户亦是如此。无数市场实践都表明，并非所有的客户都代表着相同的价值观。经常是20%甚至更少的客户可以给企业带来80%的利润，而绝大多数客户却只做出极小贡献，有的甚至是负利润，但企业对他们的服务却没有太大的差别。这就需要企业对客户进行合理的区分，作出科学的判断。实施客户分级，有效地识别和维护核心客户，将对企业的利润产生至关重要的影响。企业是个以利润为核心的经济体，在不违背社会道德规范的前提下，企业无需使所有的客户都百分之百满意。正如果农会摘去一些羸弱的果实，以获得更好的收成；企业也要学会鉴别客户，从中甄选出交易频率高、金额大的核心客户来。但这种鉴别需要科学测算而不是主观臆断，需要建立在准确的数据分析而不是印象和经验基础之上。客户关系管理系统会准确记录企业与客户在市场、销售和服务环节中的每一次接触，并提供科学分析选用的工具和方法，从接触的历史中帮助企业鉴别出核心客户来。同时，由于客户关系管理贯穿企业整个销售服务的始终，企业可以为核心客户提供定制化的个性服务，自然可以有效地把握核心客户，使其满意并忠诚于企业。

四、实施客户关系管理的意义

（一）提高工作效率

客户关系管理系统通过整合企业的全部业务环节和资源体系，使企业的运营效率大大提高。资源体系的整合，实现了企业范围的信息共享，使业务处理流程的自动化程度和员工的工作能力大大提高，使得企业的运作更为顺畅，资源配置更为有效。

客户关系管理系统可以提高与客户的外部沟通效率。系统具有多种与客户外部沟通的渠道，包括电话、传真、网络、信函、邮件等，这种多样化的沟通方式可以最大程度地覆盖企业的客户群，提高与客户的外部沟通效率。客户无论以何种方式、何种频率与企业联系，企业都会以统一形象来面对客户，而不会因为客户选择的渠道不同或不同的客户代表而给客户带来差异化的消费体验。而且，前端办公自动化程度的提高使很多重复性的工作（如批量发传真、部件）都由计算机系统完成，其工作的效率和质量都是人工无可比拟的。

客户关系管理系统可以提高与客户直接接触的效率。由于客户关系管理建立了客户与企业交流的统一平台，整合了市场、销售、服务环节的流程，使客户与企业的接触可以完成多项任务，因此办事效率大大提高。例如，在市场营销环节的客户信息会在销售环节和服务环节被直接采用。客户与企业在任何环节直接接触都能避免企业向客户反复提供原始信息，使企业和客户进行无障碍的交流和互动，因而可以大大提高企业与客户接触时的工作效率。

（二）降低运营成本

客户关系管理是通过管理和保持企业与客户之间的良好关系，持续实现企业价值和客户价值最大化的一种新型双赢的营销理念，同时也是为了实现这一理念的计算机支持系统。在客户关系管理理念下，计算机支持系统的预见性、和谐性、高效性，使企业能够全面调节与客户的关系，保持并发展与客户的长期关系。从企业主体来说，客户关系管理基于工作流引擎能实现市场、销售和服务等业务流程的闭环运作和统一，提高整体效率，降低运营成本；从客户角度上来说，客户关系管理为客户节约采购成本，满足潜在需求，提供无微不至的服务，客户方也可以从客户关系管理系统中有所获益。双方越是相互了解和信任，交易越是容易实现，并可节约交易成本和时间，由过去逐次逐项的谈判交易发展成为例行的程序化交易。通过管理与客户之间的互动，企业改变了管理方式和业务流程，减少销售环节，降低销售成本。此外，客户关系管理的运用使团队销售的效率和准确率大大提高，服务质量的提高也使服务时间和工作量大大降低，这些都无形中降低了企业的运作成本。同时，精确的过程管理和绩效考核，将有效地降低市场营销成本、销售成本和服务成本，从而从整体上降低企业的运营成本。

（三）提升核心竞争能力

从卖方市场转向买方市场，企业经历了以数量取胜、质量取胜、品牌取胜，进而发展到以客户满意度、客户忠诚度取胜的阶段。进入新经济时代，以往代表企业竞争优势的企业规模、固定资产、销售渠道和人员队伍已不再是企业在竞争中处于领先地位的决定因素。土地、人力、资本、信息等，可以很快被竞争对手复制。然而，详细而灵活的客户信息，即有关客户及其爱好的信息和良好的客户关系本身，却很难被复制。客户关系管理将成为一种核心的竞争能力，通过正确的工具、技术和应用，它可以为所有企业提供“看得见的优势”。有效实施客户关系管理战略，能够从营销智能化、销售自动化、客户服务管理高效性这三个方面来提高企业的实力。同时，企业可以针对客户的需求将客户数据信息分类，从而设计出更能满足客户需求的产品和服务，并以客户喜爱的方式提供给他们。企业可以进行数据挖掘（Data Mining）、数据仓库（Data Warehousing）和 CTI 元成分类客户喜好信息的收集工作。通过这些分析技术，企业可以更好地了解客户的类型和趋势。在这个过程中，企业将持续提供卓越的客户服务，从而为企业建立起一个战略性竞争优势。个性化服务是增强竞争力的有力武器，客户关系管理系统可以提高为客户创新服务的效率，以客户为中心并为客户提供最合适的服务，并因此为实施企业带来了在同行业中的竞争优势，即客户关系管理的竞争壁垒优势。此外，客户关系管理并不仅仅针对第一次接触或优质服务。它针对的是整个接触生命周期以及如何处理这些接触，可以使企业从价格、服务和客户知识等方面展开全面的竞争而不是单纯的价格竞争。总之，企业采取这种客户关系管理方式可以使其从竞争中脱颖而出，甚至从某种意义上说，有效地利用客户关系管理可以改变企业面临的整个竞争格局。

（四）增加企业利润

只要有市场经济的天然约束，存在供需双方的交换行为，企业就必须要从客户身上发掘价值、获取利润，这是一切生产、经营和交易的根本。是否拥有客户取决于企业与客户的关系状况，它决定着客户对企业的信任程度。客户信任程度越高，企业竞争力越强，市场占有率就越大，企业盈利也就越丰厚。利用客户关系管理，企业一方面通过提供更快速和更周到的优质服务吸引和保持更多的客户，另一方面通过对业务流程的全面管理降低企业的成本，这都将极大地增加企业的利润。通过整理分析客户的历史交易资料，强化与客户的关系，以提升客户再次光顾的次数或购买数量。经过确认客户、吸引客户和保留客户，实现重复销售、交叉销售和向上销售来提高获利率。客户关系管理向客户提供主动的客户关怀，根据销售和服务历史提供个性化的服务，在知识库的支持下向客户提供更专业化的服务，加上严密的客户投诉跟踪，这些都成为企业改善服务的有力保证。对销售线索的跟进能力提升，对合作伙伴的管理更加透明，对客户关怀和对客户投诉的处理促进的客户满意度的提升等都会直接协助企业扩大销售。销售成功率增加和客户满意度提高，使得销售的扩大成为必然。此外，客户关系管理可以重新整合企业的用户信息资源，使以往“各自为战”的销售人员、市场推广人员、电话服务人员、售后维修人员等开始真正的协调合作，成为围绕着“满足客户需求”这一核心宗旨的强大团队，这些都为增加企业利润提供了坚实的基础和可靠的保证。

第四节　客户关系管理理论的应用

一、客户关系管理的三个基本流程

客户关系管理涉及三个基本的流程：营销自动化、销售过程自动化和客户服务与支持。

（一）营销自动化

客户关系管理中的营销自动化（Marketing Automation，MA）也称作“技术辅助式营销”（Technology-enabled Marketing，TEM），是 CRM 领域中比较新的功能，其着眼点在于通过设计、执行和评估市场营销行动和相关活动的全面框架，对市场营销活动的有效性进行计划、执行、监视和分析，并可以应用工作流技术优化营销流程，使一些共同的任务和过程自动化。MA 的最终目标是：企业可以在活动、渠道和媒体间合理分配营销资源以达到收入最大化和客户关系最优化的效果。在客户关系管理环境下，要求 MA 组件能够实现以下功能：

1. 增强市场营销部门执行和管理通过多种渠道进行的多个市场营销活动的能力。具体来讲，包括基于 WEB 的和传统的营销宣传、策划和执行。

2. 可对营销活动的有效性进行实时跟踪，并对活动效果作出分析和评估。

3. 帮助市场营销机构管理、调度其市场营销材料库存的宣传品及其他物资。

4. 实现对有需求客户的跟踪、分配和管理。

5. 集成到销售和服务项目中，从而实现同具有特殊要求的客户进行交互操作（个性化营销）。在 D to B 模式环境中，确保不同产品间关系的清晰；在 B to C 环境中，尽可能发现 B to C 和 B to B 之间的可能关系。

（二）销售自动化

销售自动化（Sales Automation，SA）也称作技术辅助式销售（Technology-enabled Selling，TES）。它是指在所有的销售渠道（包括现场移动销售（Fielde/Mobile Sales）、内部销售/电话销售（Inside Sales/Tele Sales）、销售伙伴（Selling Partner）、在线销售（Web Selling）中运用相应的销售技术来达到提升销售和实现过程自动化的目的，其目标是把技术和优化的流程整合起来，实现销售队伍效率的不断提高，同时平衡和最优化每个销售渠道。

销售自动化的方案中，主要有如下两个方面的内容：

1. 销售团队自动化（Sales Force Automation，SFA）应用，也被称作销售力量/机构自动化。早期的 SFA 只是用于处理销售程序，但 CRM 系统中的 SFA 以面向客户的需求为出发点，已成为一个高集成度的解决方案，包含了更为广泛的基本销售功能。

2. 销售配置管理（Sales Configuration Management，SCN），它与 SFA 一起提供与相应的其他应用子系统的接口管理。

（三）客户服务与支持

客户服务与支持（Customer Service and Support，CS&S）子系统可以帮助企业以更快的速度和更高的效率来满足客户的独特需求，以进一步保持和发展客户关系。它可以向服务人员提供完备的工具和信息，并支持多种与客户的交流方式；可以帮助客户服务人员更有效率、更快捷、更准确地解决用户的服务咨询，同时能根据用户的背景资料和可能的需求向用户提供合适的产品和服务建议。

客户服务与支持子系统包括以下两部分功能：

1. 现场服务与分派管理（Field service and Dispatch Management，FS/DM）。这一功能是指用以配置、派遣、调度和管理服务部门、人员和相关资源，负责完成有效的服务与支持活动。

2. 呼叫管理（Call Management）。呼叫管理是 CS&S 子系统应用功能的核心，它的作用是处理所有登录客户的信息和交易信息。呼叫管理是基于企业联络中心（Contact Center）的功能。联络中心包括与客户联系的所有渠道，如语音（电话、INR、语速识别和声音识别）、E-mail、网页、传真和信函等，是一个基于输入/输出双向服务的环境。呼叫管理在此环境上处理和所有有关销售、客户服务、营销、电话营销、搜集以及其他功能等方面的信息。

（四）客户关系管理应用要处理的关键问题

1. 客户关系管理数据库与商务、销售、生产、财务等数据库的整合，形成一个以客户数据为中心的综合数据库。客户关系管理系统是公司内部管理信息系统的一部分，与 MRP、SCM、ERP 等管理信息系统一起为企业管理提供巨大的方便。但是各子系统如果只在企业各个部门内部，而未能达到整合，管理信息系统对企业的作用将会打很大的折扣。数据库包括客户基本数据、客户的行为数据（消费偏好、购买地点、时间、销售数据等）、客户的财务数据（账户、付款记录信用评级等）、客户的反馈数据（客户的报修时间、问题、解决情况、客户投诉情况）等，并且其他数据应当以客户数据为中心和首要索引。

2. 客户关系管理系统的分类、关联功能。每个客户对于企业来说并不是孤立或单独的，因为客户具有各种各样的属性。比如，一个客户具有地区属性、年龄属性、文化程度属性、性格属性等。这些属性都将对客户的购买行为构成影响，而且可以根据不同的属性进行市场细分。因此，客户关系管理系统必须具备完善的客户分类功能，而且，许多客户之间具备一定的关联性，比如两个组织客户是总公司与分公司的关系、竞争关系、合作关系等。

3. 客户关系管理的智能判别系统。由于企业的客户关系管理系统是一个非常庞大的数据库，不可能由人工每天对每个客户进行查看。因此，必须建立客户关系管理的自动智能判别系统。

二、客户关系管理应用的关键问题

人的因素是客户关系管理应用的关键。具体表现在以下三个方面：

（一）高层领导支持

任何改革都会受到一定的阻力，客户关系管理系统的应用也是这样。从实践中看，最大的阻力来自于中层管理者，因为客户关系管理的应用会威胁到他们的地位和利益。如果没有一个强有力的高层领导来领导客户关系管理系统的实施，那么客户关系管理系统将很难顺利开展。

（二）良好的团队

在实施客户关系管理的项目中，企业要组织一个或一批良好的团队。这批实施客户关系管理的队伍应该在四个方面有较强的能力：一是重组企业业务流程，需要对其流程的关键部分自愿进行改造；二是要了解系统的客户应用需求状况；三是要掌握一定的技术；四是具有改变管理方式的技能，这对于帮助用户适应和接受新的业务流程是很重要的。

（三）一致的观念

客户关系管理涉及多个部门的协作，因此，如果一个部门认为没有必要实现客户关系管理或没有动力实现客户关系管理，就会影响到其他部门的实施情况。即使在一个部门内，如果有一部分人没有认识到客户关系管理的重要性，在实施的时候没有积极性或扯后腿，就会影响到客户关系管理的实施进度。

（四）员工培训

客户关系管理最普遍的问题就是员工的抵触情绪和培训的缺乏。企业可以请专业培训公司来培训员工，使他们能成功、合理地运用该系统来对待企业的客户。

本章小结

本章首先介绍了客户关系管理产生的原因，即管理理念的更新、市场需求的拉动和信息技术的推动催生了客户关系管理。客户关系管理的发展经历了一个过程。如今客户关系管理在我国的发展方兴未艾，存在着一定的机遇，也面临着挑战，挑战主要是对客户关系管理的应用存在着一定的误区。本章主要阐述了客户关系管理的定义、特点、构成、分类和核心思想等。企业实施客户关系管理具有提高工作效率、降低运营成本、提高核心竞争能力、增加企业利润的重要意义。

【案例讨论】

华康中药采购公司应当提价吗

一、行业分析

华康中药采购公司是××小镇上主营中药材采购的一家私有企业。该镇以中药材的种植而远近闻名。华康的业务是从药农那里采购中药，然后通过中间商将药材分销到全国各大药材市场及医药公司。作为该镇最有实力且最早从事中药采购的企业，华康的市场占有率为60%。它的另外两个竞争对手分别是华兴和华隆中药采购公司，二者的市场占有率分别是20%和15%，另外5%的市场分别由其他几家小公司占有。

华康公司经营着几十个品种的中药材，其下游的中间商会不定期地来要货。中间商们会在某种中药短缺或行情较好的时候自己派车来拉货，将货放到自有仓库中囤积，然后卖至各大中药市场或直接销售给中药公司。YY 药材是该镇大量种植的一种中药，主要用于治疗血液循环系统疾病，用量非常大。某年，该镇该药的种植数量在 2000 吨左右。由于该地政府对中药产业的大力扶植，该药的种植量预计下一年会有 50%的增长，在接下来的 3 年中会有 20%的增长。而且由于该药大量出口，其市场波动性相对于其他中药来说较小。

该行业的核心竞争力一方面是拥有众多中间商顾客分销他们采购来的中药；另一方面，如果取得了药农的信任，药农会在相同价格或稍低价格下将他们种植的中药卖给公司。

二、问题出现

华康公司作为该镇最有实力的公司，中间商一般愿意与其打交道，因此华康公司有许多顾客。就 YY 药材而言，有 3 个中间商从华康手中采购该中药，而该镇其余的采购商则没有该种药材的顾客，他们也没有从事 YY 中药的采购业务，因此华康公司是该品种药材在该镇的垄断采购商。但由于 YY 药材市场巨大，其他采购商对 YY 药材市场也虎视眈眈。

华康公司从药农那里采购的价格是 3 元/千克，然后以 5 元/千克的价格转售给中间商。华康公司的 3 个 YY 中药分销商分别是 A、B 两个私有企业和药店 C。其中 A 是其最大的一个顾客，占其销售量的 80%，但是只分销 YY 中药的一个品种，而且该分销商与华康的生意往来仅有 5 个月的时间。B 对 YY 中药的需求约占 20%，但 B 是华康超过 5 年的生意伙伴，而且双方合作相当愉快。其不仅分销 YY 药材，同时分销着其他十多种中药材。C 是一家药店，其对 A 经营的所有药材都有需求，而且对其价格也不很敏感。

3 月份一开始，公司发现 A 来要货的频率越来越高了，以前是 5 天来一次，现在 2 天来一次。于是大家通过讨论认为必定是该药材供不应求、市场短缺或 A 有华康公司并未掌握的信息，而且 B、C 两家对该药材的需求也有所上升。根据供求关系原理，华康公司在 A 来拉货的时候提出了提高价格的要求，要求将价格涨到 5.5 元/千克，A 稍稍思索了一下，二话没说就同意了，同时华康也将其采购价格提高了 0.2 元/千克。

第 2 天，A 又派车来拉货，以后几天 A 每天都会派车来拉货。到了第 5 天，华康想这样还是不行，是不是当初价格要低了，于是对 A 说："这样吧，我保证产品的质量和供给数量，你每公斤给我再涨 0.3 元。"A 说："我的利润就这么大，你也得给我口饭吃，实在是不能再涨了。"华康说："其实你知道还有另外几家也从我这里要这种药材，他们要得也很急，如果你再涨 0.3 元的话我会先保证你的供给。"A 说："那好，你只要只供给我不给他们，我就给你 5.8 元/千克。"于是华康说"要不就涨 0.2 元/千克。"A 答应了华康的要求，并对其说："我知道这个镇上还有很多采购商，如果我们合作不愉快的话，我只好从他们那里订货了。"于是他们就按 5.7 元/千克订立了新价格。可是过了一周后，B、C 也

给了华康5.7元/千克的价格。华康又想，这个价格是不是还很低，于是他们再一次向A提出涨价0.2元/千克的要求，并说否则就停止给A供货。经过讨价还价，价格上涨到了5.8元/千克。

过了几天，华康发现华兴和华隆也大量收购YY中药，非常纳闷，是不是有哪个大顾客要货了。又过了几天，A打来电话说："我决定以后不从你这边进货了，改进华兴和华隆的货。我知道他们对质量的保证不是很高，但他们同意给我5.0元/千克的价格，如果你觉得这个价格合适的话，我可以考虑一下能否从你那边进货。"华康没办法，只得同意了这个价格。

然而，市场中却又多了两家采购商，YY中药从药农那里采购的价格也一路攀升，逐渐涨到了5.0元/千克，而且还有可能上涨。

（江林：《顾客关系管理》，首都经济贸易大学出版社2005年版，第51~53页）

思考：

1. 开始时，中间商对YY中药的需求不断上升。如果你是华康的决策者，你会不会作同样的决策？如果不是，你会怎样做？

2. 在A最后一次打电话过来时，如果是你，你会如何挽回局势？

3. 华康在YY药材市场上的顾客是不是只有A、B、C三个中间商？药农是不是他们的顾客？请帮助华康公司提供一些顾客关系管理的建议。

复习思考题

一、选择题

1. CRM是指(　　)。

A. 客户关系管理　B. 企业资源计划　C. 供应链管理　D. 人力资源管理

2. (　　)第一个提出了CRM。

A. Gartner Group　B. IBM

C. NCR　D. 波士顿 Hurwitz Group

3. 客户关系管理这个词的核心主体是(　　)。

A. 客户　B. 关系　C. 服务　D. 管理

4. 客户关系管理的终极目标是(　　)的最大化。

A. 客户资源　B. 客户资产　C. 客户终身价值　D. 客户关系

5. 一般认为，最早在美国20世纪80年代初兴起的(　　)是CRM产生的萌芽。

A. 客户服务　　B. 接触管理　　C. 营销管理　　D. 客户联盟

6. 从管理科学的角度来考察 CRM，CRM 是以(　　)为基础的。

A. 产品为中心　　B. 数据为中心

C. 服务为中心　　D. 客户为中心

7. 在日益激烈的市场竞争环境下，企业仅靠产品的质量已经难以留住客户，(　　)成为企业竞争制胜的另一张王牌。

A. 产品　　B. 服务　　C. 竞争　　D. 价格

8. 以下对 CRM 的描述哪一项是不正确的？(　　)

A. CRM 是一套智能化的信息处理系统

B. CRM 将企业的经验、管理导向"以客户为中心"的一套管理和决策方法

C. CRM 把收集起来的数据和信息进行存储、加工、分析和整理，获得对企业决策和支持有用的结果

D. CRM 系统通过了解客户的需求整合企业内部生产制造能力，提高企业生产效率

9. 著名经济学的"2：8 原理"是指(　　)。

A. 企业的 80%的销售额来自于 20%的老顾客

B. 企业有 80%的新客户和 20%的老客户

C. 企业 80%的员工为 20%的老客户服务

D. 企业的 80%的利润来自于 20%的老顾客

10. 在客户关系管理中，不是 4P 策略的是(　　)。

A. 产品　　B. 价格　　C. 促销　　D. 市场

二、判断题

1. CRM 就是一对一营销。　(　　)

2. CRM 只是销售过程的一部分。　(　　)

3. 只有大企业才需要实施客户关系管理。　(　　)

4. 消费者是分层次的，不同层次的客户需要企业采取不同的客户策略，而客户可看成一个整体，并不需要进行严格区分。　(　　)

5. 企业只应重视那些现在能给企业带来利润的客户。　(　　)

6. 实施客户关系管理就是要购买一个 CRM 软件，并且在企业全面使用。　(　　)

7. 客户关系管理的产生是企业管理模式更新、企业核心竞争力提升以及电子化浪潮和信息技术的支持等四方面背景所推动与促成的。　(　　)

8. 客户不一定在企业之外。　(　　)

9. 客户服务就是指售后服务。　(　　)

10. CRM 系统有大量有关客户和潜在客户的信息，企业应该充分地利用这些信息，对其进行分析，使得决策者所掌握的信息更完全，从而更及时地做出决策。（　　）

11. CRM 系统中最基本的功能模块是销售自动化。（　　）

三、简答题

1. 如何理解客户关系管理?

2. 实施客户关系管理的意义何在?

3. 说说你身边最应该实施客户关系管理的企业（或行业），并说明理由。

第二章　客户关系管理的相关理论

学习目标

1. 掌握关系营销的内涵和特征；
2. 掌握客户细分的方式；
3. 理解客户满意的含义及特征，掌握客户满意的衡量标准；
4. 了解客户忠诚的含义及分类，熟悉提高客户忠诚的途径；
5. 理解客户价值的管理；
6. 熟悉客户关系关系生命周期的四个阶段。

顾客永远是对的

沃尔玛有两条黄金服务法则：第一条是“顾客永远是对的”，第二条是“如果顾客有错，请参照第一条”。这是一个不变的原则。和顾客“理论”往往最终受损的还是企业而不是顾客，而对顾客宽容却一定会得到相应的回报。因为企业得罪顾客无异于是自取灭亡。

1. 是我将花瓶放错了地方

在雅典一家经营古董和装饰品的商店里，两位女士看中了几件精致的工艺品，但因价格昂贵，有些犹豫不决。正在此时，其中一位女士在转身时，肩上的挎包碰倒了展台上一个雕花瓷瓶，瓷瓶滚到地下摔得粉碎。这位女士正惶恐地不知所措时，老板走到她的身旁，关切地说：“对不起，没有吓着您吧?”女士不好意思地回答：“是我不小心，我要赔吗?”老板笑着连连摇手：“您并没有错。您只是告诉了我，商品应当放在恰当的位置。”女士和她的同伴对望了一下，不约而同地走到了自己看中的商品面前，高高兴兴地买走了两个昂贵的古希腊铜像和一套彩色瓷盘，因为她们觉得这位有人情味的老板是值得信赖的。

虽然有时候顾客的行为和要求确实并不合理，但服务人员依然要以礼相待。这需要服务人员具有一种宽容为怀的肚量，并有一种长远的经营思想，因为暂时的忍耐和损失可以赢得一个长久的顾客和良好的口碑，这是企业巨大的无形资产。这位老板深谙其中的道理，面对顾客的过错，她采取了包容的态度，因此也赢得了顾客的尊敬。

2. 渥道夫为何被老板“炒鱿鱼”

渥道夫受雇于一家超市，担任收款员。有一天，一位顾客认定已经将50美元交给了他，但渥道夫却坚持自己没有收到，于是与这位中年妇女争吵了起来。渥道夫说：“超市有自动监视设备，我们一起去看一看现场录像吧？这样谁是谁非就很清楚了！”中年妇女跟着他去了。录像表明：当中年妇女把50美金放到桌子上时，前面一位顾客顺手牵羊给拿走了。而这一情况，中年妇女、渥道夫、还有超市的保安人员都没有注意到。渥道夫说：“我们很同情您的遭遇，但是按照法律规定，钱交到收款员手上时，我们才承担责任。现在请您付款吧。”中年妇女说话的声音有点颤抖：“你们管理有缺陷，让我受到了屈辱，我不会再到这个让我倒霉的超市来买东西了。”说完她气冲冲地走了。

超市总经理吉拉德找渥道夫谈话：“我知道你因为我要辞退你而心里不好受，但这位顾客被你当作一个无赖请到保安监视里看录像，是不是让她的自尊心受到了伤害？还有，她内心不快，会不会向她的家人、亲友诉说？她的亲人、好友听到了她的诉说后，会不会对我们超市也产生了反感？”面对一系列问题，渥道夫一一说“是”。“问题就在这里。”吉拉德递给渥道夫一个计算器，然后说：“据专家测算，每位顾客身后大约有250名亲朋好友，因此我们将会失去几十名、数百名甚至更多的潜在顾客；而善待每一位顾客，则会产生正面的效应。假设一个人每周到店里购买20美元的商品，那么气走一位顾客，这个商店在一年之中会有多少损失？十年的损失又是多少呢？”几分钟后，渥道夫算出了答案。他说：“这个商店会失去几万元甚至上百万美元的生意。”吉拉德说：“这可不是一个小数字。虽然只是理论测算，与实际运用有点出入，但任何一个精明的商家都不能不考虑这一问题。那位中年妇女被我们气走了，而至今我们还不知道她姓甚名谁，家住在哪里，因此也无法向她道歉以挽回这一损失。为了教育超市营业人员要善待每一位顾客，所以做出了辞退你的决定，请你不要以为我这一决定是对你乱加罪名。”渥道夫说：“我不会这样认为，只是请您告诉我，碰到这样的事情，我应该怎样处理呢？”“其实很简单”，吉拉德说，“你只要改变一下说话的方式就行了。你可以这样说：‘尊敬的女士，我忘了把您交给我的钱放在哪儿了，我们一起去看一下录像好吗？’你把过错揽到自己的身上，就不会伤害她的自尊心……”确实如此，如果渥道夫记得“顾客永远是对的”这句话，就不至于被老板“炒鱿鱼”了。

忠实的顾客能创造更多、更长久的利润，并且会降低企业吸引新顾客的成本。因为只要让老顾客满意了，自然也就带来了新顾客，这就是“顾客生顾客”的法则：一个顾客能够影响到他身边的25个人，而其中有8位顾客会对这位顾客推荐的企业或是产品产生兴趣，至少有1位顾客能够成交。坚持“顾客永远是对的”原则理由很简单，因为只有这样，企业才能从顾客身上得到更多的利润。这就是商业服务的本质。

（《服务其实很简单，卓越服务的关键细节与实战技巧》，https：//max. book118. com/html/2018/0811/8102066114001117. shtm）

第一节　关系营销

1985年，巴巴拉·本德·杰克逊提出了关系营销的概念，使人们对市场营销理论的研究又迈上了一个新的台阶。关系营销理论一经提出，迅速风靡全球，杰克逊也因此成了美国营销界倍受瞩目的人物。巴巴拉·本德·杰克逊为美国著名学者、营销学专家，对经济和文化都有很深入的研究。科特勒评价说：“杰克逊的贡献在于，他使我们了解到关系营销将使公司获得较之其在交易营销中所得到的更多的价值。”

关系营销是把营销活动看成一个企业与消费者、供应商、分销商、竞争者、政府机构及其他公众发生互动作用的过程，其核心是建立和发展与这些公众的良好关系。

一、关系营销的特征

关系营销的本质特征可以概括为以下几个方面：

1. 双向沟通

在关系营销中，沟通应该是双向而非单向的。只有广泛的信息交流和信息共享，才可能使企业赢得各个利益相关者的支持与合作。

2. 合作

一般而言，关系有两种基本状态，即对立和合作。企业只有通过合作才能实现协同。因此，合作是“双赢”的基础。

3. 双赢

双赢是指关系营销旨在通过合作增加关系各方的利益，而不是通过损害其中一方或多方的利益来增加其他各方的利益。

4. 亲密

关系营销能否得到稳定和发展，情感因素也起着重要作用。因此关系营销不只是要实现物质利益的互惠，还必须让参与各方能从关系营销中获得情感的需求满足。

5. 控制

关系营销要求企业建立专门的部门，用以跟踪客户、分销商、供应商及营销系统中其他参与者的态度，由此了解关系的动态变化，及时采取措施消除关系中的不稳定因素和不利于关系各方利益共同增长因素。

此外，通过有效的信息反馈，也有利于企业及时改进产品和服务，更好地满足市场需求。

二、关系营销中的关系

关系营销的核心是建立、维护、促进、改善、调整“关系”。这里的“关系”，主要是指企业与客户、供应商、分销商、竞争者、内部的员工等之间的关系。

1. 与客户的关系

客户是企业发展的基础，是市场竞争的根本所在。企业需要通过收集和积累大量的市场信息，预测目标市场的购买潜力，采取适当的方式与消费者沟通，将消费者中的潜在客户变为现实客户、短期客户变为长期客户、新客户变为老客户。

2. 与供应商、分销商的关系

共处于一条供应链上的利益相关者，除了各自承担供应链上的独立业务外，彼此之间也应该通力合作和共享信息，与供应商、分销商建立彼此信任的、长期的互利关系，共同实现利益最大化。

3. 与竞争者的关系

一个市场里是需要竞争者的，有了竞争者的市场才是健康的市场。通过与竞争者的合作，各方建立一种“共赢”关系，如共同制定行业标准，抵制粗制滥造的产品，联合技术攻关，一同研制某种产品等，让各方的优势得以互补，使合作的各方都能获得比合作之前更多的利益和竞争优势。

4. 与内部员工的关系

针对内部员工的关系营销是一门哲学，是一种从营销角度进行人力资源管理的哲学。只有给员工提供了满意的物质利益、内部的营销服务、把员工当作客户一样关心对待，员工才能更好地实现企业的利益和目标。

5. 与其他机构的关系

企业作为一个开放的系统从事活动，必须拓宽视野，注意企业与股东的关系，企业与政府的关系，企业与媒介、社区、公众、名流、金融机构、学校、慈善团体、宗教团体等的关系。企业必须以公共关系为主要手段以争取它们的理解和支持。

三、关系营销的原则

关系营销要求企业在市场营销活动中与多个关系方建立长期稳定的相互依存关系，以求彼此协调发展。要做到这一点，必须遵循以下原则。

（一）主动沟通原则

在关系营销中，营销者应主动与其他关系方接触和联系，相互沟通信息，了解情况。这一原则的贯彻中最好能形成以制度或者合同形式固定的沟通制度，相互交流需求变化的情况，主动为关系方服务或为关系方解决困难和问题，增强彼此间的合作伙伴关系。

（二）承诺信任关系

在关系营销中各关系方相互之间都应作出一系列书面或口头承诺，并以自己的行为履行诺言，才能赢得关系方的信任。承诺的实质是一种自信的表现。履行承诺就是将誓言变成行动，是维护和尊重关系方利益的体现，也是获得关系方信任的关键，是企业与关系方保持融洽伙伴关系的基础。

（三）互利互惠原则

在与各关系方交往过程中必须要满足各方的经济利益，并在公平、公正、公开的条件下进行成熟、高质量的产品或价值交换。只有坚持互利互惠原则，关系营销才能得到持续的发展。这一原则要求企业市场营销活动的核心不仅是为了“交易”，更是立足于“关系”的创造和维持。

四、关系营销的类型

由于各关系方之间的关系情形复杂并呈现出不同的特点，关系营销又可分为多种类型。

（一）亲缘关系营销

亲缘关系营销指依靠家庭血缘关系维系的市场营销。这种亲缘关系营销在我国大量存在，如出于不同产业链上的父子、兄弟之间的营销活动。这种关系营销具有根基深厚、关系稳定、时间长久的特点。因此，各方之间的关系容易协调。但是，这种关系营销的应用范围狭窄，且具有一定的局限性。

（二）地缘关系营销

地缘关系营销指以企业营销人员所处地域空间为界维系的营销活动。这种关系营销在信息不发达、交通和通信落后的时代大量存在，如以老乡关系维系的晋商、徽商等。虽然这种关系营销产生于古代，但在新时期仍不可小觑。

（三）业缘关系营销

业缘关系营销指以同一职业或同一行业之间的关系为基础进行的营销活动，如同事和同行之间的营销。这种关系营销的关系方受文化熏陶，彼此具有相同的志趣，在感情上容易紧密地结合为一个整体，可以在较长时间内相互帮助、相互协作。

（四）文化习俗关系营销

文化习俗关系营销指企业或企业人员之间有共同的理念、信仰和习惯等，在营销活动的相互接触中易于心领神会，对产品或服务的品牌、包装、性能等有相似的需求，容易建立起长期的伙伴营销关系。在文化营销越来越被业界看好的今天，文化习俗关系营销应用范围必将不断扩大。

（五）偶发性关系营销

偶发性关系营销指在特定的时间和空间下发生突然的机遇形成的一种关系营销，如营销人员在公交车或飞机上的闲谈中可能发生的营销交易关系。这种营销活动具有突发性、不确定性和短期形成的特点。在一个成熟的市场里，偶发性关系营销往往是企业扩大市场占有率、开发新产品的契机。

◎小案例

加拿大客银行的关系营销

加拿大皇家银行正是立足于顾客细分的观念（而不是产品细分的观念），对大的1100万名顾客进行了细分，并赋予不同的顾客群体以不同的细分名称。现在，加拿大皇家银行可以对这些顾客细分群体的盈利性进行测量并进行有效的管理。在以上过程中，加拿大皇家银行发现了隐藏在“财富储存者”和“财富累积者”这些大类中的更小的顾客群体。其中，被称为“雪鸟”的一类顾客群体，每个冬天都会在佛罗里达居住几个月的时间。但在那里，这类顾客在使人接受其信用水平时却存在困难，而且也失去了与加拿大社区的联系，特别是那些带有法语区口音或讲着流利法语的人。因此，为了满足他们的需要，加拿大皇家银行在佛罗里达建立了分支机构。

（［美］菲利普·科特勒，凯文·莱恩·凯勒：《营销管理》，王永贵等译，中国人民大学出版社2012年版，第24页）

五、关系营销的实施

关系营销的实施一共包括四个步骤，分别是设立关系营销目标、设计关系营销组织、配置关系营销资源和提升关系营销效率。

（一）设立关系营销目标

设立关系营销目标是实施关系营销的第一步。在这个部分，营销部门应根据企业战略目标和整体经营目标，科学地制定关系营销的目标，使得关系营销能够支持企业的长久持续发展并兼顾阶段性目标。

（二）设计关系营销组织

企业应根据关系营销目标 ，本着适应性、针对性、协调性和效益性原则建立相应的组织机构。设立的组织对内应能协调部门之间、员工之间的关系，对外应能向公众发布信息、维持关系、处理相关的意见和建议。

（三）配置关系营销资源

配置关系营销资源主要包括人力资源和信息资源。人力资源配置主要通过部门间的人员调动、内部提升和跨业务单元的论坛或会议进行。信息资源主要是指利用网络建立数据库，并通过网络实现信息的共享。

（四）提升关系营销效率

提升效率是实施关系营销的关键环节。一方面，企业与外部组织建立合作关系的过程中必然涉及利益的分配，存在协调上的困难。另一方面，企业内部各部门之间也存在一定的利益冲突，存在协调上的困难。因此，把握问题的症结所在、有效解决协调上的障碍，成为关系营销实施的关键环节。

六、关系营销与传统营销的区别

传统营销与关系营销的区别主要表现在以下几个方面，如表 2. 1 所示。

1. 最根本的区别：传统营销观念是一种短期的概念，其核心是商品交换；关系营销指在双方之间建立一种联系，这是一种长期概念，其核心是“关系”。

2. 传统营销认为市场是由同质的个体客户组成；关系营销则认为每个客户是由需求和欲望、购买能力差异很大的个体组成，每个客户对企业的价值都不同。

3. 传统营销产品概念主要是指产品的实体价值，较少强调客户服务；关系营销则认为实体的价值既包括产品价值，也包括附在实体产品之上的服务，重视客户服务，并通过客户服务提高客户满意度，培养客户忠诚度。

4. 传统营销对客户预期做有限承担，关系营销则对客户预期做高度承担。

5. 传统营销重视产品特性，关系营销则重视客户价值。

表 2. 1　传统营销与关系营销的区别

项目	传统营销	关系营销
时间跨度	短期导向	长期导向
决策因素	经济变量为主	经济变量非经济变量并重

续表

项目	传统营销	关系营销
营销目标	销售	关系/销售
双方目标	不同	一致
成交含义	完成交易	建立、发展关系
产品策略	产品	产品/关系
促销策略	产品/企业	强调双方满意
分销策略	至少不亏本	双赢
定价策略	竞争/成本	消费者满意/企业满意
资源投入	看成成本	看成投资
质量、服务	符合消费者要求	关系营销关键因素之一

第二节　客户细分

任何高效的客户关系管理都将以扎实的客户细分为基础。客户关系管理的一切个性化和差异化都来源于客户细分。没有客户细分，客户管理做得再好也不是真正的客户关系管理。全世界的供应商、服务提供商都在千方百计地取悦自己的客户，尽他们最大的能力满足客户的需要。为此，了解自己的客户，利用适当的细分策略和目标战术变得日益重要。客户细分的目的就是通过更好地了解客户并满足客户需要来提高公司的盈利能力，推动收入的增长。对于那些竞争十分激烈且企业必须通过积极竞争才能争取和维持客户的行业，客户细分被更广泛地使用，成为吸引和锁定客户，进而提高客户满意度、忠诚度的重要手段。

一、客户细分的含义

客户细分就是指企业在明确的战略、业务模式和特定的市场中，根据客户的属性、行为、需求、偏好及价值等因素对客户进行分类，并提供有针对性的产品、服务和营销模式。这里所说的“客户”更多的是狭义上的客户，即产品服务的最终接受者，而不包括供应链上的合作伙伴和企业内部的客户。

客户细分（Customer Segmentation）是20世纪50年代中期由美国学者温德尔·史密斯提出的，其理论依据在于客户需求的异质性和企业需要在有限资源的基础上进行有效的市场竞争。它是第二次世界大战结束后，美国众多产品市场由卖方市场转化为买方市场的形势下企业营销思想和营销战略的新发展，更是企业贯彻以消费者为中心的现代市场营销观念的必然产物。

由于客户需求、欲望及购买行为是多元的，所以客户需求的满足会呈现差异。任何一个企业都不能单凭自己的人力、财力和物力来满足整个市场的所有需求。因此，企业应该分辨出它能有效为之服务的最具有吸引力的细分市场，集中企业资源，制定出科学的竞争策略，以取得和增强竞争优势，获得效益最大化。

二、客户细分的目的

从客户需求的角度来看，不同类型的客户需求是不同的，要想让企业和不同的客户都感到满意，就要求企业提供有针对性的符合客户需求的产品和服务。而为了满足这种多样化的异质性需求，就需要对客户群体按照不同的标准进行客户细分。

从客户价值的方面来看，不同的客户能够为企业提供的价值是不同的。企业要想知道哪些是企业最有价值的客户，哪些是企业的忠诚客户，哪些是企业的潜在客户，哪些客户的成长性最好，哪些客户最容易流失，就必须对自己的客户进行细分。

从企业的资源和能力的角度来看，如何对不同的客户进行有限资源的优化应用是每个企业都必须考虑的，所以在进行客户管理时非常有必要对客户进行统计、分析和细分。只有这样，企业才能根据客户的不同特点进行有针对性的营销，赢得、扩大和保持高价值的客户群，吸引和培养潜力较大的客户群。客户细分能使企业拥有的高价值客户资源显性化，并能够就相应的客户关系对企业未来盈利的影响进行量化分析，为企业决策提供依据。

三、客户细分理论的主要依据

（一）客户需求的异质性

由于客户需求、欲望及购买行为是多元的，所以客户需求的满足呈现差异性。

（二）企业有限的资源和有效的市场竞争

任何一个企业不能单凭自己的人力、财力和物力来满足整个市场的所有需求，这不仅缘于企业自身条件的限制，而且也受经济效应方面的影响。因此，企业应该分辨出它能有效为之服务的最具有吸引力的细分市场，集中企业资源，制定科学的竞争策略，以取得和增强竞争优势。

客户细分理论原理是：每类产品的客户群各不相同，客户群可以根据不同的文化观念、消费收入、消费习俗、生活方式的不同而被细分为新的类别，企业应根据消费者的不同制定不同的品牌推广战略和营销策略，将资源针对目标客户集中使用。

四、客户细分的标准

（一）外在属性

如客户的地域分布、产品拥有和组织归属——企业用户、个人用户、政府用户等。通常，这种分层最简单、直观，数据也最容易得到。但这种分类比较粗放，我们依然不知道在每一个客户层面，谁是“好”客户，谁是“差”客户。我们能知道的只是某一类客户（如大企业客户）较之另一类客户（如政府客户）可能消费能力更强，但更多细节不得而知。

（二）内在属性

内在属性是指由客户的内在因素所决定的属性，比如性别、年龄、信仰、爱好、收入、家庭成员、信用度、性格、价值取向等。

（三）消费行为

在不少行业对消费行为的分析主要从三个方面考虑，即最近消费、消费频率与消费额。这些指标都能在账务系统中得到，但并不是每个行业都能适用。比如说，在通信行业对客户的分类主要依据这样一些变量：话费量、使用行为特征、付款记录、信用记录、维护行为、注册行为等。按照消费行为来分类通常只能适用于现有客户。对于潜在客户，由于其消费行为还没有开始，当然分层无从谈起。即使对于现有客户，消费行为分类也只能满足企业客户分层的特定目的，如奖励贡献多的客户。如果要找出客户中的特点从而为市场营销活动找到确定对策，则要做更多的数据分析工作。

◎小案例

当当加速布局数字阅读：拓展细分领域

2015 年 5 月，继高调推出当当读书 4. 0 和宣布分拆数字业务之后，当当方面宣布将继续在数字阅读领域发力，数字事业部的产品构成将由原来单一的当当读书应用，拓展至更多的细分领域。

当当数字事业部将拟出针对高端阅读用户的正版旗舰产品“当当图书”，配合网络小说应用“当读小说”、精选文摘“翻片儿”、关注儿童市场的“儿童听书”以及可以试读和购买的“H5 书城”。

在具体执行上，除了各产品的基础功能外，当当在每款应用中加入了创新元素，包括“当当读书”的免费借阅和付费续借功能，该功能的推出为产品的平均日收入提高了 30%；而在“当读小说”中，为迎合网络小说主要的 90 后用户群体的现状，推出了阅读中的弹幕社交和吐槽功能。此外，当当还计划在文字阅读的基础上，引入多媒体阅读，包括在应用中嵌入音频、视频以及针对教育市场的习题集推出交互式的读书方式，将考试和测评电子化、工具化，并尝试以此涉足在线教育领域。

然而，想在市场现有的模式中通过追随获得突破的难度不小。从旗舰产品“当当读书”目前取得的成绩看，2015 年第一季度相对去年同期在用户、销量和下载量上均有增长，但获取这些成长的方式还是在依靠正版电子书的免费以及 2 元、5 元为主的低价策略；从国内目前电子书的盗版情况看，仅依靠当当与亚马逊，掌阅等建立的反盗版联盟去抵制，问题解决的可能性还不容乐观。

相对于售卖出版物和电子书，当当指向版权产业链上游的原创出版更有优势。当当作为早年的纸书分发渠道，与国内的大部分出版社及民营出版公司拥有良好的合作关系，这为当当签约优质作者、获取原创作品，再通过版权分销和 IP 授权实现商业化奠定了良好的基础。对此，当当除了通过“当读小说”获取原创作品外，也在近日推出了当当的自出版平台。该平台通过作者提交、当当审核的方式，对一些优秀作品进行电子和纸质书的出版，并计划在平台的发展中陆续引入 IP 产业的下游方，包括影视、游戏改编的 CP 等。

从纸质书时代走过的当当，在向综合电商拓展后，重新向读书市场发力，自出版平台是为当当的数字事业部提供优质自有品牌的重要来源。

（《当当加速布局数字阅读：拓展细分领域》，http：//www. ebrun. com/20150521/134795. shtml）

五、客户细分的方法

下面介绍几种在客户关系管理中适用的客户细分方法。

1. 根据客户价值进行分类。客户对企业的价值不尽相同，很多企业 80%的利润来源于 20%的主要客户，而其他 80%的企业客户对企业的价值并不是很高，甚至还会让企业亏损。这就是著名的帕累托“二八法则”。因此，企业要利用客户数据库发现对自己最有价值的客户资源，发现最为珍贵的客户，以便企业资源的合理运用，从而使其达到最大效益。

2. 根据客户消费行为进行细分。这一细分主要依靠 RFM 基本分析模型。RFM 基本分析模型是指通过检查客户最近一次购买的时间、客户在最近一段时间内购买的次数以及客户在最近一段时间内购买的金额，来从数量上决定哪些客户是最好的、需要企业持续关注以及哪些用户需要淘汰等。在 RFM 模式中，R（recency）表示客户最近一次购买的时间有多远，F（frequency）表示最近一段时间内的购买次数，M（monetary）表示客户在最近一段时间内购买的金额。

3. 因素组合分类法。影响企业盈利能力的因素很多，根据相关因素的组合结果对客户进行分类，便是因素组合法。这些相关因素包括客户的规模、忠诚度、资信状况、市场占有率、经营状况等。每一种因素一般都要通过具体的标准量化考核，如客户忠诚度就与客户复购率、对本企业和竞争对手品牌的关注程度、对商品价格的敏感程度、对产品事故的承受力等密切相关。从一般企业的实践来看，客户的因素组合分类法更有实际意义。

第三节　客户满意

客户满意是 20 世纪 80 年代中后期出现的一种经营思想，它要求企业的整个经营活动必须以客户的满意程度为指针，要从客户的角度、用客户的观点而不是企业自身的利益观点来分析考虑客户的需求，应尽可能全面地尊重和维护客户的利益。不少企业不断追求客户的高度满意，因为那些一般满意的客户一旦发现更好的产品时，会很容易地更换供应商。只有那些十分满意的客户才有比较高的忠诚度，他们一般不会轻易地更换供应商。因此，有些企业一直追求全面客户满意（total customer satisfaction）。对于以客户为中心的企业来说，客户满意既是一种目标，同时也是一种市场营销手段。因为高度的客户满意是企业最有说服力的宣传。企业要在激烈的市场竞争中处于不败之地，就必须不断地追踪了解客户的期望与抱怨，及时改进产品和服务，从而在有限的资源范围内使客户满意管理最优化。

一、客户满意

（一）客户满意的含义

20 世纪 90 年代，客户满意度的研究已经成为继企业形象（Comporation Identity，CI）研究热潮后的又一热门话题，许多企业和市场研究机构都投入了较大的人力成本、物力和财力去开展研究，并取得了一些经验和理论成果。

客户满意成为本世纪初兴起的服务营销和客户关系管理的核心理念，这些理论成果包括以下几个方面。

美国著名营销学家菲利普·科特勒（Philip Kotler）认为，满意是一种人的感觉状态水平，它来源于对一件产品所设想的绩效或产出与人们的期望所进行的比较。科特勒把客户让渡价值定义为客户整体价值与客户整体成本的差额部分，并认为客户满意程度取决于客户让渡价值的大小。

亨利·阿塞尔认为，当产品或服务的实际消费效果达到消费者的预期时，就会使客户满意，否则会导致客户不满意。

理查德·奥利弗对满意度的定义是客户满足情况的反馈，是对产品或服务性能以及产品或者服务本身的评价。

杰姆·G·巴诺斯认为，保留的客户并不一定都是忠诚的。虽然客户满意度的提高有利于提高客户保持度，但因为有的公司采用高转移成本，使不情愿留下的客户勉强留下。这会给这些留下的客户造成感情上的伤害，他们会为公司传播不好的口碑。这时，这位客户对公司的价值会很小甚至是负值。所以，靠提高转移成本而留下的客户不是忠诚的客户，也绝不会为公司创造长远的利润，至多只能创造短期的利润。但忠诚的客户大多是保留下来的客户，所以忠诚的客户才是最有价值的客户，忠诚的客户因为和增加他在公司的支出份额和重复购买并将公司推荐给别人，可以为公司创造长期的利润。

詹姆斯·赫斯克特等学者认为，客户价值是客户满意的原动力，也经研究得出利润增长与客户忠诚度相关联以及客户忠诚度与客户满意度相关联的结论，因此让客户满意的过程就是一个价值让渡的过程。詹姆斯·赫斯克特在其专著中十分强调客户忠诚度对企业长期利润的贡献。

我国学者简洁而直观地把客户满意定义为客户所体验的高兴程度，他们也同样强调客户满意度对企业利润的显著影响。

我们在这里采用科特勒的定义，即所谓客户满意是一种感觉状态的水平，它来源于客户对产品或服务可感知的绩效与客户的期望所进行的比较。因此，客户满意度是绩效与期望之间的差异函数。绩效与期望之间的不同差异就形成了不同程度的客户满意。如果绩效低于期望，客户就会不满意；如果绩效与期望相匹配，客户就满意；如果绩效超过期望，客户就会高度满意、高兴或欣喜。

客户满意包括产品满意、服务满意和社会满意三个层次。

“产品满意”是指企业产品带给客户带来的满足状态，包括产品的内在质量、价格、设计、包装、时效等方面的满意。产品的质量满意是构成客户满意的基础因素。

“服务满意”是指企业在产品售前、售中、售后以及产品生命周期的不同阶段采取的服务措施令客户满意。这主要是在服务过程的每一个环节上都能设身处地地为客户着想，做到有利于客户、方便客户。

“社会满意”是指客户在对企业产品和服务的消费过程中所体验到的对社会利益的维护，主要指客户整体社会满意，它要求企业的经营活动要有利于社会文明进步。

（二）客户满意的特征

1. 主观性

客户满意是客户消费了企业提供的产品和服务之后所感到的满足状态，这种状态是个体的一种心理体验，会有一定的差异。如甲十分满意的产品和服务，乙不一定十分满意，因此不能追求统一的满意模式，而应因人而异，提供有差异的满意服务。

2. 层次性

客户满意从纵向可以分为三个层次：物质满意层、精神满意层、社会满意层。

物质满意层是客户在对企业提供的产品核心层的消费过程中所产生的满意度，如产品的功能、质量、特性、包装等，它是客户满意中最基础的层次。

精神满意层是客户在对企业提供的产品形式和外延层的消费过程中产生的满意度，如产品的形象和服务等。

社会满意层是客户在对企业提供的产品的消费过程中，所体验到的社会利益的维护程度，如产品的道德价值、政治价值和环境价值等。

以上三个满意层具有递进关系。从社会发展过程中的满足趋势看，人们首先寻求满意的是产品的物质满意层；只有这一层次基本满意后，才会推及精神满意层；而精神满意层基本满意后，才会考虑社会满意层。

3. 相对性

客户满意是相对的，不同的客户需求偏好不同。同样的服务，满意程度是不一样的，因此没有绝对的满意。但是企业可以通过不懈努力趋近于绝对满意趋近。

4. 阶段性

企业在客户关系导入期和形成期的时候可能让客户满意，但随着竞争对手产品和服务的提升，客户可能在稳定期对企业提出更高的要求。如果企业不能达到客户的要求，客户就会不满意，甚至可能中止与企业的关系。因此，客户满意是分阶段不断变化的，在某一时间满意不代表永远满意，偶尔的不满也不代表企业完全丧失补救机会。

（三）客户满意的重要性

世界著名公司客户满意研究表明：客户满意度能使客户忠诚度提高。而如果客户忠诚度提高 5%，企业利润的上升幅度将达到 25%～85%；一个非常满意的客户的购买意愿将是一个满意客户的 6 倍；2/3 的客户离开其供应商是因为企业对客户的关怀不够；93% 的 CEO 认为客户管理是企业成功和更富竞争力的最重要的因素。

根据统计分析，获得一个新客户的成本是保持一个满意客户成本的 5～10 倍。服务竞争较之技术的竞争越来越显出了其重要地位。企业实时倾听客户的抱怨、了解客户的不满，积极采取行动使失望的客户获得满意，正是客户满意度研究的宗旨所在。

衡量客户满意度对企业来说至少有以下几方面的好处：

第一，有利于测定企业过去与目前的经营质量水平，并有利于分析竞争对手与本企业之间的差距。

第二，了解客户的想法，发现客户的潜在要求，明确客户的需要、需求和期望。

第三，检查企业的期望，以达到客户满意和提高客户满意度，有利于制定新的质量改进和经营发展战略、目标。

第四，增强企业的赢利能力。

第五，明确为达到客户满意，企业在今后应该做什么，是否应该转变经营战略或经营方向。

第六，通过客户满意度衡量把握商业机会，明白未来的需求或期望是最大的商业机会。

◎小案例

客户服务的重要性

每个消费者的心目中，都会有几个甚至十几个在质量、服务、品牌、价格这四个领域没有太大差距的产品。比如，对于康佳和长虹哪个更好一些、差距在哪儿，连他们自己都不敢说。因为现在是一个信息时代，技术的壁垒已不存在。彩电行业的高层管理者都谈到，现在的家电行业特别难做。为什么？因为已经没有了技术的壁垒。过去，可以靠“祖传秘方”。“祖传秘方”谁也拿不走，别人做出来的就是跟我的不一样。而现在呢，你能说我的彩电有一个新的功能，这个功能他们十年都学不会。可能吗？不可能。很多彩电行业的老总就说，现在彩电的竞争靠的仅仅就是外壳而已。电脑也是一样，提供不同的色彩满足不同的需求。作为企业，目前最头疼的问题就是在同一个领域中的竞争对手太多，又没有什么差异性。你每年投 1 个亿做广告、我每年也投 1 个亿做广告，消费者知道你也知道我。降价吧，降到最后，总不能赔本销售吧？那么价格最终也没有什么空间了。技术壁垒的丧失导致产品功能的相似性。冰箱能有多大差异？洗衣机有多大差异？没有。这个时候，企业发现在“四个领域”中和竞争对手进行角逐已经起不到决定性作用了，只能与竞争对手一起分享这个行业的市场，分享这个市场给企业带来的利润。这就是我们将要谈到的，为什么企业现在越来越重视客户服务。

（《客户满意度案例》，https：//wenku. baidu. com/view/f9602bd6240c844769eaee0f. html）

（四）影响客户满意的主要因素

影响客户满意度的因素可以归结为以下五个方面。

1. 企业因素。企业是产品与服务的提供者，其规模、效益、形象、品牌和公众舆论等的内部或外部表现都会影响消费者的判断。

2. 产品因素。企业和竞争者同类的产品在性能、质量、设计、价格、服务、包装等方面售后服务时间长短，服务人员的态度、响应时间，投诉与咨询的便捷性等都会影响客户满意度。

3. 营销与服务体系。企业的营销与服务体系是否有效、简洁，是否为客户带来方便，售后服务时间长短，服务人员的态度、响应时间，投诉与咨询的便捷性等都会影响客户满意度。

4. 沟通因素。厂商与客户的良好沟通是提高客户满意度的重要因素。企业如果缺乏必要的沟通渠道或渠道不畅，容易使客户不满意。

5. 客户关怀。客户关怀是服务质量标准化的一种基本方式，涵盖产品服务设计、包装、交付和服务全过程。它强调对于每一过程元素关注的重要性，客户关怀能提高客户满意度。

二、客户满意度

(一) 客户满意度的含义

客户满意度是企业用以评价和增强企业业绩，以客户为导向的一整套指标。它代表了企业在其所服务的市场中的所有购买和消费经验的实际和预期的总体评价，是企业经营“质量”的衡量方式。同时，客户满意度也是客户对某项产品或服务的消费经验的情感反映状态。

客户满意度是指客户满意程度的高低，一般用客户满意度等级来表示。客户满意程度指客户消费相应的产品和服务后产生的满足状态。心理学家认为，体验情感可以按梯级理论分为若干层次。相应地，可以把客户满意程度分成七个级度，即很不满意、不满意、不太满意、一般、较满意、满意、很满意。客户满意级的界定是相对的，满意虽有层次之分，但界限模糊，从一个层次到另一个层次并没有明显的界限。

(二) 客户满意度的衡量

1. 客户满意度测试的对象

由于不同的客户在事前对企业的期待是不同的，有的客户容易满意，有的客户却不容易满意，因此在测试客户满意度时，仅调查少数人的意见是不够的，必须以多数人为对象，然后再将结果平均化。客户满意度测试的对象包括以下四种。

(1) 现实客户

客户满意度测试的对象一般是现实客户，即已经体验过本企业商品或服务的客户。实际上，大多数的企业不是因为吸引客户过少而失败，而是由于未能提供客户满意的商品或服务而使客户流失和业绩减退。因此，测试并提高现实客户的满意度非常重要。因为它是以特定客户为对象的，目标固定，所以它投入少，效果却很明显。

（2）使用者和购买者

客户满意度测试是以商品或服务的最终使用者还是以实际购买者为测试对象，这是需要预先明确的。由于商品或服务的性质不同，这两者经常存在差异。

通常的理解是把购买者与最终使用者合二为一，这在很多情况下是事实，所以以购买者为测试对象是通常的做法。但相反的情况也不少，如不直接面向最终消费市场而是以企业使用为主的生产资料，其使用者多是制造部门，而购买者则是供应部门，企业的理想是使二者都满意，因此将二者都列为测试对象。企业在发生困难的情况下也要注意使二者能达到一定的均衡。

（3）中间商客户

企业把商品或服务提供给客户的方式是不一样的。有些企业并不与消费者直接见面，而是需要经过一定的中间环节，如很多食品和日用品。这时客户对产品或服务的满意度与批发商、零售商这样的中间商就有很大关系，因此测试中也不可忽略对中间商的测试。

（4）内部客户

客户满意度的测试不仅要包括对传统的外部客户的调查，还要包括对企业内部客户的调查。在很多企业中，由于没有树立“内部客户”的观念，各部门的员工对外部客户的需求很重视，却忽视了其他部门上下线这样的内部客户，互不合作甚至互相拆台的事情时有发生。因此，内部客户也是重要的测试对象，企业内部客户的满意度是客户满意测试中不可忽视的一方面。

2. 客户满意度测试的内容

表 2. 2、表 2. 3 列出了最终消费者和中间商这两类客户满意度测试的内容。

表 2. 2 最终消费者满意度测试内容

<table>
<tr><td rowspan="9">最终消费者满意度测试内容</td><td rowspan="2">商品</td><td>商品硬件</td></tr>
<tr><td>商品软件</td></tr>
<tr><td rowspan="5">服务</td><td>服务人员</td></tr>
<tr><td>服务机械</td></tr>
<tr><td>服务设备</td></tr>
<tr><td>服务功能</td></tr>
<tr><td>服务系统</td></tr>
<tr><td rowspan="2">其他</td><td>服务环境</td></tr>
<tr><td>社会公益</td></tr>
</table>

表 2.3　中间商满意度测试内容

中间商满意度测试内容	商品（硬件、软件）	品质
		功能设计
		多样化
	服务	交货期
		技术能力
		经济支援
		销售人员素质
		物流
	企业形象	品牌形象
		社会贡献率
		知名度

从客户满意度调查的要求来看，可以按商品在购买后的使用品质要素进一步分解，以此作为向客户测试并掌握客户对产品的满意程度的基本要点。其中，产品满意度测试内容如表 2.4。

表 2.4　产品满意度测试内容

产品满意	产品效用	产品机能目的一致性	商品机能范围
			客户目的充实度
		产品机能发挥性	产品机能水准
			产品机能信赖性
	产品使用方便性	产品使用方便性	产品使用经济性
			产品使用容易性
		产品取得容易性	产品使用经济性
			产品使用容易性

3. 客户满意度的衡量指标

客户满意度的衡量指标主要有以下几项。

（1）价值均衡指标。价值均衡指标是指客户对于所取得的某件商品或服务所产生的“付出的代价”与“感受的代价”之间的一种比率。其公式是：

$$价值均衡指标=\frac{感受的代价}{付出的代价}$$

价值均衡指标的意义在于：如果其结果是 1，其价值便处于均衡状态，客户处于基本满意状态；如果其结果大于1，说明客户感觉物超所值，此时客户会处于比较满意或很满意状态；如果其结果小于1，客户就会处于不满意状态。因此对企业来说，提升客户对商品的感受代价相当重要，而此时服务又起到了重要的作用。

（2）使用后的客户满意指标。使用后的客户满意指标是指将客户在“使用后的实际评价”除去“使用前的期待”所得的结果。其公式为：

$$\text{使用后的客户满意指标}=\frac{\text{使用后的实际评价}}{\text{使用前的期待}}$$

这一指标评价意义与“价值均衡指标”的评价意义完全相同，用时可以参考“价值均衡指标”意义。

（3）再次购买率指标。

$$\text{再次购买率}=\frac{\text{再次购买的顾客人数}}{\text{购买顾客总数}}$$

$$N\text{ 次购买率}=\frac{N\text{ 次购买的客户人数}}{\text{购买客户总数}}$$

（4）客户缺憾指标。该类指标一般包括一些定性的指标，如对于服务时间、服务态度、产品使用效果、消费愉悦程度等不满意的程度和感觉到缺憾的程度和比率等。

（5）客户使用产品或服务推荐率指标。该类指标主要用于测评由于忠诚客户的口碑效应而引发的新的购买行为的比率。

（6）客户满意比例。客户满意比例就是持“比较满意”态度以上的人数占全体客户人数的比例。其公式为：

$$\text{客户满意比例}=\frac{\text{非常满意}+\text{比较满意}}{\text{总回答人数}}$$

4. 衡量客户满意度的工具

常用的衡量客户满意度的工具有：

（1）检查表。检查表是一种简单易用的方法，用来调查和了解特定劣质事件出现的频率，或客户不满和客户满意状况的发生次数。列表时，可在表中一栏列出调查对象，其他栏列出调查所需时间。然后，收集每一调查区域的数据资料，并在时间阶段栏中作记号。整栏表格表示完整的衡量过程。

（2）帕累托图。帕累托图通过若干直方形表示问题发生的频率，可以帮助找到质量和客户满意方面的问题。这些直方形也可以帮助确定要解决哪些问题以及解决这些问题的先后顺序。帕累托图建立在数据收集方法的基础上，比如检查图、频率分析和现场观察。

（3）直方图。与帕累托图相似，直方图也是一种垂直的直方形图。但是二者有一个基本的区别：直方图列举出连续数据的分布状态；而帕累托图描述的是一个产品、程序或服务的特征。

(4) 流程运行图。流程运行图是一种线形图。它将收集到的数据（衡量单位）按照特定的流程顺序标记在图上，也可以在运行图上加一条直线，表示所有衡量数据的平均水平。

(5) 标杆差异图。标杆可以是该企业最主要的竞争者，也可以是该企业所处产业的平均水准，或者是该企业所处产业的世界级优秀企业。将标杆企业的数据和本企业数据在同一张图上进行对比分析，可以很好地得出企业目前的客户满意度水平。

(6) 四维矩阵法。该方法将客户满意度调查数据和影响企业的满意度重要性分析设在四维矩阵中，如图 2.1 所示。

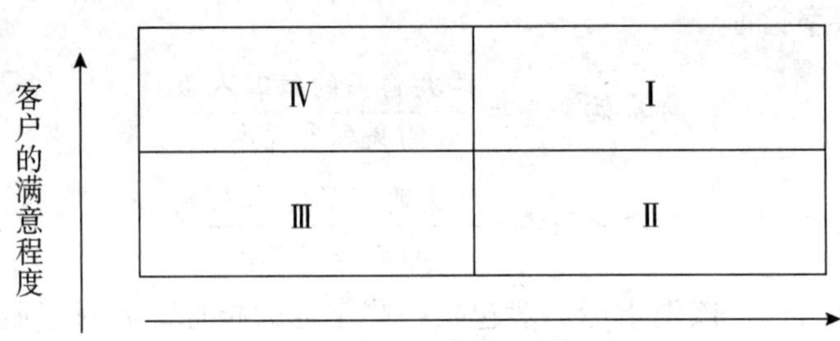

图 2.1　四维矩阵法

横轴表示影响企业的满意度重要性，纵轴表示客户的满意程度。

Ⅰ表示竞争关键区（优势）：这些因素决定整体客户满意度非常重要，企业在这些方面的表现比较有优势，有一定的竞争力，应该继续保持。

Ⅱ表示竞争关键区（弱势）：这些因素决定整体客户满意度非常重要，但企业在这些方面的表现比较差，需要重点修补、改进。

Ⅲ表示竞争非关键区（机会）：这些因素决定整体客户满意程度重要性非常低，企业在这些方面的表现也比较差，消费者和企业都被忽略，但可以挖掘出提升满意度的机会点。

Ⅳ表示竞争非关键区（维持）：这些因素决定整体客户满意度重要性低，企业在这些方面的表现也比较好，对企业的实际意义不大，不需要花太大的功夫。

（三）提高客户满意度的途径

客户满意度来源于市场营销理论的基本概念。“满意度”是客户满足情况的反馈。导入客户满意经营（Customer Satisafaction ，CS），不单单是经营理念上的转变，还需要将 CS 纳入整个经营体系之中，要求所有员工密切合作，切实将客户的需要作为日常经营活动的轴心。积极提供客户满意的服务，CS 战略才能得到贯彻落实，以下几个方面是企业客户满意经营中所应该重点注意的。

1. 客户信息系统是基础

客户满意经营最重要的基础是建立一套完整的客户信息系统，以随时了解客户的状态和动态。只有清楚地掌握客户的动态和特征，企业才可以避开以下常见的经营误区：

首先，幻想留住所有客户。企业应首先区分哪些是目标客户，再将有限的资金和精力用在刀刃上，到处撒网只能浪费资源。

其次，以真正的高价值客户为中心。重要的不是大客户，而是能让企业赢利的客户。不要一味将资源用在所谓大客户身上，而应多关注能让企业赢利的客户。必要时应剔除一些服务成本太高的客户。

最后，盲目开发新客户。企业应当"以最忠诚的客户为标准去寻找新客户"，分析企业现有的忠诚客户，找出这些客户的共同特点，并据此寻找最合适的客户。

2. 零客户成本即竞争力

建立客户导向的企业必须理解客户成本，即客户在交易中付出的费用和其他支出，它表现为金钱、时间、精力和其他方面的损耗。要提高客户满意度，首先要评估客户的关键需求，然后开始改变企业的作业流程，设法消除交易过程中影响最大的客户成本，尽量避免如交货不及时、手续繁琐等问题的出现。

3. 重视内部客户

客户的购买行为是一个在消费中寻求尊重的过程，而员工在经营中的参与程度和积极性，很大程度上影响着客户的满意度。联邦快递（Federal Express）发现，当内部客户的满意率提高到85%时，企业的外部客户满意率高达95%。

一些跨国企业在他们对客户服务的研究中，清楚地发现员工满意度与企业利润之间是一个"价值链"关系：①利润增长主要受客户忠诚度刺激；②忠诚是客户满意的直接结果；③满意在很大程度上受到提供给客户的服务价值的影响；④价值是由满意、忠诚和有效率的员工创造的；⑤员工满意主要来自企业高质量的支持和制度。

提高内部客户满意度决不能仅仅依靠金钱支出，开放式交流、给员工提供充分授权以及员工教育和培训也是好办法。

4. 绩效考核的改进

客户满意的企业经营以客户满意度为最重要的竞争要素，经营的唯一目的是使客户满意，因此，在对员工的绩效考核上也有所区别。整个考核系统应将客户满意度加以集中体现，以提高企业的客户满意度水平。比如，销售人员考核指标的核心应更多地侧重于全面的、有效的客户满意度，而非简单的销量。

5. 推行现场管理

仅依靠制度显然不能解决一切问题，在客户导向的企业经营中，现场管理将更有效率。在一项对国际优秀企业的调查中，最惊人的发现之一就是，所有这些企业的员工都参加过解决问题技巧的培训。推行现场管理，不但能及时发现问题、解决问题，更重要的是可以教给员工解决问题的方法。现场指导还有一个重要职责，就是记录员工每次的成功并激励员工一点一滴地进步。

6. 理顺业务流程

企业必须有能力让服务满足甚至超出客户的预期，否则，就必须对企业的组织和业务流程进行重新设计。要实现这种业务流程重组，必须首先了解所有内部和外部客户真正想从企业得到什么；然后以客户需求为出发点，来确定业务或服务部门的服务规范和工作流程；接着，以此为标准来重新考虑各个相关部门的工作流程应该如何调整，以配合业务部门达成他们的目标。总之，让企业所有经营活动都指向一个目的，即客户满意。

7. 从满意度公式着手提高客户满意度

客户满意度的公式可如下表示：

$$\text{客户满意度}=\frac{\text{感受值}}{\text{期望值}}$$

在这个公式中，期望值是指人们根据以往的经历、经验或从别处获取的信息而建立的对某一事务目标状态的评估；感受值是指某种过程经历后的实际状态。期望值是主观建立的，所以对同一事物不同的人，或对同一事物同一人在不同时期，期望值都可能不同；感受值是客观存在、不以人的意志为转移的。

从满意度公式可以看出，要想增加客户的满意度，有以下两个途径：一是降低期望值（减少分母值）；二是增加感受值（增大分子值）。研究发现，客户的期望值和感受值主要建立在以下两个方面：

一方面是客户价值。客户价值是指客户从给定产品的定位中获得的全部利益或满足感，分为使用价值和精神价值。客户价值的来源主要有产品、服务、人员、形象等。

另一方面是客户成本。客户成本是指客户为获得这种产品的支出总和，包括货币成本、时间成本、精力成本、心理成本等。

客户在建立自己期望值的同时总是趋向于最小的客户成本和最大的客户价值。为此，可以从以下方面提高客户的满意度。

（1）降低客户期望值

客户是通过如下过程建立他的期望值的：检视产品→以往经验、朋友信息、其他信息反馈→以自我思维描述期望值。根据这个过程的描述，期望值的建立是在第二、三步中完成的。那么，经营者就可以在第二、三步中对客户施加影响，从而达到降低客户期望值的目的。主要方法有：

①通过说服改变客户的经验、信息。

②通过改变客户对某一事物的逻辑思维方式，从而改变客户的期望值。

③利用客户期望值的脆弱性。客户根据以往的经验或已知的信息初步建立起来的期望值往往是相对脆弱且不稳定的。这时企业如果抓住时机，给客户描绘出另外一个期望值，也可以降低客户的期望值。

（2）增加客户感受值

这是企业实现客户满意最务实的一种做法，它代表超值服务，许多企业长盛不衰，很大程度上便是得益于此。但是企业间的竞争日益激烈和明朗，对于不少企业来说，要为客户提供更多的超值服务却是心有余而力不足。其实这里面仍有许多被忽视的技巧。例如：

①“不要让他得不到，也不要让他太容易得到”的原则。

②激励、保健因素有机结合。这里的激励、保健因素是引用管理学上的概念，最早是由美国心理学家弗雷德里克提出的。保健因素指的是不满意因素，即造成客户异议的因素；而激励因素是造成客户满意的因素，是企业单独提供给客户的具有特色的服务，少了它客户也许不会不满意，但有了它客户会产生更满意的感觉。通常情况下，企业提供给客户的保健因素是指各竞争企业同时都在提供的服务。

对于一个企业来说，资源是有限的，所以企业必须要让有限的资源发挥最大的效用，以达到让客户满意的效果。要做到这一点，企业必须认清自己提供给客户的服务哪些是保健因素、哪些是激励因素。对于保健因素，投入过大的资源会产生事倍功半的效果。即使是激励因素，也应注意特色和创新，使客户产生满意的感觉。

8. 实施步骤介绍

目前，国内许多公司都在推行客户满意经营，比较通行的一种实施步骤如下：

第一步，经营理念的再确立。首先调查员工是否具备使客户满意自己公司产品或服务的理念，使企业内不成文的规定形成文化，再经过反复的检讨与确认，使客户满意的经营理念深入企业每个员工的心中。

第二步，测定、解析客户满意度。理念确立之后，根据客户与公司的所有接触点来设定问题；然后拟定测定计划，对客户进行调查；最后参考调查结果，制定提高综合满意度的改善计划。

第三步，聚焦经营。了解自己哪一点胜过别人，然后毫无保留地将努力的“强势”放在这项优势上。其步骤如下：①认清哪些人是真正的客户；②弄明白目标客户最重视什么；③再找出明确的经营“聚焦点”；④创造出整个企业上下投入于这一经营“聚焦点”的竞争氛围。

第四步，开发完善的科学工作体系，用以评价企业优质服务水平，传达客户的心声。

同时检测客户对企业产品和服务的满意程度，及时反馈给企业管理层，为企业持续不断改进工作、及时满足客户的需要服务。此外，还要设计一套策略来倾听客户的意见，大量收集、组织和展示客户的资料，再制作一些动态业务记录卡，并以客户的意见带动全员的CS行动。

第五步，创造独具特色和充满团队精神的企业文化。企业不仅要建立客户满意的组织文化，还需要创造出学习型的组织环境；不仅要强化员工的服务教育训练，还要进行模范学习，到同业或异业中找寻可行的解答。

第四节　客户忠诚

美国消费者协会近几年所做的一项研究表明，一个高度满意或忠诚的客户平均会向5人推荐其产品，这不但能节约企业促使客户尝试购买本企业产品的费用，而且可以在市场拓展方面产生乘数效应。因为随着人们消费心理的成熟和竞争手段的日益多样化，广告媒体的可信度在人们心目中越来越低，而亲朋好友的推荐尤其是已有产品使用经验者的推荐，对购买决策的作用日益凸现。客户忠诚所产生的良好的口碑效应，对吸引新的消费者来说无疑会带来巨大影响。

关系营销认为，吸引一个新的客户的花费大大超过保持已有忠诚客户的花费。这是因为新的客户很大一部分来自于竞争企业，要争取他们就必须给他们提供更多的利益，以弥补顾客的转换成本；同时要花更多的时间和金钱去做市场研究，新产品的研究与开发也会走很多弯路。对待忠诚客户的情况则相反，企业只需经常关心老客户的利益与需求，在售后服务等环节做得更加出色就可留住他们。

一、客户忠诚

（一）客户忠诚的定义

所谓客户忠诚，是指在客户满意的基础上，使客户对某品牌或某企业发展作出长期投入承诺的意识和行为的结合。由定义可见，客户忠诚包含两个基本成分：一个是意识成分；一个是行为成分。前者指客户对企业的员工、产品和服务的喜欢和留恋的情感，又称客户忠诚感；后者受前者影响，往往以多种方式表现出来，包括对该企业产品和服务的再次购买、大量购买、经常购买、长期购买，以及为该企业的产品和服务作有利的宣传等。从服务利润链理论来看，客户忠诚是企业收入增长和获得赢利能力的直接原因。客户忠诚又来自客户满意，企业正是通过让渡给客户服务价值使客户获得满意的。

（二）客户忠诚的分类

国内外学者对客户忠诚大致分为以下四种：

1. 行为性忠诚

在客户忠诚的早期研究中，学术界侧重于研究忠诚者的行为。行为忠诚的客户反复购买某个品牌的产品和服务，但他们的购买决策行为是一种习惯性反应行为，他们不留意竞争对手企业的营销活动，不会问津竞争对手企业的信息。行为性忠诚反映了客户的实际消费行为。但是企业只计量客户的行为性忠诚，无法解释客户反复购买某种产品和服务的深层次原因。

2. 情感性忠诚

情感性忠诚包含客户对买卖双方关系的情感投入，是客户在多次满意的消费活动基础上形成的对企业的偏爱和情感。情感性忠诚可衡量客户对本企业的态度，反映客户忠诚的情感和心理依附特征。但是出于种种原因，喜欢某个企业的客户不一定就会购买这个企业的产品和服务，因此，它很难区分出真正的忠诚者与潜在的忠诚者。

3. 认知性忠诚

除行为成分和情感成分之外，客户忠诚还应包含一个认知的成分。①客户在购买决策中首先想到本企业产品或服务的可能性；②客户在众多的产品和服务中首先选择本企业产品和服务的可能性；③客户可以承受的产品和服务的价格浮动范围；④与竞争对手企业相比，客户更偏爱本企业的程度。

4. 意向性忠诚

与客户目前态度和行为相比，企业管理人员更关心客户将来的行为，但客户购买意向并不一定会转变为客户的实际购买行为。客户的意向性忠诚既包含客户与企业保持关系的意愿，也包含客户追求自己偏好品牌的动机。

（三）客户忠诚的形成

现代企业要培养客户忠诚，首先必须了解客户忠诚形成的机制。客户忠诚形成的基础是客户的完全满意，而产品质量、服务、价格、企业形象等则是影响客户忠诚形成的直接因素。

1. 客户完全满意是形成客户忠诚的基础

透过客户忠诚的定义可以看出，客户忠诚是在客户满意基础上形成的。客户之所以对某企业的产品或服务表现出忠诚，视其为最佳或唯一选择，首先是因为他对该企业提供的产品和服务满意。在经历了几次满意的购买和使用之后，客户的忠诚度就会随之提高。许多事实证明，满意程度的差别会导致客户忠诚程度的更大差别。1991 年，施乐公司曾对全球4860万个用户就公司的产品和服务进行满意度和忠诚度调查，评分标准从1分到5分，分别表示非常不满、不满、一般、满意、非常满意（完全满意）。结果发现，给4分（满意）和给5分（完全满意）的客户，其忠诚度相差很大——给5分的客户购买施乐设备的倾向性高出给4分客户的6倍！这一发现使施乐后来一直致力于客户完全满意的战略计划的制定和实施，大幅度提高了客户忠诚度。

实践证明，在高度竞争的行业中，客户忠诚比客户满意的弹性更大，只要客户满意度稍稍下降一点，客户忠诚度就会急剧下降。企业必须尽力使客户完全满意，否则就不易吸引客户再次购买。在低度竞争的行业里，客户完全满意与否对客户忠诚度的影响较小，但这只是一种表面现象。因为在低度竞争情况下，客户的选择空间有限，即使不满意，他们往往也会出于无奈而继续使用本企业的产品和服务，表现为一种虚假忠诚。随着专有知识的扩散、规模效应的缩小、分销渠道的共享、产品差异的消失等，客户的不忠诚就会通过客户大量流失表现出来。这表明无论竞争情况怎样，客户忠诚与客户满意的关系都十分密切。只有客户完全满意，才会产生强烈的客户忠诚。

2. 四类客户忠诚之间的关系

消费者行为学者认为，在消费者态度形成过程中，消费者会首先接收产品和服务的信息（认知），对这些零碎而复杂的信息进行重新整理、加工之后，对产品和服务作出肯定或否定的综合评估（感情评估）；其次消费者在这一综合评估的基础上产生某种行为意向。因此，奥立佛（1999年）指出，客户忠诚的形成过程首先是有认知性忠诚，其次是情感性忠诚，再次是意向性忠诚，最后是行为性忠诚。

（四）客户忠诚的解决方案

客户满意是驱动客户忠诚的关键要素，在客户满意的基础上发展出系列忠诚解决方案。作为一个完整的系统，这些忠诚方案涵盖了从产品研发、定位、制造、沟通、宣传到售后服务的整个营销过程。

1. 寻找正确的客户

客户天生就存在着差异。大众营销策略在忠诚的范围里根本就不适用，因为并不是所有的客户都适合成为忠诚的客户，忠诚是一种特权。因此，获得客户忠诚的重要一步就是对客户进行细分，寻找正确的客户。

2. 提升客户感知价值

价值的概念对营销活动的成功至关重要，它也是获得客户忠诚的主要因素。很简单，正是由于价值影响了客户对企业的评价，所以如果企业打算吸引并且保留住客户，那么他们就应该了解如何为客户创造和增加价值，以及如何让客户感知到企业的努力这两个基本的问题。

3. 优化客户体验

体验是企业给予客户感官刺激、信息和情感等要点的集合。公司必须不断优化客户的体验，因为只有激起客户的兴趣、让他们兴奋，才能把他们从满意的购买者变成积极的传道者。

4. 整合营销沟通

通过运用整合营销沟通，企业可以与客户之间建立起双向、互动的对话关系，向客户提供服务；从客户角度出发，考虑从产品或服务设计、内部流程到客户服务乃至购买的全过程。这种发端于客户的营销沟通活动基于对客户的深刻理解和密切关注，并寻求与客户之间的长期关系和信任。客户也往往会对这样的组织表现出更高的忠诚，因为融洽的关系、熟悉的氛围和彼此的了解会牢牢牵住客户的心。

5. 传递完美质量

产品或服务的质量是影响客户忠诚的重要因素。在很多时候，客户习惯于把质量作为检验产品价值的唯一因素，因此向客户传递完美质量是获取客户忠诚的必要前提。

6. 互动与学习

互动与学习的方案源于以客户为尊的古老哲学。在当今的市场形势下，企业唯有充分了解客户，才能全面而又有针对性地满足其需求，才能让他们满意，从而获得他们的忠诚。互动在形式上表现为企业与客户之间进行信息、情感和价值的交流，而其核心产品就是学习，即通过双向交往，了解和掌握客户需求，进而改进产品，优化内部流程。

7. 定制个性化服务

无论是传统客户还是现代客户，对个性化的服务都情有独钟。因此，企业获取忠诚的一个重要手段，就是通过定制化方式生产出专属特定客户的服务或产品。唯有如此，公司才能提供给客户高于其他竞争者的价值和吸引力。

二、客户忠诚度

（一）客户忠诚度的测量

前面已经提到过，美国学者弗雷里克·雷切德对 12 个服务行业的研究表明，客户保留率每提高 5%，企业从客户那里得到的现金净流量可以提高 25%~85%，其增加值视具体行业的情况而定。企业拥有长期的忠诚客户，不仅意味着稳定的销售收入，还意味着可以降低营销成本。因此，客户忠诚在很大程度上决定了企业的赢利能力和发展前途，尤其在竞争日益激烈的今天，更要通过客户忠诚度的测量与分析来随时了解客户的满意程度，以便更好地进行客户关系管理。

1. 选择客户忠诚度测试对象

选择正确的客户进行忠诚度测试，有助于提高测试最终结果的可信程度，还可以避免在测试过程中造成浪费。

（1）现实客户

客户满意度测试的对象一般是已经存在的现实客户，即已经体验过本企业商品和服务的既有客户。

现实客户既包括产品的购买者，又包括产品的最终使用者，但通常在进行统计时将二者合二为一，以购买者作为测试对象。这在很多情况下是可行且方便的，例如某些产品的最终客户虽然是小孩，但是对这些产品忠诚与否是由父母的购买行为来决定的。

（2）中间商

一些产品或服务并不是由企业直接提供给客户，而是通过中间环节如零售商提供给客户。可见客户忠诚度与批发商、零售商也有很大的关系，所以中间商也应该列为客户忠诚度的测试对象。

2. 客户忠诚度测试的内容

（1）客户忠诚度评估

客户忠诚度的直接表现是选择其忠诚的某个企业的产品来消费，这也是理论界将客户忠诚理解为一种行为的重要原因，客户忠诚、选择、价值之间的关系可以用图 2.2 来描述。

图 2.2　客户忠诚度评估模型

图 2.2 采用双向箭头的意义在于它们之间是相互影响的，譬如说客户让渡价值会影响客户的选择；反过来，客户的选择也会促使企业改变客户选择其产品的客户让渡价值。

简单来说，客户忠诚度的评估模型表示，客户忠诚与否取决于其是否获得了价值让渡。如果客户获得了价值让渡，得到了较大的满足感，那么就会选择重新购买该产品，如此循环、重复购买的行为就形成客户的忠诚度。

（2）客户忠诚度评估指标体系

对客户忠诚度的测量是通过许多指标来体现的，这些指标各自形成一种维度，共同发生作用，反映着客户的忠诚度。

①客户重复购买次数。客户重复购买次数是指在固定的单位时间内，重复购买某种品牌的次数，比如每月购买某品牌的次数或每年购买的次数。

在一定时期内客户对某一产品重复购买的次数越多，说明客户对这一产品的忠诚度越高；反之，则越低。由于产品的用途、性能、结构等因素也会影响客户重复购买产品的次数，因此要根据不同产品区别对待，不能一概而论。

②客户挑选时间。根据消费心理学原理，客户购买商品都要经过挑选这一过程，但由于对不同的产品信赖程度的差异，客户购买时的挑选时间是不同的，因此从购买挑选的时间长短上，也可以鉴别客户对某一产品的忠诚度。一般来说，客户挑选的时间越短，则表明其忠诚度越高；反之，则越低。

③客户的购买品牌。客户的购买品牌包括购买目标品牌、购买同类竞争品牌以及购买替代品牌三个方面。目标品牌指对本企业产品测量研究的那个品牌；竞争品牌是与本企业产品进行竞争的品牌；替代品牌指客户原来使用的品牌因在市场无法得到而购买的其他同类产品的品牌，也是竞争品牌之一。

客户对某一品牌的态度变化是通过该品牌与竞争产品的比较而产生的。所以根据客户对竞争者品牌的态度，能够从反面判断其对某一品牌的忠诚度。如果客户对竞争者的品牌有好感，说明其忠诚度低；反之，则说明其忠诚度高，购买意向相对稳定。

④客户购买某品牌的费用支出。这一费用支出是指客户每次购买某种品牌时，为某一件商品支出的费用，费用单位为当地货币单位。客户为某一种品牌支付的费用与客户购买同类产品支出的费用总额的比值如果最高，则证明客户对此种品牌的产品忠诚度高；反之，则低。

⑤客户对价格的敏感程度。客户对价格都是非常重视的，但这并不意味着客户对每种产品的价格敏感度一定相同。事实表明，对于客户喜爱和信赖的产品，客户对其价格变动的适应能力强，敏感度较低；反之，则敏感度较高。同时还应考虑产品对人们的必需程度、产品供求状况及产品竞争程度三个因素的影响。

⑥客户对产品质量事故的承受能力。任何一种产品都有可能因某种原因出现质量事故，即使是名牌产品也很难避免。客户对产品的忠诚度高，则对该产品出现的质量事故会有比较宽容的态度，不会因此而转购其他品牌。

以上所有的测量指标，都可以在调查研究的工具中转换为具体的可操作性项目，并将这些项目运用于现场调查以取得调查数据。客户的挑选时间、客户购买的品牌、购买各品牌的次数、费用支出及购买的价格敏感度等数据，必须可靠而且有效。除了取得上述数据外，对客户忠诚度的测量还需要调查无提示状态下客户最喜爱的品牌、客户喜爱该品牌的原因、客户实质上购买该品牌的动机等内容。

（二）客户忠诚度测量指标分析

1. 客户重复购买频次

客户重复购买频次是指在相同的时间单位内，客户购买本企业产品、竞争对手产品或替代产品的总频次。一般使用“月”或“年”作为时间单位，计算每一品牌的销售额。计算公式为：

$$客户重复购买频次=\frac{客户重复购买次数}{时间单位}$$

显然，该指标反映了客户购买每一种品牌的频率。相比之下，购买某一种品牌的频率越高，说明其对该品牌的忠诚度越高；反之，则越低。

由此指标可以测量客户的购买周期，即在一定时间范围内，客户购买一次该品牌的平均时间，一般以天为时间单位。因为第一次购买行为没有时间参考的基点，只有进行了重复购买才有可能计算客户的购买周期。具体的计算方法是，将第二次及以后的购买时间点与第一次购买的时间点之差进行平均、即得出该品牌的重复购买周期。在实际的测量过程中，为了被调查者理解上的方便，通常计算在标准的时间单位内客户重复购买过该品牌的总次数，得出该品牌的重复购买周期。如果将整个客户群体的数值加以平均，则可得出该客户群体的重复购买周期。计算公式如下：

$$重复购买周期=\frac{标准时间单位}{标准时间单位内购买次数}$$

此指标与客户重购频次其实是一对强相关的指标。与客户购买同类商品相比，客户对商品的重复购买周期越短，说明客户对该产品的忠诚度越高；反之，则越低。

2. 客户支出费用

如果产品在较长的时间内标价相对固定，测量时直接计算客户每一次购买行为的费用支出并加以平均即可。对于标价变动较为频繁的品牌或客户每次购买量不同的商品，需要累计标准时间内购买该品牌的全部费用支出，并以购买次数进行平均，得出每一次的费用支出。测量客户购买各品牌的费用支出，可以研究客户对各不同品牌的忠诚度。其计算公式为：

$$某品牌费用支出=\sum\frac{客户购买该品牌全部费用}{时间单位}$$

3. 客户购买某产品的比率

计算客户购买某产品比率的原因在于：市场上有多种产品，客户可以选择的范围很大，不进行占有率的比较很难测定客户对某一种产品是否忠诚；而且，从客户购买某产品的比率分析入手，容易发现企业在客户心中的主要竞争者有哪些，还可以以此为依据调查客户比较忠于其他企业的产品而不是本企业的产品的原因。其计算公式为：

$$客户购买某产品的比率=\frac{购买某产品付出费用(或次数)}{购买同类产品所付总费用(或次数)}$$

由此公式还可以推导出品牌忠诚度。如果经常使用的品牌没有现货，客户可能会购买替代品牌。计算客户购买替代品牌的比例，即推断客户对该品牌忠诚的程度。其计算公式为：

$$品牌忠诚度=\frac{当前仍然购买该品牌的比例}{过去购买该品牌的比例}$$

此指标是测量一定时间、范围内客户购买行为的变动性（变动性的反面即购买某品牌的稳定性），品牌忠诚度注重客户对某一特定品牌购买行为的测量。

4. 客户对产品的价格敏感度

对客户价格敏感度的测量主要采用经济学中客户的需求弹性，计算被测客户的价格需求弹性的公式为：

$$价格需求弹性（E）=\frac{需求数量的变化率}{产品价格的变化率}$$

通过对客户价格需求弹性的测量可以说明，某一特定客户在对一系列产品中各种产品的价格敏感程度进行比较时，如果对某种产品的价格需求弹性最低，则其对该产品的忠诚度高；反之，则忠诚度较低。但这个指标受到客户主观接受能力、消费水平等许多因素的影响。

5. 其他指标

客户的挑选时间、客户对产品质量事故的承受能力不属于相对指标。客户的挑选时间是一个绝对指标，挑选时间越短，说明客户对产品越信赖，忠诚度就越高；反之，就越低。

而客户对产品质量事故的承受能力则显示了客户对产品出现质量事故时表现的态度，以及是否会由此放弃选购此种产品，而选择购买其他产品。当然，客户对事故的承受能力越强，则表示他对产品的忠诚度越高；反之，客户的忠诚度则越低。

（三）客户忠诚度的提高

客户是否忠诚，或者说客户是否会重复购买企业的产品，关键的因素在于企业与其竞争者相比是否能给客户提供更高的产品价值。客户的消费经验、相互间的交流和企业的各种经营活动都会改变客户所能够认识到的产品价值。客户在新一轮的购买选择中，如果仍然偏爱企业的产品，认为能够从中享受到最大的产品价值，他们就会重复购买，从而建立起客户忠诚；反之，客户就会离开该企业，转向其竞争者。因此，要研究如何培育和提高客户的忠诚度，首先要研究影响客户忠诚度的因素，然后在此基础上有针对性地进行培育和提高客户的忠诚度。

1. 影响客户忠诚度的因素

客户忠诚度受到诸多因素的影响。分析这些会对客户忠诚度产生影响的因素，对于企业理解客户、更准确地满足以至超越客户需求，做好客户关系管理具有十分重要的作用。

（1）客户满意

营销学者对于客户满意的概念界定基本是一致的。营销学大师菲利普·科特勒认为：客户满意是指“一个人通过对一个产品的可感知效果（或结果）与他的期望值相比较后，所形成的愉悦或失望的感觉状态”。满意度给出了一个和消费满足感有关的快乐水平，包括低于或超过满足感的水平。客户的满意程度越高，就会购买更多该产品，对公司及其品牌忠诚就会更持久。大量的有关客户满意和客户忠诚的研究证明：虽然在满意度忠诚度之间并无强相关关系，但无论行业竞争状况如何，客户忠诚都会随着客户满意度的提高而提高。可以说，客户满意是推动客户忠诚的最重要的因素之一。客户越满意，重复购买的可能性就越大，许多理论和实证研究都证实了客户满意与客户忠诚有正相关关系。

客户是否满意与对产品的期望质量有关，也与客户实际体验或认知质量有关。客户的体验或认知质量高于客户期望的质量时，则客户满意，否则客户就会失望。客户根据自身的需求、过去的消费经验、市场上有关产品的口碑、企业形象以及营销沟通等因素形成期望。而客户的认知质量是客户对产品的体验和认识，这种认知与实际的产品可能会有差异，但其基础是产品质量。

然而客户满意并不等同于客户忠诚，许多研究也表明客户满意度高而忠诚度却很低。客户忠诚度随基本期望的满意水平提高而提高，满足客户基本期望是客户满意的必要条件，而满足客户潜在期望是客户忠诚的充要条件。也就是说基本期望没有得到满足，客户肯定不满意；但即使基本期望得到了满足，客户的满意度也不一定高。只有潜在期望得到了满足客户才会拥有完全满意感，才会有愉悦感，才会最终形成忠诚度。

（2）客户服务和支持系统

客户服务和支持系统包括其外围和支持性的服务，这些服务有助于核心产品的提供。如运输和记账系统、疏通性和便利性、服务时间、员工的水平、信息沟通、储存系统、维修和技术支持、求助热线，以及其他支持核心产品的计划。这就是说，即使客户接受了非常优质的核心产品，他们也有可能对服务提供商表示不满。如果供应某产品的服务质量和系统支持不能达到客户要求，客户可能会坚决地放弃购买他理想中的产品，或者会换另一家企业为其提供质量差异并不大的产品。

客户服务质量是影响客户忠诚度的一个重要因素，无论企业生产什么产品都需要为客户提供优质的服务及支持系统。服务质量和支持系统好坏直接影响到客户对企业产品的印象。服务是客户满意和愉悦的基础，但仅仅提供满意服务不一定必然形成忠诚，而超值的服务不仅会使客户满意并且会让其产生愉悦感，会驱动客户形成忠诚感。

在一些公司的运营中，以较好的核心产品或者服务为基础取得竞争上的优势变得越来

越困难。这类公司可以提供与分销和信息相关的支持性和辅助性服务，通过这些服务为客户增加价值，并逐步将他们同竞争对手区分开来。这些公司可以使客户与他们之间的交易变得更加方便。他们可以规定禁止员工与客户争论，可以向客户提供有关产品的详细信息，可以提供 24 小时的服务。例如在客户外出期间，他们可以为他的车提供定期服务，以最大限度地方便客户。通过采取步骤将这些系统和政策安排到位，公司就可以开始为客户增加价值了，从而也可以将自己同竞争对手明显地区别开来。

在激烈的市场竞争中，超值的销售服务起到了越来越重要的作用。服务与产品质量、价格、交货期等共同构成企业的竞争优势。虽然再好的服务也不能使劣质的产品成为优等品，但优质的产品会因劣质的服务而失去客户。美国一家咨询公司发现，客户之所以从一家企业转向另一家企业，70%的原因是服务质量问题。服务已逐步取代产品质量和价格成为竞争的焦点。如果企业能专注于每一个特定客户群的需求，就会形成一支数量可观的忠诚客户队伍。

（3）品牌形象

随着收入水平的提高，客户的需求层次有了很大变化。面对日益繁荣的商品市场，客户开始倾向于商品的品牌选择，且选择过程中的偏好差异性增强，习惯于指名购买。而客户选择品牌和品牌偏好的形成，取决于企业在客户心目中的形象。良好的形象会对企业的产品或服务产生巨大的支持作用，赋予产品较高的价值，从而带给客户精神上和心理上的满足感、信任感，使客户获得更高层次和最大限度的满足，这对提高客户的忠诚度是十分有利的。

（4）价格水平

客户所关心的永远是经济利益上的风险。在分析风险时，无论是有意还是无意，客户总是将价格与其花费所得相比较，以保证自己在一定支出水平上得到最好的满足。这不仅关系到经济风险，还关系到社会和心理风险的大小。在客户所得到的产品和服务不变的条件下，低价格的承诺是很有吸引力的，但日益成熟的客户看中的已不仅是产品和服务的价格，更关心的是为补偿自己购物时的付出而得到的利益，包括产品质量、员工服务以及便利性等。企业应根据客户的期望提供合理价格，使客户通过付出与所得的比较获得最大满足，这样一来，客户才会重复地购买，成为企业的忠诚客户。

（5）客户情感因素

从客户调查中获得的很多证据都说明，相当一部分客户的满意度与核心产品或者服务的质量并没有太大关系。实际上，客户甚至可能对他与服务提供商及其员工的互动中的大多数方面感到满意，但是因为一位员工的某些活或者因为其他的一些小事情没有做好而使公司失去了这个客户的业务，而那些事情或语言甚至是员工们没有注意到的。

客户经常会描述服务提供商带给他们的感受如何，但很少有公司对自己的员工给客户带来的感受给予特别的关注。很多服务经历可能会使客户对公司产生不好的感觉，一些经历则可以让客户对公司产生好的感觉，不过这样的经历可能会比较少。

2. 提高客户忠诚度的途径

基于以上对影响客户忠诚度的因素的分析，可以得出一些具体的、操作性强的方法，以此来培育并提高客户的忠诚度。

（1）不断提高产品质量

优质产品是客户对产品忠诚的前提条件，可靠的产品质量是建立客户忠诚的根本保证。高质量的产品本身就是出色的推销员和维系老客户的强力凝固剂。在这里，质量不仅是指产品符合标准的程度，更应该强调的是企业要不断地根据客户的意见和建议，开发出客户真正需要的产品。产品质量应以客户的需求为始点，以客户的认知为终点，产品质量优秀与否是由“使用者评判的，而不是生产者宣称的”（洛克赫德）。

企业要为客户提供优良产品，即能够满足消费者需要、具有正常功能、定价低廉合理且消费者能买得到的产品。在企业内部应该形成“以赢得消费者忠诚”为准则的企业文化，产品或服务的设计生产要以客户为中心，不断寻求改进，树立“为了消费者，对质量的追求永不满足”的观念。

（2）提供优质服务

为客户提供优质服务的方法之一就是保修和服务保证，这不仅为客户提供了信用，而且还加强了品牌形象。另一种提供优质服务的方法就是补救服务。产品不可能100%没有问题，关键是企业在产品发生故障或服务出现问题时如何补救。服务补救对保持与客户的长期关系十分重要。通过客户服务发展与客户的长期关系是企业提供差异化产品的手段之一，可以有效地提高市场的竞争力。为客户提供超越期望的优质服务是客户满意和愉悦的基础，客户仅仅满意不一定忠诚，但超值的优质服务不仅使客户产生满意而且产生愉悦，才会使其形成客户忠诚。为客户提供优质服务，企业员工要树立正确的服务意识和理念，要形成以客户为中心的组织结构，重组客户服务流程并严格实施标准化服务管理。

（3）降低客户成本

企业要尽量降低客户的成本。客户成本不仅包括产品价格、使用成本等货币支出，还包括客户的精力、体力等非货币支出。企业可以通过方便的销售网络使客户搜索成本降低，通过优质的服务体系使客户节省产品的使用成本，通过统一的销售价格使客户节省讨价还价的时间，从而节省客户的精力投入，使客户成本降低，使客户价值提升。

（4）消除客户不满

要与客户建立长期的相互信任的伙伴关系，就要善于处理客户的抱怨异议。有些企业的员工在客户投诉时常常表现出不耐烦、不欢迎，甚至流露出反感的情绪，这往往会使企

业丧失宝贵的客户资源。大多数客户感到不满时是不会去投诉的。其中一部分是因为怕麻烦或者是因为商品价值太低不愿投诉，还有一部分是不知道如何投诉。一般在25个不满意的客户中，可能只有1个人会去投诉，其他24个则转移到了其他企业。因此，客户的投诉实际代表了部分客户意见，为企业提供了难得的改进服务的机会。企业应尽力鼓励客户提意见，然后再设法解决其遇到的问题。有关研究显示，一个最好的客户往往是受过最大挫折的客户；得到满意解决的投诉者往往比从没有不满意的客户更容易成为企业最忠诚的客户。在重大问题投诉者中，有34%的人在问题解决后会再次购买该企业产品；而小问题投诉者的重购率可达到52%。若企业能迅速解决投诉，则重购率将会提高到52%~95%。

正确对待客户投诉的第一步是鼓励不满意的客户提出自己的意见，即降低客户投诉的"门槛"，否则企业就很难发现自己的缺陷，竞争就会产生盲目性。在对客户投诉的补偿方面，企业既要注意费用/效益的比较，又要注意补偿的公平性。补偿程度一般应低于由于不补偿而带来的商业风险，其中对客户的价值评判要依据其终身价值。在作出补偿时，企业要设身处地为客户着想，考虑其不便之处，采取一定的跟进性方式了解客户的最终想法，比如通过打电话或写信的方式告知客户解决方案，或者与投诉者进行直接交流，直到客户不满完全消除。

（5）降低客户退出率

退出是指客户不再购买某企业的产品，终止与该企业的业务关系。退出客户的类型主要有：①价格退出者。为了更低的价格转向竞争者，这类客户最缺乏忠诚度，价格是影响其购买决策的决定性因素。②产品退出者。客户因为找到更好的产品而退出，企业欲留住这类客户就必须提供更好的产品。③服务退出者。是由于企业不尽如人意的服务而退出。④技术退出者。由于产品使用技术升级而转向其他企业的产品。企业应该认真分析客户退出的原因，采取针对性的措施，减少客户退出。

（6）提高客户转换成本

对单个客户而言，转换购买对象不仅需要花费时间和精力重新寻找、了解和接触新产品，放弃原产品所能享受的折扣优惠，改变使用习惯，同时还可能面临一些经济、社会或精神上的风险；对机构购买者而言，更换使用另一种产品则意味着要支付人员再培训和产品重置成本。提高转换成本就是要研究客户的转换成本，并采取有效措施人为增加其转换成本，以减少客户退出率，保证客户对本企业产品或服务的重复购买。

提高转换成本的第一个最常用的策略是对忠诚客户进行财务奖励，如对重复购买的客户，根据其购买数量、购买频率实行价格优惠、打折销售，或者赠送其他价值相当的礼品等。第二种方法是为客户提供包括免费热线、质量保证、操作培训、维修保养、事故处理等有效的服务支持，借此增加客户的感知价值。这些服务措施的运用会迫使客户在打算转换购买前慎重考虑。第三种方法是通过有效沟通，与客户建立长期的伙伴关系。企业可借助于客户联系卡或客户数据库提供的信息，定期与客户保持联络，做好客户的回访工作，使企业了解到客户意见，提高客户转换购买的精神成本。

(7) 提高内部员工的满意度

员工关系会直接影响客户关系，使员工满意是使客户忠诚的前提。如果员工的满意度只有70%，那么客户的满意度绝对不可能达到90%，自然也不能保证客户的忠诚度。这是因为企业为客户提供的产品和服务都是由内部员工完成的，他们的行为及行为结果是客户评价服务质量的直接来源。因此，企业在培育客户忠诚的过程中，除了做好外部市场营销工作外，还要重视内部员工的管理，努力提高内部员工的满意度。

(8) 塑造良好的品牌形象

品牌是成功企业赢得消费者忠诚的重要武器。品牌实际上是一种文化，已经融入各民族、各阶层和各种职业之中。许多消费者愿意花很多钱购买世界名牌服装、名牌化妆品、名牌手表等，就是因为这些品牌已经成为一种独特的文化和身份象征。品牌能够给企业带来超额利润。要提高消费者对品牌的忠诚，企业要在保障产品质量、提供优质服务的同时，注重提高品牌的文化内涵，通过整合传播提升品牌的知名度和美誉度，塑造品牌的良好现象。客户对品牌的忠诚度不仅仅是出于对产品使用价值的需要，还带有强烈的感情色彩。只有塑造出良好的品牌形象，使之在客户心中留下美好的形象，他们才会产生对该产品的忠诚。

三、客户满意与客户忠诚的关系

美国学者琼斯和赛斯的研究结果表明，客户忠诚和客户满意的关系受行业竞争状况的影响，不同的行业竞争状况与客户满意和客户忠诚的关系各不同。

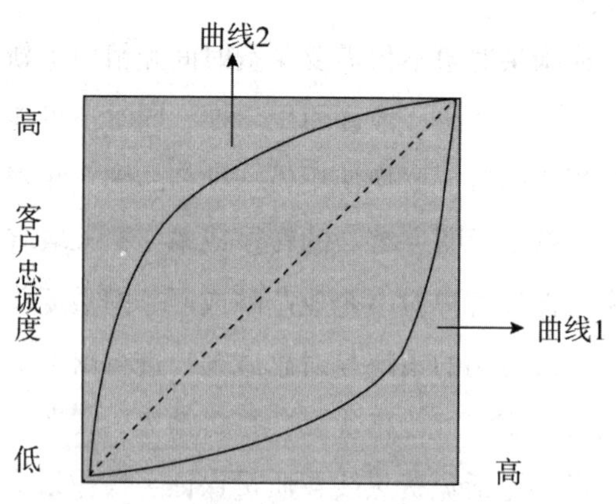

图 2.3 客户忠诚度和客户满意度的关系

如图 2.3 所示，虚线左上方表示低度竞争区，虚线右下方表示高度竞争区；曲线 1 和曲线 2 分别表示高度竞争的行业和低度竞争的行业中客户满意程度与客户忠诚可能性的关系。

（1）高度竞争行业

如曲线 1 所示，在高度竞争的行业中，完全满意的客户远比满意的客户忠诚。在曲线右端（客户满意程度评分 5），只要客户满意程度稍稍下降一点，客户忠诚就会急剧下降。这表明，要培育客户忠诚，企业必须尽力使客户完全满意。

（2）低度竞争行业

在低度竞争的行业中，曲线 2 描述的情况似乎表明客户满意程度对客户忠诚度的影响较小。但这只是一种假象，限制竞争的障碍消除之后，曲线 2 很快就会变得和曲线 1 一样。因为在低度竞争情况下，客户的选择空间有限，即使不满意，他们往往也会出于无奈继续使用本企业的产品和服务，表现为一种虚假忠诚。随着专有知识的扩散、规模效应的缩小、分销渠道的分享、常客奖励的普及等等，客户的不忠诚就会通过客户大量流失表现出来。因此，处于低度竞争情况下的企业应居安思危，努力提高客户满意程度，否则一旦竞争加剧，客户大量流失，企业就会陷入困境。

上面的分析表明，客户满意和客户的行为忠诚之间并不总是呈正相关关系。但有一点毋庸置疑，那就是无论在高度竞争的行业还是低度竞争的行业，客户的高度满意都是形成客户忠诚度的必要条件，而客户忠诚度对客户的行为忠诚无疑会起到巨大的影响作用。

客户满意与客户忠诚是紧密相关的。客户满意度与态度相关联，客户忠诚度与行为相关联。客户满意不等于客户忠诚。客户满意是客户希望重复购买的一种心理倾向，客户忠诚实际上是一种购买行为的持续性。前者对于企业来说本身并不产生直接的价值，而后者对企业来讲则非常具有价值。满意度是忠诚度的必要条件。一般来说，只要客户对企业的满意度达到一定水平，客户才会有忠于企业的意愿，但客户满意度的提高不一定能提高客户的忠诚度。

第五节　客户价值

一、客户价值

（一）客户价值的含义

目前，对客户价值的研究正沿着三个不同的侧面展开：一是企业为客户提供的价值，即从客户的角度来感知企业提供产品和服务的价值。二是客户为企业提供的价值，即从企业角度出发，根据客户消费行为和消费特征等变量测度出客户能够为企业创造的价值。该客户价值衡量了客户对于企业的相对重要性，是企业进行差异化决策的重要标准。三是企业和客户互为价值感受主体和价值感受客体的客户价值，称为客户价值交换。主要包括以下两个方面：

客户价值：指企业为客户创造的价值，即客户对企业提供的产品与服务给自己带来的价值判断。

关系价值：指客户为企业带来的价值，即企业维持与客户的关系能够为企业带来的价值。

本书采用伍德罗夫等人的观念，认为客户价值是客户对产品属性、属性效能以及使用结果（对实现客户目标和初衷的促进或阻碍）的感知偏好和评价。

（二）客户价值的体现

客户价值主要体现在以下几个方面：利润源泉、信息价值、口碑价值、对付竞争、企业的可持续发展。

利润源泉指企业通过各种方式将自己的产品或服务推销给客户，并且通过客户的购买使得企业获得盈利。而企业的持续发展是建立在与客户长远利益的基础上，企业品牌的建立其实也是为了吸引客户的投资。好的品牌背后必然是有悠久的客户忠诚，就是因为客户对企业的信任与忠诚推动了企业品牌的形成。再好的营销策略，若客户不买单，一切也是浮云而已。企业实现盈利的前提是客户的购买，因此客户是企业的利润源泉。

客户的信息价值是指客户为企业提供信息，从而使企业更有效、更好地开展经营活动所产生的价值。企业在与客户进行双向互动的沟通过程中，通过由客户以各种方式提供的各类信息，包括客户需求、客户满意度、竞争对手信息等来改善及完善企业的营销，推动企业不断地成熟、发展。

口碑价值是指由于满意的客户向他人宣传本企业的产品或者服务吸引了更多的新客户加盟，而使企业销售增长、收益增加所创造的价值。客户主动的推荐和口碑传播会迅速提升企业的知名度和美誉度。

对付竞争：客户的忠诚是企业与同行进行竞争的重要基础和强有力后台，因此要培养客户忠诚，提升客户的价值，形成企业竞争的优势。不管外面有多大的诱惑，客户还是坚持你企业的老品牌，这就是企业培养客户价值的重要结果。

（三）客户价值的意义

客户价值的意义在于表达忠诚客户对企业生存和发展的重要和长远影响。一个企业重视自己的客户价值代表了重视自己企业的未来发展。其中挖掘客户价值是起步，提高客户价值是过程，保证客户价值是努力的结果。

二、客户价值管理

（一）客户价值管理的含义

客户价值管理就是企业根据客户交易的历史数据，对客户生命周期价值进行比较和分析，发现最有价值的当前和潜在客户，通过满足其对服务的个性化需求，提高客户忠诚度和保持率。客户价值管理是客户关系管理成功应用的基础和核心。其根本目的是使企业的经营理念、能力、过程及组织结构与客户感知的价值因素相适应，来向客户传递最大化的价值。

（二）客户价值管理的作用

客户价值管理将客户价值分为既成价值、潜在价值和影响价值，其作用在于满足不同价值客户的个性化需求，提高客户忠诚度和保有率，实现客户价值持续贡献，从而全面提升企业盈利能力。

1. 既成价值

在研究企业客户的既成价值时，由于客户与企业的这种关系会保持一段时间，在该过程中，客户对企业的价值体现除了增加利润、节约成本，还有另外一个重要贡献，就是客户的既成影响价值。

2. 潜在价值

潜在价值是指如果客户得到保持，客户在未来进行的增量购买将给企业带来的价值。潜在价值主要考虑两个因素：企业与客户可能的持续交易时间和客户在未来交易期内每年可能为企业提供的利润。

3. 影响价值

当客户高度满意时，带来的效应不仅仅是自己会持续购买公司产品，而且他们会通过指引或者参考来影响其他客户，并使那些客户前来进行购买。这些客户所产生的价值称为影响价值。

（三）客户价值管理步骤

完整的客户价值管理包括三个步骤：

第一，所需数据采集。

第二，客户价值分析，判断客户的不同价值和等级。

第三，决策，根据不同客户价值来决定各个方面应该采取的措施。

做好客户价值管理，需要从以下三个方面入手：

（1）企业可以掌握不同客户的价值，将有限的资源集中于最有价值客户而不仅仅是目前业务最繁忙的客户。对于高价值客户应预先采取留住客户的行动，持续关心具有未来潜在业务和影响价值的客户，避免仅仅给一次性购买最大量服务的客户以最好的服务。

（2）关注客户价值的变化。根据客户价值的变动可以及时发现客户行为的改变，从而能够提前奖励高价值客户或者减少其不满意度，以维持和提高价值。

（3）恰当的市场活动决策。比如决定吸引高价值客户的最好方法和途径。

（四）客户关系管理要点

1. 摈弃“普惠制”管理和服务

管理客户时，企业必须坚决摈弃“普惠制管理和服务”，应当选择和锁定自己特定的细分市场，然后基于细分市场客户的喜好和需求有针对性地研发产品或服务组合；同时，针对产品或服务组合不断进行市场反映测试，直到取得稳定、高利润的回报。

2. 按照客户生命周期实施管理

一般而言，客户生命周期包括五个阶段：获取期、提升期、成熟期、衰退期以及离开期。所以，企业必须在客户的各个不同的生命周期考虑实施不同的营销策略。通过了解客户不同生命周期的不同需求，在相当程度上有助于实现公司营销和销售的精确化指导。例如，在提升期，企业需要聚焦于如何将现有客户培养成高价值客户；当客户进入成熟期后，企业则要加大交叉销售的力量，并着手培养客户对企业的忠诚度等。

3. 建设差异化的销售渠道

虽然在消费者购买决策过程中渠道所具有的影响力日益上升，但很少有企业从成本效率、消费者偏好以及客户关系建立能力等维度出发，进行渠道差异化的建设，从而经常导致渠道资源配置不当、企业成本结构受损、客户感受削弱。通信企业在这方面堪为学习榜样，它们根据客户行为与实际需求建立差异化的销售渠道，然后针对不同的渠道提供不同等级的资源配置支持。

4. 内部作业流程与客户的价值取向相匹配

只有使企业的内部作业流程与客户的价值取向（即购买力与消费习惯）高度契合，才能使企业获得更高的客户满意度，进而使自己在营销和客户服务上的投资“物超所值”了。否则必然导致企业销售成本增加，客户满意度下降。

5. 将呼叫中心视为营销和销售中心

如果能够在适当的时间为呼叫中心的业务人员提供适当的信息，企业完全可以在与客户的互动中达成“双赢”——在提升客户满意度的同时为企业创造丰厚的收益。

第六节　客户关系生命周期

作为企业的重要资源，客户具有价值和生命周期。客户生命周期理论也称客户关系生命周期理论，是指从企业与客户建立业务关系到完全终止关系的全过程。它是客户关系水平随时间变化的发展轨迹，动态地描述了客户关系在不同阶段的总体特征。客户生命周期可分为考察期、形成期、稳定期和退化期等四个阶段。考察期是客户关系的孕育阶段，形成期是客户关系的快速发展阶段，稳定期是客户关系的成熟期和理想阶段，退化期是客户关系水平发生逆转的阶段。

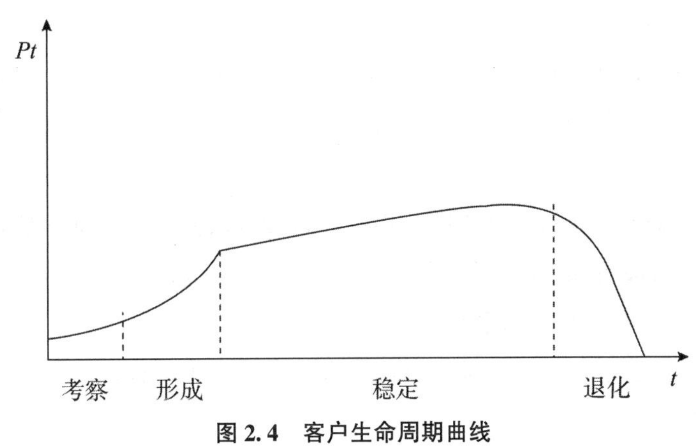

图 2.4　客户生命周期曲线

一、客户生命周期理论

（一）考察期

考察期，双方关系的探索和试验阶段。这一阶段主要包括双方考察和测试目标的相容性，对方的诚意、绩效；考虑如果双方建立长期关系，则其潜在的职责、权利和义务是什么。双方相互了解不足、不确定性大是考察期的基本特征。因此，评估对方的潜在价值和降低不确定性是这一阶段的中心目标。在这一阶段，客户会下一些尝试性的订单，企业与客户开始交流并建立联系。因客户对企业的业务进行了解，企业要对其进行相应的解答。对于企业而言，某一特定区域内的所有客户均是潜在客户，企业投入是对所有客户进行调研，以便确定出可开发的目标客户。此时企业有客户关系投入成本，但客户尚未对企业做出大的贡献。

考察期的管理重点应该体现在重视商品品牌的丰富性，重视产品与服务质量，重视客户对企业提供的商品服务价格的认同度，重视给客户提供商品以外的免费服务等非物质利益等方面。

（二）形成期

形成期，双方关系的快速发展阶段。双方关系能进入这一阶段，表明在考察期双方相互满意，并建立了一定程度上的相互信任和交互依赖。在这一阶段，双方从关系中获得的回报日趋增多，交互依赖的范围和深度也日益增加，逐渐认识到对方有能力提供令自己满意的价值（或利益）和履行其在关系中担负的职责，因此愿意承诺一种长期关系。在这一阶段，随着双方了解和信任的不断加深，关系日趋成熟，双方的风险承受意愿增加，由此双方交易不断增加。当企业开发成功目标客户后，客户已经与企业发生业务往来，且业务在逐步扩大，此时已进入客户成长期。这一时期企业的投入和开发期相比要小得多，且主要是发展投入，目的是进一步融洽与客户的关系，提高客户的满意度、忠诚度，进一步扩大交易量。此时客户已经开始为企业做贡献，企业从客户交易获得的收入已经大于投入，开始盈利。

企业在形成期的管理重点应继续体现在重视商品品牌的丰富性、重视产品与服务质量、提供商品以外的免费服务等非物质利益等。

（三）稳定期

稳定期，双方关系发展的最高阶段。在这一阶段，双方或含蓄或明确地对持续长期关系做了保证。这一阶段有如下明显特征：

①双方对对方提供的价值高度满意。

②为能长期维持稳定的关系，双方都做了大量有形和无形投入。

③大量的交易。

因此在这一时期，双方的交互依赖水平达到整个关系发展过程中的最高点，双方关系处于一种相对稳定状态。此时企业的投入较少，客户为企业做出较大的贡献，企业与客户交易量处于较高的盈利时期。

企业在稳定期除应继续重视商品品牌的丰富性、给客户提供商品以外的非物质利益外，更要重视人员服务以及客户间接互动和沟通接触的机会。

（四）退化期

退化期，双方关系发展过程中关系水平逆转的阶段。关系的退化并不总是发生在稳定期后的第四阶段，实际上，在任何一阶段关系都可能退化。引起关系退化的原因很多，如一方或双方经历了一些不满意、需求发生变化等。

退化期的主要特征有：交易量下降；一方或双方正在考虑结束关系甚至物色候选关系伙伴（供应商或客户）；开始交流结束关系的意图等。当客户与企业的业务交易量逐渐下降或急剧下降而客户自身的总业务量并未下降时，说明客户已进入衰退期。

此时，企业有两种选择：一种是加大对客户的投入，重新恢复与客户的关系，进行客户关系的二次开发；另一种做法便是不再做过多的投入，渐渐放弃这些客户。企业两种不同做法自然会有不同的投入产出效益。(为了便于论述，本文以企业的第二种做法进行研究）当企业的客户不再与企业发生业务关系，且企业与客户之间的债权债务关系已经理清时，意味客户生命周期的完全终止。此时企业有少许成本支出而无收益。

这一阶段企业的管理重点就是挽留客户，恢复关系。企业通常的做法是纠正曾对客户犯下的错误并提供补偿。如果无法挽留客户就需要解除与客户的关系，企业需要认真总结客户流失的原因，并改进自身存在的缺陷或调整未来的营销策略。

二、客户关系生命周期模式的分类

图 2.4 描述的是一个具有完整四个阶段的、理想的客户生命周期模式，其中，考察期和形成期相对较短，稳定期持续时间较长。但是，客户关系并不总能按照企业期望的这种轨迹发展。客户关系生命周期模式存在多种类型，不同的类型带给企业不同的利润，代表着不同的客户关系质量。客户关系的退化可以发生在考察期、形成期和稳定期三个阶段内的任一时点：在稳定期前期退出和后期退出的生命周期模式也有显著差异。因此，根据客户关系退出所处的不同阶段，可将客户关系生命周期模式划分成四种类型。图 2.5 所示给出了表示四种客户关系生命周期模式的生命曲线。模式Ⅰ、模式Ⅱ、模式Ⅲ、模式Ⅳ分别表示客户关系在考察期、形成期、稳定期前期和稳定期后期阶段退出。下面分析四种客户关系生命周期模式的成因。

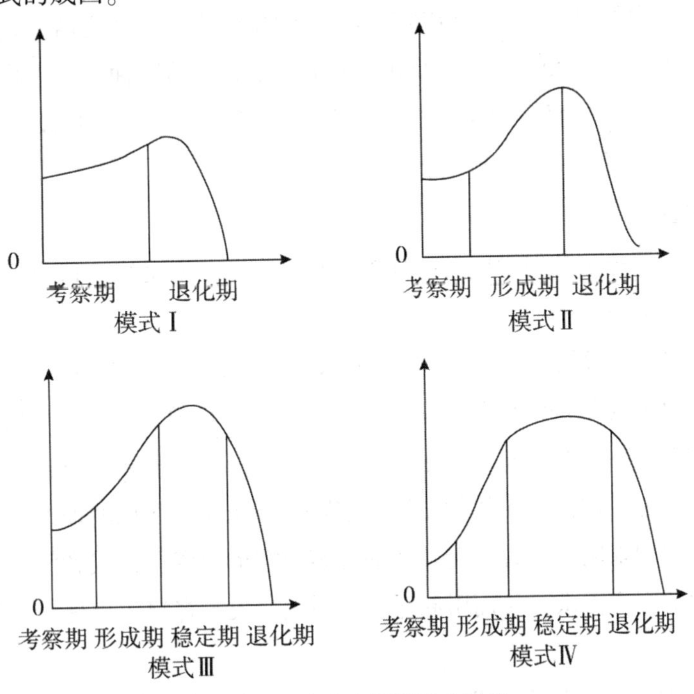

图 2.5　客户生命周期模式类型

（一）模式Ⅰ

客户关系没能越过考察期就进入退化期。造成早期客户关系退化的原因有以下两种。

1. 企业提供的价值达不到客户的预期，客户认为企业没有能力提供令其满意的价值。也许客户只是对有限次购买中的一次购买不满意，但由于这时客户对企业的基本信任尚未建立起来，也没有转移成本，客户关系非常脆弱，一旦不满意，客户很可能就直接退出关系。

2. 企业认为客户没有多大的价值，不愿与其建立长期关系。

模式Ⅰ代表的是一种常见的客户关系形态，因为在巨大的企业与客户之间的多元关系网络中，经过双向价值评估和选择后，能够进入二元关系的毕竟是少数。

（二）模式Ⅱ

客户关系越过了考察期，但没能进入标志着关系成熟的稳定期而在形成期中途夭折。客户关系能进入形成期表明双方对此前关系的价值是满意的，曾经建立了一定的相互信任。客户关系中途夭折最可能的原因是企业不能满足客户不断提升的价值预期。对生命周期不同阶段的研究表明，客户对价值的预期是不断提升的，企业提供的价值必须不断地满足客户的预期，并达到或超过最好可替代企业的水平，各户关系才可能进入稳定期。客户关系中途夭折，说明企业虽然在前期能提供比较好的公共价值，如较高的产品质量、适中的价格、较及时的交货、较好的售后服务和技术支持等，但由于不了解客户的真正需求或受自身核心竞争能力的限制，无法给客户提供个性化增值。个性化增值是客户关系发展到一定程度时客户的必然要求。一个企业如果不能满足客户的这种要求，将始终无法成为客户心目中最好的企业，从而客户会积极寻找更合适的企业，且一旦发现更好的可替代企业，客户便从现有关系中退出，转向新的企业。

（三）模式Ⅲ

客户关系进入了稳定期但没能持久保持而在稳定期前期退出。造成客户关系没能持久保持的原因主要有以下两种。

1. 企业持续增值创新能力不够。客户关系要长久保持在高水平的稳定期，企业必须始终提供比竞争对手（最好的可替代企业）更高的客户价值。个性化增值是提高客户价值的有效途径，它建立在与客户充分沟通、对客户需求深刻理解和客户自身高度参与的基础上，具有高度的不可模仿性。增值创新能力实际就是企业个性化增值的能力。企业由于受自身核心竞争能力的限制，或者不能及时捕提客户需求的变化，或者没有能力持续满足不断变化的个性化的客户需求，从而引起客户的不满，失去客户的信任，导致客户关系退化并最终退出。

2. 客户认为双方从关系中获得的收益不对等。当客户关系发展到很高水平时，客户对价值的评价不再局限于自身从关系中获得的价值，同时也会对企业从关系中获得的价值作出评价。如果客户发现自身从中获得的价值明显低于企业从中获得的价值，客户将认为双方的关系是不公平的。对等双赢才是关系可持续发展的基础。因此，一旦客户认识到关系的不公平性，客户关系就会动摇，久而久之，关系就可能破裂。

（四）模式Ⅳ

客户关系进入稳定期并在稳定期长久保持。客户关系能长久保持在稳定期，可能的原因有以下三个。

1. 企业提供的客户价值始终比竞争对手高；客户一直认为当前企业是他们最有合作价值的企业。

2. 双方关系是对等双高的，客户认为关系是公平的。

3. 客户有很高的经济和心理转移成本。转移成本是一种累积成本，客户关系发展到高水平的稳定期时，客户面临着各种很高的转移成本，如专有投资、风险成本、学习成本和被学习成本等。因此，即使企业提供的价值一时达不到客户的预期，客户也不会轻易退出，此时，转移成本成为阻止客户退出关系的关键因素。当客户关系出现问题时，转移成本的这种作用为企业提供了良好的修复机会。

模式Ⅳ是企业期望实现的一种理想的客户关系生命周期模式，这种客户关系能给企业带来更多的利润。需要说明的是，实际中客户关系的发展一般不会完全一帆风顺，常常有一些波折，但只要企业能有效调整客户关系管理策略，客户关系仍会回到正常的发展轨道。客户是企业最重要的资产。对于企业而言，谁拥有了高质量的客户谁就掌握了主动，所以，客户群的质量决定了企业的竞争能力。而客户群的关系生命周期结构决定了客户群的质量。一个企业的客户群中如果大部分有价值的客户的关系生命周期模式属于“长久保持型”，那么该企业在市场竞争中必然处于优势地位，反之则未必。客户关系生命周期模式的分类为企业诊断客户群的质量提供了一个很好的分析工具。根据诊断的结果，企业可以更有针对性地制定客户关系管理的战略目标和实施方案。

三、客户生命周期理论的客户关系管理

（一）客户生命周期分析

同其他事物一样，企业与客户的关系同样要经历一个由相互陌生到开始接触，再到日益成熟的发展过程，一般先后经历潜在客户、新客户和忠诚客户三个发展阶段。

1. 潜在客户

潜在客户是指虽然没有购买过企业产品，但有可能在将来与企业进行交易的客户。当客户对企业产品产生兴趣，并通过某种渠道与企业接触时，就成为企业的潜在客户。与此同时，客户生命周期就开始了。此时，重要的是帮助潜在客户建立对企业及其产品的信

心。潜在客户对企业及其产品的认同度是其能否与企业创建交易关系的关键。因此，向潜在客户详细介绍产品特性、耐心解答他们提出的各种问题、使他们树立交易信心，是企业在此阶段的主要任务。

2. 新客户

潜在客户在建立与企业进行交易的信心之后，就会购买企业的某项产品，进而转变为企业的初级现有客户——新客户，开始为企业创造收入。与此同时，企业也开始收集和记录与新客户有关的各种信息，以便与他们保持联系，或在今后分析他们的商业价值。但此时新客户与企业的关系仍然处于整个客户生命周期的初级阶段。虽然新客户已经对企业有了初步的认同，接受了企业的产品，但是，企业还必须继续培养客户对企业及其产品的信任感和忠诚感。企业应保持与新客户的联系，呵护和关心他们，这是让新用户再次与企业交易的基础。另一方面，客户在与企业交易过程中的体验以及对所购买产品的价值判断，将会影响到他们今后是否能够继续与企业进行重复交易。

3. 忠诚客户

如果有良好的交易体验以及持续认同企业产品，一个新客户就会反复地与企业进行交易，成为企业的忠诚客户，他们与企业的关系也随之进入成熟阶段。这时候，客户的满意度和信用度应该是企业关注的焦点。同时，企业应该了解他们是否有新的需求，以便将企业的相关产品介绍给他们。因此，保持与忠诚客户原有的业务关系，努力与他们建立新的业务关系，将他们培养成新业务的客户，扩展他们的盈利性，是企业在这一阶段的工作重点。

（二）客户价值分析及管理

1. 新客户的价值分析及管理

客户信息的收集是一个动态的过程。企业一般很难在第一次交易时就收集到完整的客户信息，通常需要在反复的交易过程中才能逐渐完善客户信息。由此，企业从第一次与客户接触时，就要开始注意收集和整理客户信息。但是，仅通过对新客户数次的交易行为进行实时的记录并从这些记录中难以分析出新客户交易行为的规律。因此，相对于忠诚客户来说，很难对新客户的价值做出有根据和有效的判断。此时，企业应注意继续收集和积累新客户的每次交易数据，并跟踪和完善新客户的其他信息，以便为今后的客户价值评价工作做好准备。

2. 潜在客户的价值分析及管理

潜在客户虽然还没有与企业建立交易关系，但仍然可能是值得企业特别关注的对象，尤其对像汽车销售商、房地产企业这些以高价值、耐用消费品为主要产品的企业来说，更是如此，因为购买这些产品的每个客户都可以为企业创造可观的利润。而且对这些企业来说，一旦失去哪怕仅仅一次与潜在客户交易的机会，都很难重新与他们建立交易关系。因此，对这些行业来说，每个潜在客户都非常有价值。对潜在客户的价值判断难以使用对统计资料进行分析的方法，因为潜在客户还没有与企业发生过交易关系，企业也就无从记录和跟踪他们的交易行为数据。但企业仍然可以通过交易以外的其他途径收集反映潜在客户基本属性的数据（如年龄、性别、收入、教育程度、婚姻状况等），然后利用这些基本属性数据对客户进行细分，分析其潜在价值。

3. 忠诚客户的价值分析及管理

与新客户相比，忠诚客户为企业创造了更多的收入，对企业的生存和发展具有重要的意义。忠诚客户的价值主要体现在三个方面：通过重复交易，为企业创造累计收入；企业更容易以低成本优势保持与他们的关系；为企业带来新的客户。忠诚客户的推荐是新客户光顾企业的重要原因之一。“口碑效应”可以帮助其他新客户建立对企业及其产品的正面印象。

企业可以通过分析已经发生的交易数据，来确定忠诚客户价值的评价指标。常用的数据包括：最近交易情况；客户最近一次与企业进行交易的时间、地点和类型；交易频率，即在某一时期内，客户与企业进行交易的次数；交易总额，即在某一时期内，客户的累计交易金额。此外，企业还可以使用对交易总额排序的方法来判断忠诚客户的价值，即首先将客户的交易总额从高到低进行排列，然后找出带来绝大部分收入的那部分客户。使用这种方法，通常能够很容易地发现“帕累托定律”，即不同的客户对企业销售量和销售收入的贡献是不一样的，企业80%的收入来自近20%的客户。如果能够识别出这20%的客户，就应该努力让他们乐意扩展与企业的业务——或者在同一业务上追加更多的交易量，或者与企业开展新的业务。既然每位客户对企业的贡献是不同的，企业就不应该将营销服务平摊在每一位客户身上，而应该将更多的精力放在数量虽小但贡献重大的优质客户身上。另外，既然这些少量的客户为企业创造了大量的收入，就表明这部分客户比其他客户更愿意与企业保持关系。因此，将有限的营销和服务资源充分应用在这些客户身上，就更有针对性，更容易取得事半功倍的效果。

本章小结

本章主要介绍关系营销、客户细分、客户满意、客户忠诚、客户价值、客户关系生命周期的相关理论。

关系营销是客户关系管理的雏形，客户关系管理中的客户观念、关系概念都与关系营销息息相关。关系营销是指企业为实现盈利目标，建立、维持和促进与顾客及其他伙伴之间的关系，以实现参与各方的目标，从而形成的一种兼顾各方长期利益关系的营销方式。

客户细分是客户关系管理的基础，也是实施客户关系管理的关键一环，企业要从战略的角度出发，做好客户细分。有了良好而准确的客户细分，客户关系管理就有了成功的基础。

追求客户满意进而达到忠诚是客户关系管理的一个核心目标，本章对客户满意、客户忠诚进行了详细的阐述。客户满意是一种感觉状态的水平，它来源于客户对产品或服务可感知的绩效与人们的期望值所进行的比较。客户满意对企业具有重要意义，企业关注提高客户满意度的途径和掌握对客户满意的衡量标准是非常必要的。追求客户满意不是企业的最终目的，客户忠诚才是企业要达到的最佳结果。客户忠诚指客户在较长的一段时间内对企业产品或服务保持的选择偏好与重复性购买。客户忠诚可以分为行为性忠诚、情感性忠诚、认知性忠诚和意向性忠诚。客户满意与客户忠诚之间的关系是正相关关系，但不总是强相关关系。要缔造客户忠诚，客户满意是最重要的因素，此外还要有恰当的客户忠诚计划，来加强客户的经济心理等转移成本。

客户价值理论为企业客户关系管理策略提供了一定的理论基础，企业通过衡量不同的客户价值将客户细分，进而提供差别化的服务；通过对客户感知价值的理解，企业可以针对不同的客户关系采用不同的策略，从而实现客户感知价值和企业利润最大化之间的平衡，为客户关系管理拓宽新的营销和服务思路，促进客户关系良性循环发展，进而实现对客户价值的管理。

在客户关系生命周期的不同阶段，客户呈现出不同的市场交易特点，需要企业实行不同的营销策略，这为客户关系管理不同阶段的管理方案提供了理论依据。同时，客户生命周期理论也从动态角度为研究客户关系和客户价值提供了有用的工具。

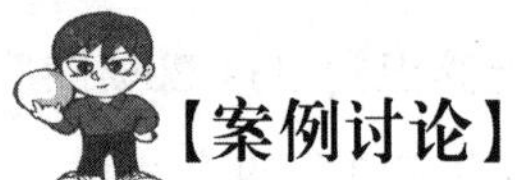

【案例讨论】

全聚德的客户细分

一、背景

北京前门全聚德烤鸭店是北京全聚德烤鸭集团的起源店（老店），创建于1864年，以经营传统挂炉烤鸭蜚声海内外，是京城著名的老字号。1993年，全聚德成立股份公司，前门店进入股份公司，当年的营业收入是4500万元。至2001年12月16日，前门店的年营业收入已达到9000万元。企业用了8年时间将营业收入翻了一番，这对于一个受诸多限制的国有体制餐饮企业来说，是一个很大的飞跃。8年来，前门全聚德店靠专业技术、科学管理、菜品创新和诚信营销在2600平方米的餐厅内创造了接近顶峰的辉煌：全店900个餐位，平均每个餐位实现年销售收入10万元；全店400名员工，平均每个员工实现年销售收入22.5万元，在整个餐饮业处于领先地位，曾创造过餐饮单店日销售67.7万元的全国最高纪录。

二、客户细分及经营策略——“攻击型服务”

所谓“攻击型服务”，就是要求服务员针对不同类型的就餐顾客提供不同的服务对策。北京前门全聚德烤鸭店按照人的四种不同气质类型，总结了以下具体服务对策：

1. 多血质——活泼型

特点：这一类型的顾客一般表现为活泼好动，反应迅速，善于交际但兴趣易变，具有外倾性。他们常常主动与餐厅服务人员攀谈，并很快与之熟悉并交上朋友，但这种友谊常常多变而不牢固；他们在点菜时往往过于匆忙，过后可能改变主意而退菜；他们喜欢尝新、尝鲜，但又很快厌倦；他们的想象力和联想力丰富，受菜肴的造型、器皿及就餐环境影响较大，但有时注意力不够集中，表情外露。

服务对策：服务员在可能的情况下，要主动同这一类型的消费者交谈，但不应有过多重复，否则他们会不耐烦。要多向他们提供新菜信息，但要让他们进行主动选择。遇到他们要求退菜情况，应尽量满足他们的要求。

2. 黏液质——安静型

特点：这一类型的顾客一般表现为安静、稳定、克制力强、很少发脾气、沉默寡言；他们不够灵活，不善于转移注意力，喜欢清静、熟悉的就餐环境，不易受服务员现场促销的影响，对各类菜肴喜欢细心比较，缓慢决定。

服务对策：领位服务时，应尽量安排他们坐在较为僻静的地方；点菜服务时，尽量向他们提供一些熟悉的菜肴，还要顺其心愿，不要过早表述服务员自己的建议，给他们足够时间进行选择。不要过多催促，不要同他们进行太多交谈或表现出过多的热情，要把握好服务的“度”。

3. 胆汁质——兴奋型

特点：这一类型的顾客一般表现为热情、开朗、直率、精力旺盛、容易冲动、性情急躁，具有很强的外倾性；他们点菜迅速，很少过多考虑，容易接受服务员的意见，喜欢品尝新菜；比较粗心，容易遗失所带物品。

服务对策：点菜服务时，尽量推荐新菜，要主动进行现场促销，但不要与他们争执，万一出现矛盾应避其锋芒；上菜、结账尽量迅速，就餐后提醒他们不要遗忘所带物品。

4. 抑郁制——敏感型

特点：这一类型的顾客一般沉默寡言，不善交际，难于适应新环境、新事物；缺乏活力，情绪不够稳定；遇事敏感多疑，言行谨小慎微，内心复杂，较少外露。

服务对策：领位时尽量将其安排在僻静处。如果临时需调整座位，一定要讲清原因，以免引起他们的猜测和不满。服务时应注意尊重他们，服务语言要清楚明了，谈话要恰到好处。在他们需要服务时，要热情相待。

三、核心产品（服务）

核心产品是挂炉烤鸭。老店在坚持核心产品“古老”“正宗”“原汁原味”的前提下，从改造产品的其他方面入手，提高了自己的核心竞争力。

四、支持产品（服务）

目前的顾客需求的餐厅产品已并不单指产品本身，而是从进入餐厅大门开始到用餐完毕的整个过程：顾客看到的餐厅设施、闻到的气味、品尝到的菜品、体会到的服务，以及对餐厅整体印象的心理感知等等，都属于产品范畴。全聚德前门店在餐厅面积不变的情况下，在硬件设施改造上承袭传统文化，将老店变成了人们心目中的“正宗全聚德老店”。

（《顾客细分》，http：//baike. baidu. com/view/2326670）

思考：

1. 全聚德前门店的客户细分对于餐饮企业有什么借鉴意义？

2. 举例说明其他行业的客户细分情况。

复习思考题

一、选择题

1. 客户忠诚度是建立在(　　)基础之上的，因此提供高品质的产品和无可挑剔的基本服务、增加客户关怀是必不可少的。

A. 客户满意度　　B. 客户忠实度　　C. 客户价值　　D. 客户利润率

2. (　　)是指客户对某一特定产品或服务产生了好感，形成了偏好，进而重复购买的一种趋向。

A. 客户满意度　　B. 客户忠诚度　　C. 客户价值　　D. 客户利润率

3. 客户价值包括以下哪些方面？(　　)

A. 潜在价值　　B. 当前价值　　C. 历史价值　　D. 以上全是

4. 下面选项中对客户满意或客户忠诚论述错误的是(　　)。

A. 客户满意是一种心理的满足　　B. 客户忠诚是一种持续交易的行为

C. 客户满意是客户关系管理根本目的　　D. 客户忠诚是客户关系管理根本目的

5. 按客户重要性分类，客户可以分为(　　)。

A. 潜在客户、新客户、常客户、老客户、忠诚客户

B. 贵宾型客户、重要型客户、普通型客户

C. 基本型、被动型、负责型、能动型、伙伴型

D. 铅质客户、铁质客户、黄金客户、白金客户

6. 客户对供电公司所提供的电力服务的使用是基于以下哪种类型的忠诚？(　　)

A. 垄断忠诚　　B. 亲友忠诚　　C. 惰性忠诚　　D. 信赖忠诚

7. 在客户关系管理里，客户的满意度是由以下哪两个因素决定的？(　　)

A. 客户的期望和感知　　B. 客户的抱怨和忠诚

C. 产品的质量和价格　　D. 产品的性能和价格

8. 客户为企业做出较大的贡献、企业与客户交易量处于较高的盈利时期，是客户关系生命周期的(　　)。

A. 稳定期　　B. 退化期　　C. 考察期　　D. 形成期

9. 企业应该将关注的焦点集中在客户的回头率上，认为培养忠诚客户比获得更大的市场份额更重要，这种客户增长策略属于(　　)。

A. 客户忠诚战略　　B. 客户扩充战略

C. 客户获得战略　　D. 客户多样化战略

10. 下列关于客户满意与客户忠诚关系的认识，正确的一项是(　　)。

A. 正相关关系　　B. 客户满意等于客户忠诚

C. 负相关关系　　D. 客户满意不等于客户忠诚

11. 关系营销认为产品的价值既包括实体价值，也包括(　　)。

A. 产品的包装　　B. 附在实体产品之上的服务

C. 附产品的广告价值　　D. 产品的使用价值

12. (　　) 是客户与企业关系开始到结束的整个客户生命周期的循环中，客户对企业的直接贡献和间接贡献的全部价值总和。

A. 客户终身价值　　B. 创造价值　　C. 获取价值　　D. 让渡价值

13. 在竞争度较高的行业里，客户满意与客户忠诚的相关性是(　　)。

A. 较大　　B. 较小

C. 无关　　D. 客户忠诚是客户满意基础

二、判断题

1. 消费者是分层次的，不同层次的客户需要企业采取不同的客户策略。而客户可看成一个整体，并不需要进行严格区分。(　　)

2. 忠诚的客户来源于满意的客户，满意的客户不一定是忠诚的客户。(　　)

3. 向顾客传送超凡的价值无疑可以带来经营上的成功，因此只要实现“所有客户100%的满意”就一定能为企业带来利润。(　　)

4. 忠诚的客户来源于满意的客户，满意的客户一定是忠诚的。(　　)

5. 客户关系生命周期管理的目的主要是根据不同客户的不同生命阶段合理配置企业资源。（　）

6. 客户忠诚的表现形式是客户忠诚于企业的意愿。（　）

7. 企业客户流失率与客户群体的生命周期成反比。（　）

8. 极度满意的客户会因期望变化而成为流失型客户。（　）

9. 客户的忠诚类型包括激励忠诚、垄断忠诚、潜在忠诚、历史忠诚。（　）

10. 客户忠诚度衡量指标指的是购买时的挑选时间 、对价格的敏感程度 、对品牌的关注、客户购买产品的次数多少。（　）

三、简答题

1. 什么是关系营销？关系营销与传统营销有哪些区别？

2. 如何进行客户细分？客户细分与客户关系管理有什么关系？

3. 如何进行客户价值管理？

4. 客户关系生命周期分为哪几个阶段？各阶段分别有什么特点？

第三章　客户关系管理的相关策略

学习目标

1. 掌握一对一营销的内涵；
2. 掌握数据库营销的优势和过程；
3. 理解整合营销的特征；
4. 了解现代客户关系管理对相关策略的运用。

导入案例

戴尔公司的创始人迈克·戴尔（Michael Dell）在16岁那年的夏天找到一份争取《休斯敦邮报》订户的工作。报社交给他一份由电话公司提供的电话用户名单，让他通过打电话的方式向客户推销。年少的戴尔非常诧异：报社居然用这种散沙般的方式推销产品。于是，戴尔在拉客户时，非常关注与客户谈话时他们的反应，他渐渐摸索出一条新模式。他发现有两种人会对订阅邮报感兴趣：一是刚刚结婚的人，二是搬入新房没多久的人。戴尔想：怎样才能找到这两种人呢？经过一翻调查之后，他了解到情侣结婚前必须到地方法院申请结婚证书，申请证书必须提供新人的家庭住址。在美国，这种资料是可以公开的，所以戴尔就把目标定在地方法院上。他找到几个高中时代好友，一起奔波于休斯顿地区16个县市的地方法院，从中获得了更多的新人姓名及家庭住址。戴尔还发现，有些公司会整理出贷款申请者的名单，而且这份名单是按照贷款额度等级依次排序的，这样就可以很轻松地找到额度最高的顾客和贷款买新房的人，从而进一步锁定目标顾客群。

在即将看到销售成果的时候，小戴尔要开学了，他不甘心自己辛苦建立的绝佳推销系统就此中断，所以就利用课余时间抓紧处理后续事务。结果，戴尔取得了巨大的成功，他找到了数千名订户。有一天，当老师询问他的销售报纸所得时，惊讶地发现，戴尔那年赚的钱比自己的工资还要多。

后来，戴尔利用一对一（粗略直销）的方式坐上了PC头把交椅并不是偶然的，这源于他在很小的时候就开始研究客户需求的差异并进行交叉销售获得利益的经历。

（《一对一营销》，https：//wenku. baidu. com/view/7f6372b93186bceb18e8bb13. html）

第一节　一对一营销

20 世纪 90 年代，唐·佩珀斯（Don Peppers）与马莎·罗杰斯（Martha Rogers）所开创的客户关系管理业已成了互动时代的商业规则，其所著的《一对一未来》《一对一企业》《一对一实战手册》《一对一经理人》在全球各地以 14 种语言出版，成了 21 世纪商界人士的圣经。唐·佩珀斯与马莎·罗杰斯的“一对一战略”在 1993 年《一对一未来》一书中最早提出，受到了全球商界的热烈推崇，影响力遍及汽车、零售、金融保险、医疗保健、电信和互联网等各行各业。

一对一营销是一种客户关系管理（CRM）战略，它为公司和个人间的互动沟通提供具有针对性的个性化方案。通过优化营销和沟通的成本，从而搭配或提供给客户最符合需要或行为的产品或服务。一对一营销的目标是提高短期商业推广活动及终身客户关系的投资回报率（ROI）。最终目标就是提升整体的客户忠诚度，并使客户的终生价值达到最大化。

◎小案例

班克斯公司的客户方案

依据客户的个别需求来提供个人化的会员方案，回馈给客户真正需求的东西。这个会员方案经过特别设计，以表现真正了解客户，也真正关心客户。

细节决定一切，那么如何把握好细节？

不管营销人员选择以什么样的方式表达他们对客户的关心，都必须考虑到个别客户的偏好与情况（一对一），这样才能让客户觉得有意义。

这种用心的态度并不是光靠提供折扣、优惠或免费赠品的方式就能让客户感受到的，也不光是通过互联网提供送货更快、品质更好、价钱更便宜的商品就够了的。

首先要先让客户认同你的回馈，再提供优惠。

（《客户关系管理导论》，http：//www. docin. com/p-1408148305. html）

一、一对一营销的含义

一对一营销是指企业根据客户的特殊要求来相应地调整自己的经营策略，针对每位客户创建个性化营销沟通的行为。它要求企业与每位客户建立一种伙伴型的关系，尤其是那些最具有价值的核心客户。企业通过与客户的交往不断加深对客户的了解，不断地改进产品和服务，从而满足客户的需求。

一对一营销是营销方式的一种革命，其核心是追求客户占有率，包括重视客户份额和重视定制化。一对一营销将每位客户都视为一个单独的细分市场，根据个人的特定需求来进行市场营销组合，以满足每位客户的特定需求。即使部分客户总体上倾向于和大众保持同质化的产品或服务消费，但是也期望在送货、付款、功能和售后服务等方面，企业能够满足其特别的需求。正因为每个客户都有着不同的需要，因而通过市场细分将一群客户划分为有着共同需求的细分市场的传统做法，已不能满足每个客户的特殊需要。而现代数据库技术和统计分析方法已能准确地记录并预测每个客户的具体需求，从而为每个客户提供个性化的服务。

一对一营销的基础是企业与客户建立起一种新型的学习关系，即通过与客户的一次次接触而不断增加对客户的了解。利用学习关系，企业可以根据客户提出的要求以及对客户的了解，生产和提供完全符合单个客户特定需要的客户化产品或服务，最后即使竞争者也进行一对一的关系营销，客户也不会轻易离开，因为他还要再花很多的时间和精力才能使竞争者对他有同样程度的了解。

二、一对一营销的特点

（一）企业追求市场占有率变为追求客户占有率

传统营销方式以某种产品或服务为营销中心，过多关注市场占有率。一对一营销则强调尽量做好与每一位价值客户的沟通，尽可能地满足这位客户的需求，以此来提高客户占有率。

（二）企业从注重产品的差异性转向注重客户差异化

传统营销组织通过推出新产品和产品延伸，尽量使产品产生实际意义上的差异，或者通过品牌和广告营造出观念上的差异性。一对一营销认为区分客户的差异性需求是满足客户需求的前提。企业可以通过客户资料分析，划分不同的客户群体，判断其对企业的价值并提供个性产品和特殊服务，培养忠诚客户。

（三）企业强调规模经济变为强调范围经济

在企业一对一营销理念中，“规模”不再是企业发展的重点，而是客户的“范围”。企业购买客户个人信息数据，以及收集的各个渠道客户接触点的信息将是企业的一份无形资产和一堵竞争壁垒，为企业以后的经营打下基础。

三、一对一营销的价值

一对一营销以其自身的优势为企业创造了极大的价值，主要体现在以下几个方面。

（一）满足客户个性化需求，增加销售

随着企业对客户了解的加深，企业越来越能满足客户个性化的需求，由此客户对企业的信任度也会不断增加，因此客户有可能更多地购买企业的商品。而且，他们不但会继续购买原来的商品，还会尝试购买企业的其他商品。这样企业交叉销售和向上销售的机会就大大增加，并会因此扩大企业的销售范围，增加销售额。

（二）以销定产，减少库存积压

传统的营销模式中，企业通过追求规模经济、努力降低单位产品的成本和扩大产量来实现利润最大化，这在卖方市场中当然是很有竞争力的。但随着买方市场的形成，这样来大规模地生产产品，品种的雷同必然导致产品的滞销和积压，造成资源的闲置和浪费，一对一营销则很好地避免了这一点。因为这时企业是根据客户的实际订单来生产的，真正实现了以需定产，因而几乎没有库存积压，大大加快了企业资金的周转速度，同时也减少了社会资源的浪费。

（三）降低交易成本，缩短服务周期

老客户的重复购买可以缩短产品的购买周期，拓宽产品的销售渠道，减少销售费用，从而降低销售成本。同时，老客户的重复购买过程会使企业形成相对固定的工作方式，客户需要重复的信息也会越来越少。这都会提高交易效率，缩短服务周期，降低交易成本。

（四）提高客户满意度，培养客户忠诚

客户个性化需求的满足必然会提高其满意度。在客户满意度得到提高的基础上，一对一营销会在学习的过程中逐渐培养客户的忠诚。忠诚客户的最大好处不仅仅在于客户会重复消费，而且会带来口碑效应。而口碑宣传是零成本的高效宣传方式，这种方式带来的新客户往往比通过高价广告和价格折扣吸引的客户更容易产生价值共鸣，进而使新客户成为企业的又一批忠诚客户。

四、一对一营销的过程

（一）识别客户

一对一营销的起点就是需要客户的详细资料，这就需要企业深入细致地调查和了解。在实行一对一营销中，关键的一步在于能直接挖掘出一定数量的客户，而且大部分客户是具有服务价值的。通过这些，企业可以建立自己的客户数据库，并与客户数据库中的每一

位客户建立良好关系，以最大限度地提高每位客户的服务价值。

（二）客户差别化

客户差别化主要体现在两个方面：一是不同客户的价值水平，二是不同客户之间的差异需求。一对一营销理论认为，在充分掌握了客户的信息资料并考虑客户价值的前提下，应合理区分客户差别化，重视客户差别化。

（三）与客户双向沟通

一对一营销的企业善于创造机会让客户告诉企业他需要什么，并且记住这些需求，把其反馈给客户，由此永远保留住此客户业务，这就是一对一营销的成功之处。它能够与客户建立一种学习型关系——企业在学习，客户在传授，并把这份学习型关系保持下去，以发挥最大的客户价值。

（四）重构客户定制业务流程

企业从两方面对生产流程进行重构：一是将生产过程划分为相对独立的子过程，再对其进行重新组合，设计各种微型组件或者微型程序，以较低的成本组装各种各样的产品满足客户不同需求。二是采用各种设计工具，根据客户的具体要求，确定如何利用自己的生产能力，满足客户需要。

（五）部门通力合作

一对一营销最终实现的目标是为单个客户定制一件产品，或围绕这件产品提供某些方面的定制服务，如开具发票的方式、产品的包装设计、产品特殊性能等。一对一营销的实施建立在定制的利润大于成本的基础上，这就要求企业的营销部门、研发部门、制造部门、采购部门和财务部门之间的通力合作。营销部门要确定满足客户所要求的定制规格，研发部门对研发产品进行高效的重新设计，制造和采购部门必须保证原材料的供应和生产的顺利进行，财务部门要及时提供生产成本与财务分析。

五、一对一营销的局限

一对一营销并非十全十美，它也有一些不利的方面。由于一对一营销将每位客户视作一个单独的细分市场，这固然可使每位客户按其不同的需求和特征得到有区别的对待，使企业更好地服务于客户，但也将导致市场营销工作的复杂化、经营成本额的增加以及经营风险的加大。此外，技术的进步和信息的快递传播，使产品的差异日趋淡化，今日的特殊产品及服务到明天则可能就大众化了，产品、服务独特性的长期维护工作因而变得日益复杂。一对一营销的局限具体体现在以下几个方面。

（一）实施营销的条件要求偏高

按照一对一营销理论，要通过客户数据库中反映出的客户过去的偏好来判断出其将来的需求，就要求企业与客户有较为密切的互动。对于某些老客户，企业可以根据对他们既有购买数据的利用与完善提供更好的服务和产品，从而提高他们的满意度，进而巩固这些客户的忠诚度。但是，对那些还没有重复购买行为的客户，特别是一些购买不频繁的耐用品消费者，企业就很难在掌握充足客户数据的情况下再根据不同客户定制决策。例如，一个家庭客户购买的大家电，购买周期可能是十几年。当他们有重复购买的需求时，历史购买数据极少，且随着时间流逝客户偏好很可能发生变化，从而使历史数据失去价值。因此，一对一营销需要足够有价值的客户忠诚行为作为起点，这就使实施条件在实践中难以达到。

（二）客户导向难以把握

一对一营销非常侧重于客户导向，因为企业的一切活动都以满足从客户数据库中挖掘出的每位客户的需求为目的。然而，在企业与客户的互动过程中，无论是根据客户的购买历史数据，还是根据客户的投诉、建议，反映的都是老客户言明的需求、表现出的偏好和对现存产品与服务的态度。但是，很多时候客户自己也不知道自己究竟想要什么，因此他们的需求只有企业充分发挥创造性才能被挖掘出来。企业的未来往往维系在客户没有表达出来的模糊需求上，特别是那些潜在客户的模糊需求上，探求这些客户需求并满足他们才是真正的客户导向，而这些模糊导向在客户数据库中往往是不存在的。因此，如果企业一味在客户数据库中追求客户导向，一旦有竞争对手以非凡的远见推出超越客户现有期望的产品，企业就可能面临老客户背叛的窘境。

（三）受企业现有能力的制约

无论是根据个体客户的定制产品和服务，还是交叉销售，并不是任何个性化的客户需求企业都能够满足，这要受到企业现有能力的限制。企业无法根据一些老客户要求，自由延伸到其他领域。如果企业要满足超出企业现有经营范围的客户需求，必须扩展自己在现有价值链上的能力，甚至需要打造全新的价值链，而这在很多时候是不可能的。因为企业受到有限资源的限制，又面对着各种技术壁垒与资金壁垒，所以尽管大规模定制的能够保证企业以一定的成本针对每个个体客户设计生产，但这种把最终产品分解为不同模块、通过模块组合而增加可供选择的最终产品的生产方式，还是受到有限模块的限制。超出这种界限的客户个性化需求，企业还是不可能满足的。同时，按一对一营销的要求，企业难免分散资源于价值链的多个环节，这样就难以培育核心竞争力。

（四）数据库应用的有限性

尽管信息技术的发展使一对一营销的企业从客户数据中挖掘细致到极点的、准确的客户偏好与需求成为可能，但很多时候顾客的购买行为是冲动的，根本不具备重复性。此

时，收集历史数据的作用就相当有限。另外，客户都存在求新变异的心理，特别在个性化愈来愈张扬的今天，这种心理将更加明显。根据客户过去的需求特点设计未来的产品和服务，企业可能会陷入失去活力的境地，最终会被客户背弃，对于时装之类的产品尤其如此。此外，客户由产生购买欲望到发生最终购买行为，影响因素非常之多，可能是心情的一时波动、朋友或导购员的一句话、终端布置的一个细节，抑或是天气的变化。无论信息技术如何发达，想把海量数据全部纳入客户数据库并借以分析客户的消费行为，都是不可能的。由此可见，客户数据库绝非万能的，其在准确挖掘客户的购买行为规律、充分把握客户消费行为方面是有一定限制的。

（五）追求客户附加价值的偏颇性

一对一营销认为，企业在充分了解客户的偏好建立学习型关系之后，可以更好地服务于每位客户，增加他们体验到的价值，降低他们付出的经济、精力等成本，从而增加顾客获得的附加价值。然而，在建立这种学习型关系的漫长过程中却需要客户与企业共同投入精力，使企业能深入了解客户的习惯与偏好。很多时候客户并不愿意去填写那些枯燥的表格以帮助企业进一步改善产品和服务。一对一营销要求设计个性化的服务，增加客户得到的价值，以把这些客户彼此区分开来。例如，当一位老乘客上了航班，空乘服务人员通过数据库的指示，不等这位老乘客发话就端上一杯他爱喝的饮料、送上一本他常看的杂志。这种人性化服务可能很有效，也可能迫使企业必须把大量精力投入到那些客户并不一定重视的细枝末节，投入到那些并不能明显增加客户价值的方面。如果老客户的喜好已经发生变化，那么反而可能降低了客户体验价值。

（六）数据获取难度加大

要彻底了解客户的购买习惯、偏好，需要大量的数据，但目前世界各国对于个人隐私的保护日益限制了企业获得这些信息并把这些信息用于经营的权利。人们出于对自身隐私暴露的担忧，自我保护意识已经逐渐加强。如果企业利用各种信息技术挖掘客户生活习惯的所有细节，客户很可能会产生抵制情绪，这使客户获取数据的难度日益加大。在开展一对一营销的过程中，沟通是双向的。借助于信息技术的发展，传递信息的成本已经大大下降。然而，信息技术也是一柄“双刃剑”，因为在降低信息传递成本的同时，人们每天要接触的信息量也大大增加。特别是那些“不请自来”的商业电子邮件，已经泛滥到令人难以忍受的程度，使处理这些信息的成本水涨船高，这引起了很多人的抵触。为此，欧洲联盟已经全面禁止向个人发送未事先征得收件人同意的商业广告性质的电子邮件。随着个人信息保护逐渐上升到法律层面，企业获取客户数据的难度将进一步提升。

六、一对一营销与传统营销的区别

一对一营销与传统营销的区别主要包括以下几个方面，如表 3.1 所示。

（一）关注的重心不同

传统的营销是从产品的角度经营，一次关注一种产品或服务，满足一种基本的客户需求，然后挖掘市场，尽可能多地找到在当前销售季节中有这种需求的客户。它以某种产品或服务为营销中心，更关注市场占有率。一对一营销不是一次关注一种需求，而是一次关注一位客户，尽可能多地满足这位客户的需求，关注的中心是客户。实行传统营销的企业的成功方向是赢得更多的客户，而实行一对一营销的企业的成功方向是更长久地留住客户。他们在关注市场占有率的同时，还尽量使每位客户增加购买额，在一对一的基础上提升对每位客户的占有程度。

（二）竞争方式不同

传统营销靠区分产品来进行竞争，而一对一营销靠区分客户来竞争。传统营销通过推出新产品以及对产品进行延伸，尽量对产品进行实际意义上的区分，或者利用品牌和广告制造出一种观念上的区分；而一对一营销的企业一次照料一位客户，它所依赖的是将每位客户与其他人区分开来。

（三）与客户互动的程度不同

传统营销经营者认为与单个客户进行互动是不必要的，而来自某位客户的反馈也只有当这位客户能代表整个市场时，才可能有用处。传统营销用同样的方式为特定市场的每位客户生产并交付同样的产品，满足同一种需求。企业的研发人员是通过市场调查与分析来挖掘新的市场需求，继而推出新产品的。但这种方法受研究人员能力的制约，很容易被错误的调查结果所误导。而一对一营销的企业强调必须与客户互动交流，根据从互动中获得的客户反馈来提供量身定制的产品或服务。在一对一营销中，客户可直接参与产品的设计，企业也根据客户的意见直接改进产品，从而达到产品、技术上的创新，并能始终与客户的需求保持一致，从而促进企业的不断发展。

表 3.1　传统营销与一对一营销的区别

类别	传统营销	一对一营销
关注重心	一种需求（产品或服务）	一位客户
竞争方式	产品	客户
与客户互动程度	单向（市场调研等）	双向

◎小案例

雅芳的“电子”一对一直销

一、雅芳拥抱电子商务

雅芳是全球最大的直销公司，拥有数百万名直销员。但是，面对互联网和新经济，面对全世界都做得轰轰烈烈的电子商务，拥有百余年历史的雅芳同许多“旧经济”代表的公司一样，也面临网络时代的巨大冲击。

二、“绊脚石”

到目前为止，雅芳的销售是靠在全球137个国家和地区的340余万直销员实现的。在美国国内，这些直销员反倒一度成了雅芳踏上网络时代的“绊脚石”。

三、解决方案

钟彬娴投入了5000万美元的巨资用于重建雅芳网。雅芳规定，直销员只要每月缴纳15美元，便可以成为“电子直销员”，她们可以在网上销售雅芳产品，同时赚取不菲的回扣。雅芳在网站上给客户以这样的选择：她们可以从雅芳公司直接订货，也可以在网上寻找离她们社区最近的雅芳销售代表订货。

（《客户关系管理导论》，http：//www. docin. com/p-1408148305. html）

七、客户关系管理和一对一营销

尽管一对一营销未必适合所有行业，单一的企业也可能无法全面实施一对一营销，一对一营销在实践过程中有一定的局限性，但这都不妨碍这种营销思想在众多企业的经营实践中不断深化与拓展。其以客户为中心不断提高企业的学习能力、为客户提供个性化产品和服务的思想在很多企业的营销策略中充分体现。客户关系管理在实施中就充分融合了一对一营销策略的中心理念，并通过日益发达的信息技术不断提高其实施的效率。在实施客户关系管理之前，企业要实施一对一营销策略是很难的，除了小型企业能做到之外，对于有众多客户的大企业来说是无法做到的。只有在信息技术发展到一定程度，客户关系管理理念深入人心的今天，一对一营销才有可能从理论真正走到企业运营的实践中来。对于小企业来说，一对一营销在可以获得细分市场的中心的思想指导下，只有在计算机、互联网等现代信息技术的配合下，只有通过客户关系管理系统整合企业的市场、销售和服务环节，企业才可能做到与每位客户实时地沟通互动，才可能了解每位客户的需求，也才可能真正为每位客户提供个性化的产品和服务。

第二节　数据库营销

数据库营销在西方发达国家的企业里已相当普及。1994 年，美国 Donnelley Marketing 公司的调查显示，56%的零售商和制造商有营销数据库，10%的零售商和制造商正在计划建设营销数据库，85%的零售商和制造商认为在本世纪末，他们将需要一个强大的营销数据库来支持他们的竞争实力。

数据库营销是为了实现接洽、交易和建立客户关系等目标而建立、维护和利用顾客数据与其他顾客资料的过程。先收集和积累消费者大量的信息，通过处理这些信息，预测消费者有多大可能去购买某种产品，以及利用这些信息给产品以精确定位，有针对性地制作营销信息，达到说服消费者去购买产品的目的。通过数据库的建立和分析，各个部门都对顾客的资料有详细全面的了解，可以给予顾客更加个性化的服务支持和营销设计，使“一对一的顾客关系管理”成为可能。

一、数据库营销的含义

数据库营销是企业通过搜集和积累消费者大量的数据信息，对信息进行处理后预测消费者购买某种产品的概率，并利用这些信息对产品进行准确定位，同时有针对性地制作和传播营销信息，以达到使其购买产品的目的。

数据库营销的本质是提供一个关于市场行情和顾客信息的强大数据库，通过数据信息来确认企业的目标客户和潜在的长期客户。数据库作为顾客和营销部门之间沟通的桥梁，成为企业进行有目的营销策划的基础。在营销数据库里储存的企业现有顾客和潜在顾客的基本资料包括以下四个方面。

第一，顾客的身份和联系方式。

第二，顾客的需要（品种、款式、颜色等）及特征（人口和心理方面的信息），对于企业客户还包括其行业类型及其主管部门方面的决策信息。

第三，顾客对企业营销计划的反应。

第四，顾客与企业竞争对手的交易情况。

◎小案例

甲壳虫

大众汽车甲壳虫曾经在某 WAP 网站投放广告。广告采用了一种精准技术：只有某些高端手机用户在登陆网站时，才会看到甲壳虫汽车广告。这样的方式不仅大大节约了广告投放成本，也使广告更有针对性、更加精准。

（《数据库营销》，https：//www. docin. com/p-2120884893. html）

二、数据库营销的特点

1. 数据库营销为营销人员提供了了解客户需求、市场动向的信息来源。

2. 通过数据库营销中的数据库，市场营销策略人员才能制定有目的的营销活动。

3. 客户数据库有企业全部的客户数据，且这种数据还在通过营销媒介（电话回访、邮件、问卷调查等）和其他渠道的客户接触点进行数据收集，被不断更新、完善。

4. 客户数据库是企业内部员工通力合作的起点。只有充分明确了解客户需求，各部门才能协同一致为满足客户需求这一目标而努力。

三、数据库营销的主要作用

数据库营销主要有两方面的作用：一方面是为重点客户管理提供支持。企业应将有限的销售资源投资在对企业有重大价值的客户身上，以此创造更大的利益。另一方面是挖掘潜在客户。潜在客户是企业发展壮大的源泉，企业通过数据库里的数据分析识别潜在客户，并向他们提供精准的营销策略，将其培养成忠诚客户。

丽华快餐的数据库营销

丽华快餐于1993年创立于中国常州。经过十多年的艰苦创业，其从一家小规模的快餐店发展成为在北京、上海、广州、深圳等地拥有配送体系的连锁快餐企业，并成功为奥运会（2008年）、十运会（2005年）等高级别体育赛事供餐。目前，该企业已成为中式快餐的形象代表。

丽华快餐是数据库营销的典型代表。丽华快餐有强大的数据库，客户第一次订餐即记录客户电话、住址等基本信息。在后续的消费中，一旦客户电话拨入，系统将自动显示客户基本信息和消费偏好，而客户服务人员就能快速了解这些信息。这样，通过简单沟通后，丽华快餐就能准确地把握消费者的消费需求，并能快速地确定送餐地址。通过数据库营销，丽华快餐不仅仅简化了购物流程，也加快了订单处理效率。

（丽华快餐官方网站，www. lihua. com）

四、数据库营销的优势

越来越多的企业之所以开始选择数据库营销，这与它相对于传统营销所具有的独特优势是密不可分的。

（一）市场定位准确

数据库营销可以帮助企业准确找到目标消费者群。在生产观念指导下的营销，各种类型的消费者接受的是相同的大批量生产的产品和信息；在市场细分理论下的营销，是根据人口统计及消费者不同的心理特点把顾客划分归类；而数据库营销可以使企业集中精力于更少的人身上，从而帮助企业判定现在消费者和目标消费者的消费标准并准确定位。例如，汽车制造商在与目标消费者进行初期交流的活动中会对这些消费者进行描述，同时询问诸如消费者现在开的是什么车、已行走了多少公里、打算何时购买等信息，然后将这些信息汇编。以此为基础，制造商可以为自己选定一个竞争力强的定位，并制定合适的营销策略来满足目标消费者的需求。

（二）低成本，高效率

数据库营销能够帮助企业在最合适的时机以最合适的产品满足客户需求，减少了无畏的浪费，从而降低成本，提高效率。据有关资料统计，企业在不动用数据库技术进行筛选而向客户发送邮寄宣传品时，客户反馈率只有2%~4%；在用数据库进行筛选时，其反馈率可达25%~30%。同时，数据库营销能够代替许多市场调研工作，迅速获得充分的客户信息，也使顾客对企业产品有充分的了解，基本上解决了企业与客户之间的信息不对称问题，一定程度上减少了市场的交易成本。

（三）有效地实现重复购买

在数据库的支持下，企业可以很容易地发展新的服务项目并促使购买过程简便化。数据库帮助企业建立与消费者间的持续关系，从而带来重复购买的可能。例如，一些目录公司会设一个ID电话号码，然后根据客户资料卡判断哪些顾客有重复购买相同商品的需要，把这个电话号码寄给他们，客户只需轻轻一按，订购服务代表就将订货信息输入记录，客户就不必重复回答相同的问题，大大简化了客户的购买过程。

（四）获得更多的长期忠实客户

寻求一个新客户所需的成本比维持一个老客户所需的成本要高，而要使一个失去的老客户重新成为新客户所花费的成本则比寻求一个新客户的成本更高。如果企业能比竞争对手更了解客户的需求和欲望，留住的最佳客户就更多，就能创造出更大的竞争优势。企业通过数据库营销经常与客户保持沟通和联系，可以维持和增强其与客户之间的感情纽带。另外，运用储存的消费记录来推测其未来客户的行为具有相当的精确性，从而使企业能更好地满足客户的需求，与客户建立起长期稳定的客户关系。

（五）营销战略具有隐蔽性

传统营销中，运用大众传媒（报纸、杂志、网络、电视等）大规模地宣传新产品上市或实施新的促销方案，容易引起竞争对手的注意，使他们紧跟其后推出对抗方案，这势必影响企业预期的效果。运用数据库营销，无须借助大众传媒就可以与消费者建立紧密关系，比较隐秘，一般不会引起竞争对手的注意，从而也避免了和竞争对手公开对抗，也容易达到预期的促销效果。

（六）直接测定营销结果并反馈

传统营销方式的营销效果很难直接测定。在运用数据库营销时，消费者可通过回复卡、电话等方式进行查询、订货或付款。这样，管理人员就可以得知消费者的反馈信息，数据库营销的效果就很容易测定了，而测定上次营销活动的效果可为下次数据库营销提供参考。

五、数据库营销的过程

数据库营销一般经历采集数据、存储数据、处理数据、分析数据、使用数据、完善数据库六个基本过程。

第一，采集数据。这是数据库营销的第一步，企业的客户数据可以来自市场调查、以往的销售记录、促销活动记录，也可以来自人口统计数据、信用卡记录等公共数据。此外，企业还可以利用黄页或者专业信息提供商来进行数据采集。

第二，存储数据。将收集的数据以客户为基本单元逐一录入数据库系统，建立起客户数据库。

第三，处理数据。运用先进的统计技术如计算机把不同的数据整合为有条理的数据库。例如，对数据中的繁体字、标点符号、不规范用字进行标准化的数据清洗；将地址切分为省、市、区县、街道、乡镇、村、门牌的数据规范化处理；将不同渠道、时间收集的不同数据进行整合等。

第四，分析数据。根据数据库中的数据找到并运用关于客户及其偏好、购买行为等的可用信息并加以分析，识别出特征。勾画出某产品的客户模型，并找出其在行业、规模等方面与企业具有哪些共同特点，从中选择理想的目标客户群体。

第五，使用数据。数据库强大的分析能力能推动企业在营销活动、渠道和品牌上的改善与整合，将分析所得的可用信息与客户分布、交易数据等结合到一起来制定模型，预测预算分配，将无序的记录和交易数据转变成一张清晰的客户全貌图。完善的数据库营销解决方案能为决策者提供可靠的数据，在理想的时间通过正确的渠道划分目标群体，从而有的放矢地提高客户忠诚度和保持率，达到增加企业市场份额的目的。例如，特殊身材的客户数据库不仅对服装厂有用，而且对于减肥药生产厂、医药、食品厂、家具厂都很有用。

第六，完善数据库。数据库营销是一种闭合流程。随着客户试用、优惠券反馈、抽奖销售活动登记等各类营销活动的开展，被收集回来的信息将不断增加和完善，这将使数据不断地得到更新，从而及时反映客户的变化趋势，使数据库适应企业经营的需要。

奔驰公司决定在美国投放新“M”级越野车的时候，试图在竞争已经很激烈的汽车市场有所突破，于是选择了数据库营销。奔驰美国公司收集了当时越野车和奔驰车拥有者的详细信息，并将它们都输入数据库。接着他们对处理后的数据进行分析，筛选出准备使用的潜在客户名单，并根据名单发送了一系列信件。首先是奔驰美国公司总裁的亲笔信，大意是“奔驰公司正在设计一款全新的越野车，我想知道您是否愿意助我们一臂之力”。该信得到了客户积极的回应，企业收到了一系列反馈问卷。有趣的是，在收到反馈问卷的同时，奔驰美国公司不断地收到该车的订单，客户感觉奔驰公司在为他们定做越野车。结果，奔驰公司原定于第一年销售 35000 辆的目标仅靠预售就完成了。该公司原计划投入 7000 万美元的营销费用，通过数据库营销策略的实施，将预算费用减至 4800 万美元，节省了 2200 万美元。

六、数据营销的未来前景

（一）以数据库为基础的顾客管理，为关系营销奠定了基础。

关系营销强调与顾客之间建立长期的友好关系以获取长期利益。实践证明，进行顾客管理、培养顾客忠诚度并与其建立长期稳定的关系，对商业企业是十分重要的。数据库营销不仅受到沃尔玛、麦德龙等传统企业的重视，像亚马逊这样的新型网上企业更是十分重视客户管理。比如，当客户向亚马逊买一本书以后，亚马逊会自动记录下客户的电子邮箱地址、图书类别，以后定期以电子邮件的形式向顾客推荐此类新书。这种方式极大推动了亚马逊网上销售业务的增长。

（二）数据库营销使商业企业能够更详细地了解顾客，增加了“一对一”营销的可能

“一对一”营销是基于信息技术的发展提出的新的营销理念，就是将市场细分到消费者个体，根据其消费习惯和需求特点为其提供个性服务。最近，美国许多大城市出现一些“快速服装店”，其目标顾客是有一定身份和地位的职业女性。她们或者工作很忙无暇购物，或者是厌烦挑选商品的烦琐过程，但都需要不断改变形象。服装店便专门为这类顾客建立“一对一”档案，从身高、体重、体形到气质、职业、性格，对其都有详细的记录和分析。

七、客户关系管理与数据库营销

在市场营销的实践中，客户关系管理与数据库营销是紧密地联系在一起的，但却不能将二者混为一谈。

（一）数据库营销是客户关系管理的基础

企业和客户的联系是需要靠客户关系管理来维系的，客户关系管理的后台就是客户营销数据库。以汽车企业为例，当客户有问题投诉到企业的客户服务部门时，工作人员马上能根据客户的名字从数据库中调出相关资料，从购买汽车的型号、购买时间、出售汽车的零售商、曾有的维修记录、当时由谁负责等信息，判断出客户反映问题的类型，并马上通过系统通知离客户最近的服务站，同时进行跟踪记录。这样大大缩短了客户投诉的响应时间，同时节省了大量的人力资源，有利于企业提供能够增值的客户服务。

数据库营销是一种营销工具，是客户关系管理的理论实践者，数据库营销不管在功能还是形式上都是实践客户关系管理的一个重要平台。客户关系管理系统主要包括市场、销售、服务三大基本模块。三大部门能充分共享客户信息，打破各部门之间信息壁垒的封锁，从而使各个部门以一个企业的整体形象出现在客户面前。企业前段客户关系管理系统的背后，其实就是一个功能强大的客户服务数据库，存储了客户的各种基础资料及交易行为数据，并能利用各种数学分析模型对这些数据进行深层分析，包括对客户的价值和盈利率进行分析。数据库营销使企业能够根据客户需求制定目标市场营销计划，从而降低促销成本。它提供了与客户进行个性化沟通的方式，从原先客户被动的接收转为双方相互之间的交流；它以客户的满意率作为营销目标，通过维持客户关系来实现客户终身价值的最大化。这正实践了客户关系管理理论的内涵。可见，在实施客户关系管理的过程中，客户关系管理是数据库营销的实践者，数据库营销是客户关系管理的中心环节。

（二）客户关系管理拓展了数据库营销的应用空间

客户关系管理是企业的战略行为，是基于企业之间的竞争，它实现了由以产品为中心到以客户为中心的战略重心的转移。客户关系管理需要得到员工、供应商、渠道成员、同盟伙伴和社会团体的共同支持，涉及企业文化、战略方向、业务流程、组织机构、内部员工等各方面的综合调整。数据库营销只是在战术层面实施计划支持战略的技术工具，它的全面实施需要客户关系管理理论的全面介入和指导。有些企业，如直销商，可以单独利用数据库营销进行直复营销，从而实现有效的客户管理；有些企业，如 IT 企业、家电零售企业，除了借助于客户数据库，还需要借助销售自动化软件，对最为关键的销售流程进行优化，只有这样才能真正实现对客户关系的有效管理。此外，很多服务行业，如电信业、航空业等，除了客户数据库，还需要完善的客户服务系统。所以，只有在客户关系管理全面实施的情况下，数据库营销才能极大地拓展其使用空间，全面发挥其竞争优势。

数据库营销为客户关系管理的创新提供了可能。很多企业在竞争压力下都在开始逐渐实施客户关系管理，客户关系管理的传统优势正在有所消减，客户关系管理创新正在被越来越多的企业关注。成功实施客户关系管理的企业一定是个性化的企业，有独特的管理方式和企业文化，并以此区别于竞争对手，以赢得市场空间。这种个性化就来源于客户关系管理创新，只有创新性地为客户提供他们所需要的产品和服务，才能缔造独特的竞争优势。而很多营销和服务的创新都需要数据库营销的紧密配合，数据库营销为客户关系管理创新提供了可能。通过数据库一方面可以更全面地管理客户，另一方面可以在管理客户关系的过程中掌握客户的实际需求，从而制定出具有个性化的客户关怀策略和定制化客户需要的产品。例如，保险业的一些附加理财和保值功能的新保险品种的研发，就要根据数据库中的客户细分，更好地理解客户需求，使产品更符合目标客户群的实际保障需要。

第三节　整合营销

整合营销又称“整合营销传播”，是 20 世纪 90 年代以来营销学领域重要的发展之一。早在 80 年代，一些企业就已经意识到战略性协调营销工具的重要性，并开始尝试利用整合营销的一些理念进行策划营销方案，但其侧重点只限于大众媒体。直到 90 年代，整合营销才真正成为以品牌竞争为导向、以客户为中心、以数据库为驱动的战略性传播活动，并在全球范围内引起了广泛影响。

一、整合营销的定义

到目前为止，整合营销尚未有公认的权威定义。美国广告公司协会的整合营销传播定义是：整合营销传播是一个营销传播计划概念，要求充分认识用来制定综合计划时所使用的各种带来附加值的传播手段——如普通广告、直接反映广告、销售促进和公共关系——并将之结合，提供具有良好清晰度、连贯性的信息，使传播影响力最大化。一直以来，整合营销传播实践者、营销资源提供者和营销效果评价者以各种方式、从不同角度来给整合营销传播进行定义和研究。

二、整合营销的必要性

最近营销策略向一对一营销的转变，加上信息技术的进步，对营销沟通产生了巨大的影响。市场营销沟通人员采用了更丰富的而零散的媒体和促销组合去接触多样化的市场，同时也面临着给消费者制造出一种沟通大杂烩的风险。为避免这种情况的发生，越来越多的公司采用整合营销传播。在整合营销传播策略的指导下，公司应当确定各个营销工具的任务以及对它们的使用程度，仔细地将各种促销活动以及大型宣传运动的时间协调起来。

三、整合营销的特征

1. 整合营销的起点都是客户。整合营销根据客户数据库信息，理解客户的需求和动机，据此决定营销策略，制定营销计划，选择营销工具，完成销售过程。完成一轮整合营销后，要进行总结和客户反馈，将完善和更新的数据补充到客户的数据库中，然后准备下一轮的整合营销。

2. 整合营销的目的在于建立统一的品牌形象。整合营销是将广告、公关、直复营销、促销、事件营销等所有营销工具组合在一起，以统一的声音向目标客户群传播一致的品牌观念，建立统一的品牌形象。

3. 整合营销的核心是建立品牌忠诚。整合营销强调企业品牌和目标客户群的长久互动和持续往来，并不追求短暂的销售目标。为了在媒体资源过度开发和同质化竞争日趋激烈的环境中不断发展，企业的核心就是建立品牌忠诚度。通过占有和完善客户数据，不断满足客户的个性化需求，以维持和建立与客户长期牢固的关系，进而创造品牌忠诚。

◎小案例

宝马公司 MINI Cooper 的整合营销

当宝马公司于 2002 年推出现代化的 MINI Cooper 车型的时候，美国就采用了整合营销战略，其中包括多种媒体的组合：广告牌、海报、网络、印刷品、公关、产品植入和基层传播活动等。许多传播方式都与一个设计巧妙的网站联系起来，这个网站发布有关产品和经销商的信息。在美国举行的 21 个汽车展销会上，该款车型都被安放在福特 Excursion SUV 车的顶上；在一个体育馆里，这款车被当作座位使用；同时，该款车还作为一个插页出现在《花花公子》杂志上。结果，这套富有想象力的整合营销活动为 MINI Cooper 车带来一个提货期长达 6 个月的购买者清单。

（［美］菲利普·科特勒、凯文·莱恩·凯勒：《营销管理》，王永贵、陈荣等译，中国人民大学出版社 2012 年版，第 25 页）

四、现代整合营销的优势

（一）整合各种营销要素以建立稳定关系

整合营销通过整合营销沟通环节的各种要素来影响目标客户，最终影响其行为，以建立稳定的客户关系。随着信息技术的发展，整合营销与客户的沟通过程不再是传统的单向传播，各种传播工具也向客户提供了双向的沟通方式。短信和网络互动已经被加入到广播、电视等传播的传播媒介中，并发挥越来越大的作用。整合营销针对客户个性化的特征有效整合这些工具，并不断地将其调整到最佳的适应程度，以期与目标客户群建立长期稳定的客户关系。

（二）通过协同效应来获得差异性

企业要想在同质化产品和服务的竞争中脱颖而出，取得竞争优势，就必须创造差异化。整合营销就是通过整合所有沟通要素，"用一个声音说话"来创造协同效应以获得差异化的。整合营销强调企业的每一个市场行为都必须围绕一个核心，体现品牌定位的统一性。通过统一企业的所有行为，使之能围绕一个主题，占领客户的心智资源，使其在客户心目中形成唯一性，从而造就企业产品或服务的差异化，以形成企业的相对竞争优势。

五、整合营销传播的步骤

整合营销传播的具体实施可按以下步骤来进行。

（一）分析顾客购买诱因

制定一个完整的传播策略必须调查所有可能影响销售顾客的资料。它可以告诉我们不同的顾客对某类或某个产品的看法以及看法形成的原因、他们之所以购买该类或该产品是想要解决什么问题等。

为了正确策划传播策略，每个会影响产品销售的群体都应被视为潜在目标。因此，需要针对每一个不同的目标对象，深入分析其购买诱因，并将购买诱因归类，归类之后就可以找出哪个消费群是最应该进攻的有利阵地。

（二）分析产品是否适应主要顾客群

实质——产品里面到底有什么？从产品中挖掘更深的新颖性及存在于产品中的不同寻常的东西能够影响客户的认知，并且能够消除在客户心中每个产品都一样的认知。例如，产品是如何制造的？谁发明的？为什么发明？如何发明的？作用是怎样的？在什么情况下使用？

产品的认知——客户对产品的看法。客户对产品的认知是产品不可或缺的部分，是能够创造产品的真正价值之所在。其中包括：客户是如何认知产品品质的？产品品质能与其价格相配吗？品牌名称能给予客户信赖感吗？客户对竞争品牌的看法如何？报纸上的新闻报道如何影响客户？口碑和效果如何？店老板的推荐有效吗？低价策略有效吗？这品牌表面上是否给人常常减价的感觉？客户对该品牌与其他品牌的认知有多接近？

最重要的是，确定潜在客户是否已明确地将本品牌定为“跟风”品牌，以致无法接受新的信息而不愿换用本品牌。

（三）分析竞争状况

确认产品的主要竞争对手，包括熟知客户心目中有哪些品牌及它们的优缺点是什么，客户的忠诚度有多高，客户如何受广告新闻报道的影响，哪些品牌最脆弱，从哪些品牌夺取市场最困难等方面。

（四）分析客户利益

企业要能够了解促使客户舍弃竞争者选择它的关键性利益点是什么。由于客户不会关心产品有什么，而只在意产品给他带来什么好处，所以必须根据顾客的需求来决定顾客利益。

（五）提出令人相信的理由

明确客户利益后，需要为客户找一个理由，能够让客户相信你的品牌可以满足他们的需求。换句话来说，“必须要让客户相信你的产品会带给他们的好处，值得他们付钱购买”。当我们与客户接触时，不同的方法会产生不同程度的可信度。但无论采用什么方法、借助何种形式的传播工具去说服客户，一定要注意保持传播信息的一致性，即从广告、直复营销到产品使用说明，乃至客户申诉电话的回复语等都要一致。整合营销传播背后更深层次的考虑是，每一种传播沟通的形态——定价、标签、商标、促销活动、通路，都应该用来协助说服客户。越能保持一致，对客户的冲击力与说服力也就越大。

（六）发展品牌的个性

品牌个性是品牌的生命和灵魂，能让客户轻易地与竞争品牌区别开来。品牌个性的建立必须配合商品的品牌定位，符合客户对品牌的认知与期望，同时信服它。如果你试图为品牌建立信任，那么每一种形式的传播工具——广告、标签、优待券等，在外观、文字及态度上都必须让人信任。

（七）传播、执行目标

整合传播策略要提出整个营销部门的目标。在这些目标中，首先必须评估的课题是，客户接收到的信息是否是我们想要传达的主要信息；第二要测量的是，传播之后，客户的反应是什么，也就是执行过程中的主要反馈。如果没有达到目标，则必须重新检讨策略的内容与战术做法，甚至要进行修改，因为很有可能你没有说服客户。

（八）改变认知

传播目的是在客户心目中创造品牌认知价值，这是评估传播策略与执行成功与否的关键。在实施传播后，应当调查这些认知价值在客户心中的变化，以了解策略是否成功或是否需要修改。

（九）确定客户接触点

确定客户接触点是指了解我们传达的信息如何能够到达策略中设定的目标对象，当他们需要你的产品时，他们在哪里？当他们最难于接受销售信息时，他们在哪里？当你的产品对他们产生最大利益的时候，他们在哪里？

（十）修正

修正是指企业未来该做什么调查，以便修正传播策略，使策略更完美。一个完美的整合营销传播策略是需要经常修订的，因为客户一直在变化。由于企业自身的传播、竞争者的传播、其他非商业性的传播，新产品的出现乃至客户生活形态的改变等种种因素，都使得现行的传播策略与客户的实际状况发生偏离，因而必须不断修正才能符合最新的状况。传播的核心是使客户对品牌萌生信任。唯有不断调整、修正传播策略才能维系这种信任，使其长久存在于客户心中。

六、客户关系管理与整合营销

1. 基于客户关系管理的整合营销。整合营销要解决的中心问题是整合相互关联、能共同为客户创造价值的活动，与客户建立长期、良好的互动关系。整合营销需要和客户关系管理结合起来运用，才能更好地实现与客户建立连续不断的关系目标。客户数据库和客户细分的利用，市场、销售、服务系统的协同运作，这些客户关系管理中常用的工具和手段会为整合营销提供营销策略制定的依据和方向，以提高整合营销实施的效率和最终效果。

2. 客户关系管理下的整合营销策略。客户关系管理下的整合营销是一个运用品牌价值管理客户关系的过程。这种整合营销相对于传统营销的传播而言，不仅仅在于对营销信息的一致性表达，更在于它超越传统品牌的单纯的营销信息对受众行为进行的影响，把发展同客户及相关利益的关系作为价值的核心。

本章小结

一对一营销是指企业根据客户的特殊要求来相应地调整自己的经营策略的行为。它要求企业与每位客户建立伙伴型关系，尤其是那些最具有价值的核心客户，但一对一营销也有其应用局限。客户关系管理系统的实施使一对一营销由理论走向更广泛的应用实践。

数据库营销的本质是提供一个关于市场行情和客户信息的强大数据库，通过数据库中的信息来确认企业的目标客户和潜在的长期客户。客户关系管理的成功运用是以强大的数据库为依托的，尤其是对网络数据库的应用，拓展了客户关系管理系统的运作空间和效率。

整合营销传播是对营销要素重新组合、从整体上考查的营销传播。其核心在于建立与客户之间的长久关系，彻底地从产品（或服务、交易）导向转向客户导向。它为客户关系管理系统的有效实施提供了崭新的思路和策略。

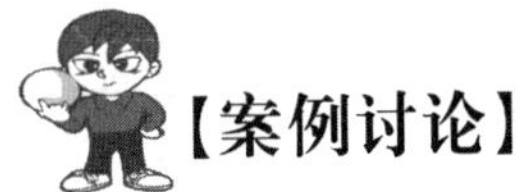

【案例讨论】

借助数据库营销新平台，滨湖花园领舞徐州地产界

滨湖花园是由徐州市滨湖花园房地产开发有限公司倾力打造的徐州顶级房地产项目。该项目位于风景秀丽的云龙湖风景区内，南临烟波浩渺的云龙湖，西枕徐州疗养胜地韩山，东接占地约45公顷的徐州最大的市民广场和滨湖公园，北至湖北路。小区总占地面积24.3万平方米，建筑面积约54万平方米，属于徐州市市政府的重点工程。实力雄厚的开发机构，得天独厚的自然环境，先进的规划设计理念，使滨湖花园成为徐州一流的高档人文居住社区、国家级康居示范工程，也造就了滨湖花园不菲的价格，注定了只有少数人才能拥有。

一对一的营销远比高投入的普遍撒网式营销更有效、更具性价比。徐州邮政函件局积极向客户推荐了徐州市高收入人群名址库。定位准确的地址信息和高品质的商业信函媒体赢得了滨湖花园的青睐。

为提高滨湖花园的商函寄发数量，徐州函件局牵线搭桥，引荐滨湖花园与中国人民银行徐州分行合作，在利用中行信用卡用户名地址寄发滨湖花园宣传资料的同时，引导购买滨湖花园房产的中行信用卡用户使用中行购房贷款业务。互利、共赢的合作模式促使滨湖花园与中行徐州分行顺利签约。

“直邮媒体三步走，市内城区两结合”是滨湖花园使用邮政媒体的模式。所谓“三步走”是指全面使用邮政直投、夹报和商函三类媒体，其中以商函为主；“两结合”是指广告宣传覆盖市、县两级高收入群体。该客户选择徐州市区企业法人代表、中国银行信用卡客户、公务员领导人库邮寄商函3万份。又针对该楼盘一期业主邮寄二期宣传资料，旨在通过口碑传播及现身实例，吸引潜在客户购买。针对徐州郊区及经济收入排前的富裕县区，发布夹报广告2万份，在徐州市内老城区直投广告1万份。该客户连续5次使用直邮媒体，累计使用邮政广告业务7万件。广告信息发布后，售楼处咨询电话接连不断，看房人群络绎不绝，签约数量超过预期。

滨湖花园的成功为数据库营销在徐州房产行业的推行营造出良好的氛围。

（《数据库营销案例解析》，https：//max. book118. com/html/2016/0426/41397216. shtm）

思考：

1. 滨湖花园的数据库营销是如何运用的？

2. 从滨湖花园的成功中可以得到哪些启示？

复习思考题

一、选择题

1. “市场状况为卖方市场，总趋势是产品供不应求”是属于企业经营管理理念演变(　　)阶段的基本条件。

A. 产值中心论　　B. 销售额中心论　　C. 利润中心论　　D. 客户中心论

2. 实施一对一营销的第一步是(　　)。

A. 识别客户　　B. 差异化分析

C. “企业—客户”双向沟通　　D. 定制服务

3. 经销商和推销员是容易形成市场营销黑洞的环节，也是营销腐败的高发区域，下列哪类营销方法能有效防范营销黑洞？(　　)

A. 一对一营销　　B. 数据库营销　　C. 直复营销　　D. 概念营销

4. 购物目录营销属于下列哪类营销方法的范畴？(　　)

A. 一对一营销　　B. 数据库营销　　C. 直复营销　　D. 概念营销

5. 以客户为中心，带来企业业务环节的精简。从商业模式角度看，主要原因可以概括为中间环节的精简和(　　)营销的跨越性实现。

A. 一对一　　B. 一对多　　C. 多对多　　D. 多对一

6. 企业与客户接触的直接渠道的基本模式为(　　)。

A. 生产者—中间商—消费者　　B. 生产者—消费者

C. 中间商—消费者　　D. 生产者—中间商

7. 关于客户数据的说法中，正确的是(　　)。

A. 只能来源于企业外部

B. 只能来源于企业内部

C. 既可来源于企业内部，也可来源于企业外部

D. 以上均错

二、判断题

1. 一对一营销的核心是企业与客户建立起一种新型的服务关系，即通过与客户的一次次接触而不断增加对客户的了解。（　　）

2. 客户关系管理的基础是一对一营销。（　　）

3. “数据库营销”这个概念最早是从产业市场营销领域中的“直复营销”和“关系营销”这两个观念发展而来的。（　　）

4. “一对一营销”的核心是以“市场占有率”为中心，通过与每个客户的互动对话，与客户逐一建立持久、长远的“双成”关系。（　　）

5. 数据库营销以客户的满意度率作为营销目标。（　　）

6. 一对一营销的过程包括识别客户、客户差别化、与客户双向沟通、重构合适定制服务的业务流程。（　　）

7. 整合营销的关键在于真正重视客户的行为反应，与客户建立良好的双向沟通。通过双向沟通，双方建立长久的关系，以满足客户需求的价值为取向，确定企业高水平的营销策略，协调不同的传播手段，选择不同传播工具的优势，树立品牌竞争优势，提高客户对品牌的忠诚度，达到降低市场占有率和市场份额的目的。（　　）

8. 数据库营销一般经历采集数据、存储数据、处理数据、分析数据、使用数据、完善数据库六个过程。（　　）

9. 整合营销是企业通过搜集和积累消费者大量的数据库信息，通过处理后预测消费者购买某种产品的概率，并利用这些信息对产品进行准确定位，同时有针对性地制作和传播营销信息，以达到使其购买产品的目的。（　　）

10. 数据库的优势主要有市场定位准确、高成本、高效率、有效地实现重复购买、获得更多的长期忠实客户、营销战略具有公开性、直接测定营销结果并反馈。（　　）

三、简答题

1. 数据库营销与客户关系管理怎样相互作用？

2. 一对一营销的过程是怎样的？

3. 客户关系管理下如何进行整合营销？

第四章　客户关系管理相关阶段

学习目标

1. 了解新客户的开发方法；
2. 了解客户保持、防止客户流失的意义和策略；
3. 掌握核心客户的管理方式；
4. 了解核心客户管理在企业整个客户关系管理中的地位和现实意义；
5. 熟悉客户关系管理相关阶段各环节及主要过程。

导入案例

浙江移动通信公司（以下简称“浙江移动”）启动大客户全球通俱乐部的活动，通过从以下五个方面实施差异化服务营销战略来留住高价值客户。

①细分客户群，体现出俱乐部会员的高价值。为充分体现出俱乐部会员与普通客户的差异性，浙江移动从全省700多万客户中精挑细选出50万左右，作为本次俱乐部会员的发展对象。

②体现服务差异化。本次全球通俱乐会员又分三类，分别持有浙江移动送的A、B、C三种VIP卡，不同类别的高价值客户将享受不同档次的服务。

③实时跟踪，贴身服务。区别以往单纯赠送VIP卡的形式，本次会员全部登记在浙江移动大客户服务体系中。浙江移动可以实时调取客户资料，了解客户的个性和服务需求。同时，大客户在使用VIP卡时，如果遇到疑问，只需一个电话，浙江移动就会细致周到地解决承诺服务范围内的所有困难。

④提高服务的含金量，让大多客户享受到实实在在的有价值的服务。本次俱乐部会员享受的服务种类涵盖了手机维修、业务办理、餐饮、住宿、订票、娱乐等多项服务类别。会员客户只要出示自己的VIP卡，即可方便地享受到VIP卡所标注的优惠。

⑤不定期地举办俱乐部会员活动，促进浙江移动与会员间的沟通、交流、互动。

（施志君：《电子客户关系管理》，化学工业出版社2009年版，第55~58页）

第一节　客户关系调查

客户关系调查是客户关系管理的重要一步，一个企业只有在充分了解自己的客户关系状况的前提下，才能制定行之有效的客户关系管理策略。客户关系调查在实施的过程中应遵循一定的原则，调查方法有多种，每种都有自己的优势和适用范围。企业应根据自身实际情况选择合适的客户关系调查方法，尽可能准确地了解本企业的客户满意度和忠诚度。

一、客户关系调查的意义和原则

（一）客户关系调查的意义

客户关系管理源于“以客户满意为核心”的新型管理模式，即通过向企业的销售、市场服务和生产技术等部门以及相关人员提供全面的、个性化的客户资料，强化跟踪服务和信息分析能力，使各部门能够协同建立和维护一系列与客户以及商业合作伙伴之间卓有成效的“一对一关系”，从而使得企业能够提供更快捷、更周到的优质服务，提高客户的满意度与忠诚度，吸引和拥有更多的客户。国内外许多成功企业，如海尔、微软、宝洁等均采用了客户关系管理系统。

客户关系调查是客户关系管理系统的重要组成部分，也是该系统运行的前提和基础，在客户关系管理中具有极为重要的地位。各关系管理只有建立在全面客观的客户关系调查的基础上，才能发挥应有的功效。

1. 客户关系调查是提升企业无形及有形资产的重要手段

客户关系是现代企业重要的无形资产。通过实行有效的客户关系调查，企业可以了解到客户与自身关系的实际状况，从而加强对无形资产的有效管理。表面上看，客户关系管理只是企业的无形资产管理的问题，但它最终带动的却是企业的有形资产的增长。因为客户是企业利润增加的基础，企业只有在充分了解自己现有客户和潜在客户的基础上，才能及时准确地提供相应的产品和服务。客户关系调查就是实现这一目标的重要手段。作为客户关系管理的基础和前提，客户关系调查可以成为有效提升企业无形资产与有形资产的重要手段。

2. 客户关系调查是了解客户对企业态度的重要途径

客户关系管理的一个重要方面就是调整客户对企业的态度，即提高客户的满意度和忠诚度。企业对于这两个方面的准确把握依赖于全面、有效、准确的客户关系调查。一般来讲，客户满意度及忠诚度高的企业非常重视客户关系调查，会在了解客户需要变化方向大量投资，及时追踪客户的需求和不满，并采取相应的改进措施。

3. 客户关系调查的结果直接影响企业的营销策略

客户关系调查是企业发现自身在服务链方面存在问题的重要方式。通过有效的客户关系调查，企业可以针对存在的问题从战略、组织结构、业务流程等各方面进行相应的改进，改变企业在客户心目中的形象，从而提高企业的赢利水平。

实践中，许多企业在实施客户关系管理的过程中并不十分明确自己的业务需求，而是盲目地采用 CRM 系统软件，结果实施效果并不理想。如果不了解企业服务链中真正存在的问题，盲目运用客户关系管理软件很难解决实际问题，也并不能有效地改善企业与客户的关系。因此，客户关系调查是成功实施 CRM 系统的重要基础和前提。

（二）客户关系调查的原则

客户关系调查应遵循一定的原则，在原则的指引下达到预期的目标。一般来讲，客户关系调查应遵循以下几个原则。

1. 客观性原则

客户关系调查必须遵循客观性的原则，也就是调查的途径、方式、结果分析应尽量客观地反映企业的客户关系状况，为企业制定相应决策提供可靠的依据。客观性是企业在进行客户关系调查的过程中应该首先遵循的原则，只有建立在客观基础上的客户关系调查，其结果才具有参考价值。

2. 全面性原则

客户关系调查在实际应用过程中，对客户选择、调查的项目等方面应该力求具有代表性和全面性，防止以偏概全、误导企业决策层。企业在进行客户关系调查的过程中，应尽所能进行较全面的调查，以防小范围的现象影响或掩盖整个客户群体的真实情况，给企业的下一步工作带来隐患。

3. 及时性原则

企业在进行客户关系调查时，应保证在一定的时间范围内完成，以便为企业管理层提供及时信息。在信息化时代，时效性是信息的一个重要评价标准，只有及时的信息才会为企业对市场的迅速反应提供可靠基础。而且及时的客户关系调查有利于企业在最有效的时间内发现问题，及时改进工作中的缺陷和不足。

4. 定期性原则

客户关系调查应定期反复进行。随着经济全球化的不断发展，企业面临的是多变的市场环境，客户的需求也在不断变化。要想对客户关系状况获得有效而准确的把握，就必须定期进行客户关系调查活动，以及时关注变化的趋势。如，贝因咨询公司顾问在《哈佛商业评论》（Harvard Business Review）的文章中所言，客户流失率为零的企业，其赢利性极高。如果客户流失率降低5%，那么信用保险企业的利润将增长25%，银行企业的利润将增长85%。非常明显，客户的终身价值是巨大的。而为了保证企业实现这一价值，就必须定期开展以客户满意度及忠诚度为主要内容的客户关系调查，这是一个非常重要的环节。

二、客户关系调查的步骤和方法

（一）客户关系调查的步骤

客户关系调查是一项重要而复杂细致的工作。为了确保调查的质量、提高调查工作效率，整个调查阶段必须有计划、有步骤地进行。客户关系调查一般可分为三个阶段来进行。

1. 准备阶段

一项成功的调查，在很大程度上取决于预备工作是否充分、周密。为了保证客户关系调查的顺利开展和调查质量，必须做好调查前的各项准备工作。准备阶段主要解决调查的目的、对象、方法以及各项前期的组织准备工作。主要包括以下步骤：

（1）确定调查目标

进行客户关系调查首先要明确调查的目的是什么、通过调查要解决什么问题。目标要具体，这样才能有的放矢。目标的确定需要结合公司目前在客户服务方面存在的问题综合考虑。

（2）界定调查对象

这一步骤的主要任务就是确定向哪些公众作调查，以及调查的范围有多大。调查对象的确定是获取有效的客户关系资料的重要因素，应该具有一定的代表性并尽可能全面，这样可以保证客户关系调查的客观性。例如，一家商业零售企业为调查对其售后服务的满意程度，确定调查对象为本市某区的500位客户和100家用户。

（3）选择调查方法

在确定了客户关系调查的目标和对象之后，就要选择合适的调查方法，收集资料的具体方式、方法。例如，是通过实地调查收集第一手资料，还是收集第二手的间接资料；收集第一手资料是采用访问法，还是观察法、实验法或者是问卷调查法等。调查方法的选择应该结合企业自身的实际情况、调查的内容及对象综合权衡考虑。

（4）制定调查计划

调查计划是进行调查工作的行动纲领，也是调查工作的一项重要准备。完善合理的调查计划可以保证客户关系调查工作顺利及时地进行。调查计划一般应包括以下内容：调查目标、调查对象、调查方法、调查时间和进度、调查人员及分工、调查费用预算等。调查计划制定后，要送主管领导审批。

（5）前期组织准备

良好的准备是工作成功的一半。调查计划批准后，在实施客户关系调查工作之前，还要做好前期组织准备工作。这些工作主要有：对调查人员进行必要的培训，确定调查内容的细节或设计问卷，文具用品和其他物资准备等。如果是间接调查，还应通过收集、交换、借阅、购买、摘抄、复印等方式，做好所需文献的准备工作。

2. 调查阶段

正式调查阶段即调查计划和方案的具体实施阶段，这是整个客户关系调查的中心环节。调查阶段应完成的是资料的收集、整理和报告等工作。主要包括以下步骤：

（1）开展实地调查

这一步即是调查人员按照计划规定的时间、方法和要求，进行具体的实地调查，收集所需的调查资料。实地调查是获取第一手资料的重要途径，可以尽量保证资料的客观性。

（2）整理分析资料

调查所得到的信息资料往往是分散的、零星的，有的资料也可能是片面的、不真实的，这就需要把调查收集的资料进行整理和统计分析。这是保证调查质量的一项十分重要的工作。对调查所得的资料进行整理，首先要检查资料是否齐全、是否有重复、是否有差错、是否有矛盾等，然后根据不同情况予以补充、剔别、订正、核实。在此基础上，凡是能够用数字表示的资料，都应分门别类地列表说明。对整理后的资料进行分析，一方面是统计分析，如计算平均值、百分比、增长率等，有些还要绘制统计图；另一方面，要去粗取精，去伪存真，从中得到合乎客观情况的调查结论。

（3）提出调查报告

凡是进行特定目的的调查，都必须在结果处理阶段写出调查报告。调查报告的主要任务是，用事实材料对所调查的问题作出系统的分类说明，以书面报告的形式提出结论性意见，供企业的管理者参考。

编写调查报告要遵循以下原则：①报告的内容要紧扣主题；②以客观态度列举事实；③文字简练；④尽量使用图表来说明问题。

调查报告一般应包括以下基本内容：①标题，说明调查的主旨或主要内容；②前言，应写出调查的目的、时间、地点、对象、范围以及采用的调查方式；③正文，即报告的主体，应写明调查情况、分析方法和结论，提出相应的建议；④结尾，即报告的结束部分，凡是写有前言的报告，结尾都要照应开头，以起归纳收束的作用，或者重申观点、加深认识；⑤附件，包括样本的分配、图表及附表等。

3. 收尾阶段

提出调查报告后，客户关系调查并没有最终完结，还应注意以下两个方面：

（1）追踪调查结果

调查报告提出后，客户关系管理人员必须追踪了解调查报告的意见是否已经被企业领导接受，建议是否已被接纳。如果已经被采用，则需进一步了解采用程度和实际效果；或者是，企业客户关系管理部门本身作出努力，积极实施报告中提出的建议和方案。这一部分的工作实际上是客户关系调查的评价和反馈步骤。

（2）做好资料归档工作

整个客户关系调查结束后，必须做好全部资料的整理、归档工作，并建立检索系统。企业客户管理资料档案的建设，是企业客户关系管理工作的一项基本建设，同时也是企业客户关系管理工作质量的一个标志。

应加强客户数据库的建设。客户数据库最初的含义是指企业为了实施直接营销而收集的现有客户和潜在客户的姓名与地址，后来发展成为市场研究的工具。例如，收集市场资料、人口统计资料、销售趋势资料以及竞争资料等。目前，客户数据库仅配合适当的软件，就可以对客户数据作出相应的分析，它已成为企业整个管理信息系统的重要一部分。对企业而言，客户的重要性应该远远超过产品。所以，企业应该做到关心客户重于关心产品，重视客户的变化要甚过重视库存的变化。

企业建立数据库的过程，也是寻找目标消费群体的过程。根据数据库中的客户特性，可以确定产品和服务的范围；依据数据库中客户的行为记录，可以设计产品营销方案；观察数据库中的客户动态，可以提示企业及时调整经营活动。因此，加强客户数据库建设不仅意义重大，而且利用客户数据库可以经常与客户保持沟通与联系，给老客户提供特别服务和优惠，使老客户不断提高满意度，提高他们的忠诚度。当某位老客户的购买周期或购买量出现显著延长或减少时，借助客户数据库能够及时发现客户有流失的可能，提醒企业迅速采取“亡羊补牢”的措施。

（二）客户关系调查的方法

1. 人员走访

所谓“人员走访”，即派出客户调查人员实地与客户进行当面接洽，从中了解情况和搜集所需要的调查资料。无论是进行有关工业品还是消费品方面的客户调查，人员走访通常被认为是获取调查资料最为可靠的方法，也是客户调查赖以获取详细、准确调查资料的重要途径。

在人员访问过程中，可以根据访问对象的不同，选用问卷方法或自由交谈的方式。访问调查具有较大的灵活性，在访问者与被访问者进行交谈时，一般采用的方法有：

（1）引导的方法

为了消除被访问者的某些顾虑或“拒访”的情况发生，访问者要开诚布公，对所谈的问题通过开门见山、引水归果、投石问路等方法，得到被访问者的配合。

（2）发问的方法

当对方进入话题后，要立即按照预定的内容和设计的谈话次序进行谈话。谈话要在融洽、轻松的气氛中进行，避免暗示对方作出某种回答，或浪费了大量时间而尚未涉及问题的要点。

（3）追询的方法

有时被访问者对某些问题一时想不起来或故意搪塞时，调查人员可采用“正面追问”“侧面追问”“补充追问”和“激将法”等方式影响对方，以便达到访问的目的。

（4）记录

访问结束后，访问者要整理出完整真实的访问记录。记录内容包括：对方回答的意见、特性资料（依据调查表上所列的项目作详细记录）及意见的程度。

由于访问法一般是进行面对面的交谈，往往会渗入双方的主观因素。所以，访问时要注意可能出现的偏差，以增加访问调查的可信度。此外，对访问调查人员的选择，可根据被访问对象及访问的问题来安排。选择访问者的条件要着重放在学识、品德、仪表、年龄等方面。

2. 电话调查

电话调查最大的优点是简便快捷。只要具备良好的电信服务设施和一间安静的、不受外界干扰的办公室或电话室，就可以在任何时候进行电话访问，但其可靠性较之人员走访要差些。

电话调查主要在下列情况下使用：

（1）预审调查问卷。

（2）了解客户业务经营范围，以便适当确定调查的内容。

（3）查询某些简单数据，如经营某种产品的客户有哪几家，现有多少家零售商店客户等。

（4）核对人员走访时对方所提供的情况，或确认对方根据邮件调查所寄的材料。

（5）直接了解有关现场情况，如产品展销会的参观人数，当地客户对电台和电视广告的反应等。

（6）与客户进行初步联系接洽。

3. 邮件调查

邮件调查是最省费用的一种方法。邮件调查主要是为了减少实地走访的人次，从而减少整个调查项目的开支，通常与其他方法配合使用，很少单独使用。

邮件调查的主要优点是费用低廉，无须太多开支就可在大范围内进行调查。但邮件调查也有自身的缺点：难以选择具有代表性的邮件调查对象；邮件调查的问题必须简单明了，这对调查问题的深度有较大的局限性；回音率甚低，一般不会超过10%，难以得到较为全面的资料。

为了提高邮件调查的回音率，客户关系调查人员应努力从多方面做工作，为收件人能够及时给予回音提供尽可能方便的条件。例如，邮件调查的问题要精心设计；邮寄尽可能以收件人的名称和地址寄发，并附上“邮资付讫”的空白信封，以便对方及时回信。

4. 依靠信息技术和网络技术实现全面互动

从以客户为导向的客户关系管理来说，收集、处理和传递信息的高效性至关重要。信息技术和网络技术的发展为此提供了良好的技术支持。目前可用于客户关系管理的技术支持系统有很多，如传真、电脑电话集成系统及呼叫中心等。目前，国内企业中的联想、海尔等企业都投资安装了呼叫中心。

互联网不仅是信息技术的革命，更带来了无限的商机，网络营销已成为21世纪营销的重要领域。1999年12月28日，上海梅林“正广和网上购物销售企业”成立，成为国内企业进行网络营销的先导。通过互联网，企业可以触及更加广泛的顾客，无论何时何地都可以和客户取得联系，可以以一对一的方式来关怀客户，并且，客户可以在网上发表自己的见解。通过这种方式与企业进行双向交流，以便企业随时随地了解并满足客户需求。国内更多的企业应能够尽快认识到互联网的重要性，尽快吸纳网络人才，申请域名登记，进行网上宣传，建立网上形象，真正利用网上平台进行交易。

5. 现场观察

现场观察要求客户关系调查人员亲自到客户或企业经营场所进行直接观察，从中了解有关情况和搜集所需要的资料。此种方法即使在调查预算费用十分有限的情况下也可以使用，而且经常可以获取大量有用的资料。

在采用现场观察的方式时，客户关系调查人员无需与任何个人接洽，唯一要做的工作就是细心观察现场销售情况，并根据调查表格的项目做好详细记录。通过现场观察可以搜集到的资料包括：①客户消费水平；②客户购买竞争产品的情况；③竞争产品的销售情况；④产品销售包装的方法；⑤有助于促进客户购买的广告和促销形式。

6. 焦点人群法

焦点人群是找6~12名客户，将他们集中起来，讨论与服务和产品质量相关的问题。利用焦点人群来评论不同的产品和服务，评估不同的行销手段，或者讨论产品的价格和功能。运用焦点人群法需要进行周密的计划，明确想要接收的反馈意见的类型及其接收方式，吸引尽可能多层次的客户参与进来。邀请函要营造这样一种氛围，即收到该函的客户之所以被选中，是因为他们符合某一标准，比如承认他们是优先级客户。向客户解释焦点人群的目的，解释将会要求参与者做哪一类事情，以及他们可能会为此花费多少时间（最好控制在60~90分钟之内）。

进行调查时，首先向小组成员提问，然后给他们一定的时间完成书面回答。随后，会议主持人要求每个人发表意见。当所有人发言完毕，就可以针对大家的发言进行讨论，并在最重要的问题上达到一致。

7. 实验法

此法起源于自然科学的实验求证法。这里所谓的“实验”乃是先进行一种推销方法的小规模实验，然后再用客户调查方法分析：这种实验性的推销方法是否值得推行，在全国市场推销要多少时间，达到的市场占有率有多高。此实验被称为“市场实验”。

实验调查法的应用范围很广。凡是某一种商品在改变品种、包装、设计、价格、商标、广告时，都可用此法先进行小规模实验性推销，以了解客户与市场的反应。此法可同时使正常生产、销售与客户调查结合进行，达到一举多得的效果。

不少企业在实验调查的基础上又创造发展了多种方式。如试用，这种方式多半为新产品销售试验。例如，某机床厂为推销一种新型机床做了如下试验：该厂先生产10台新型机床，请有关单位无偿试用半年，到期收回，收集试用单位要提出对该型号机床优缺点的评价。通过这种试验，该厂收集到许多有关该种型号机床的有价值的评价资料，为进一步提高质量和销售预测提供了可靠的依据。又如试销，试销是一种产品大量上市前的准备阶段，是新产品走向成熟的过渡。这种试验是先生产一小批产品，并将其有计划地投放到几个预定市场，摸清销路后再扩大生产。这是企业应采取的稳健策略。随着企业自主权的扩大，不少企业设立门市部，把门市外销作为了解市场的窗口。有的企业则委托有关部门设店试销，依靠所获得的信息资料改进经营，促进生产。

第二节　客户识别和选择

场景一：

在医院门口，一人拿着药，另一人拿着脸盆，两人同时要车，应该选择哪一位客人？

场景二：

人民广场，中午12：45，三个人在前面招手：一位年轻女子，拿着小包，刚买完东西；一对青年男女，一看就是逛街的；第三个是里面穿绒衬衫、外面罩羽绒服的男子，手里提着笔记本包。应该选择哪位客人？

一、客户识别

随着企业之间的竞争日趋激烈，消费者有了越来越大的选择自由，消费需求日益呈现出多样化、复杂化、个性化等趋势。消费者的选择决定着企业的未来和命运，任何企业要想在激烈的市场竞争中求得生存和发展，就要设法吸引消费者，使其成为自己的客户，并尽力与其建立长期的、良好的关系，达到长期、稳定发展的目的。可是如果无法知道哪些客户是重要的，哪些客户是最有潜力的，那么客户关系管理将无从谈起。因此客户识别将成为客户关系管理实际运作过程中非常重要的管理技术。

（一）客户识别的内涵

客户识别就是通过一系列技术手段，根据大量客户的个性特征、购买记录等建立客户数据库，事先确定出对企业有意义的客户作为企业客户关系管理的实施对象，从而为企业成功实施客户关系管理提供保障。

客户识别是一个全新的概念，它与传统营销理论中的客户细分与客户选择有着本质区别。传统营销理论是以选择目标市场为着眼点，对整个客户群体按照不同因素进行细分，最后选择企业的目标客户。而客户识别是在已经确定好目标市场的情况下，从目标市场的客户群体中识别出对企业有意义的客户，作为企业实施客户关系管理的对象。

通常情况下，客户识别有两方面的含义：一是它定义了客户范围。这里的客户不仅仅指产品的最终用户，还包括企业供应链上的任何一个环节，如供应商、分销商、经营商、批发商和代理商、内部客户等成员。二是它明确了客户的类别和属性。不同客户对企业利润贡献差异很大，满意度和流失性都很不同。那么，在企业资源有限的情况下，如何把有限的资源分配在对企业贡献较大以及非常具有潜力的客户群体上，放弃或部分放弃那些对企业利润没有贡献甚至使企业亏损、浪费企业资源的客户，将成为企业管理者不得不考虑的问题。因此，客户识别成为客户关系管理的核心内容之一，它直接影响着企业能否成功地实施CRM。

（二）客户识别的方法

客户识别方法主要有定性客户识别方法和定量客户识别方法。

1. 定性客户识别

这是宏观上对企业所有的目标客户进行识别的一种方法。它是根据不同客户认知价值的侧重点不同对客户进行的分类。到底是为客户创造更多的利益好，还是提供价格更低廉的产品好，应该取决于客户的感觉。根据这种感觉的不同，可以把客户分为三类：内在价值型客户、外在价值型客户和战略型价值客户。比如中国电信或中国移动等通信运营商，这类公司的客户就可以按照这种定性的识别方法进行模糊分类。一般来讲，普通大众都属于内在价值型客户，比较注重产品的自身价值和服务的便利性，最佳的客户关系的管理策略是采用简单的交易方式，简化交易程序，降低销售成本，为客户提供令他们满意的低价商品。而一些公司或政府部门等团体客户可以归为外在价值型客户，客户关系管理策略则不宜采用简单的交易方式，而应选用专家顾问型的交易方式，即企业应多了解客户所存在的问题，提供有效解决方案，为客户创造产品以外的新价值，客户本身也愿意为这些新价值支付报酬。中国电信和中国移动拥有很多合作伙伴和第三方支持商，这属于战略型客户。客户关系管理策略是投入足够的人、财、物和时间等资源，与客户建立起长远的伙伴关系，为客户创造非同一般的价值，企业也要从中获得长久的巨额回报。实际上，这种分类管理的目的是想让企业的投入与客户期望的投入相平衡，使企业的营销达到事半功倍的效果。

2. 定量的客户识别

因为客户生命周期价值是客户关系管理中很重要的一个变量，我们可以利用这个变量对客户进行定量分类。影响客户生命周期价值的因素主要有 3 个，即客户生命周期、客户平均每次消费额和客户平均消费周期，为此，可以简单地建立如下公式：

$$CLV = \frac{\bar{s}}{\bar{t}} \times T$$

公式中：CLV 为从核定期开始计算的客户生命周期价值；T 为从核定期开始计算的客户生命周期长度；s 为根据客户消费数据计算的客户每次消费额；t 为根据客户消费数据计算的客户消费周期。可见，客户价值主要取决于客户生命周期长度 T、客户平均消费周期和客户平均每次的消费金额。根据这 3 个指标的不同，可以将客户分成四种：一是放弃客户，这类客户表现为 3 个变量（T, s 和 t）都处于劣势。二是发展客户，这类客户特点是 3 个变量中有 2 个处于劣势、I 个处于优势，如 s 和 t 劣，但 T 优。三是潜力客户，与发展客户相对，这类客户的特点是 3 个变量中有 2 个处于优势，一个处于劣势，如 s 和 t 优，但 T 劣。四是优质客户，这是可以为企业带来大量收益的客户。这种定量的分类方法适合很多易于收集客户数据的行业，比如零售业。现在的很多大卖场，全部使用会员卡制度，便于记录客户的消费数据，进行消费后的各种维持和加强客户关系的营销策略。比如邮寄产品册、积分奖励、消费折扣等相应策略。尽管客户关系管理应把重点放在客户保持上，但由于客户关系的发展是一个动态的过程，企业还是需要获取新客户的。新客户的获取成本大大高于老客户的保持成本，其主要原因就是在新客户的开发过程中，客户的反馈率太低，导致获取每个客户的平均成本居高不下。如果能够有效识别最有可能成为企业客户的潜在客户，并有针对性地开展新客户的获取努力，势必能够大大节省企业的新客户获取成本，其节省幅度比在客户保持中使用客户识别时的节省幅度还要大。这样就可以杜绝新客户开发中无谓的投入，用尽可能少的客户获取成本获得尽可能多的客户。

（三）客户识别的内容

1. 识别潜在客户

潜在客户是指存在于消费者中间，可能需要产品或接受服务的人，也可以将其理解为经营性组织机构的产品或服务的可能购买者。识别潜在客户需要遵循以下原则：

（1）摒弃平均客户的观点；

（2）寻找那些关注未来，并对长期合作关系感兴趣的客户；

（3）搜索具有持续性特征的客户；

（4）对客户的评估态度具有适应性，并且能在与客户的合作问题上发挥作用；

（5）认真考虑合作关系的财务前景；

（6）应该知道何时需要谨慎小心；

（7）识别有价值客户。

客户大致分为两类：交易型客户和关系型客户。交易型客户只关心价格，没有忠诚度可言。关系型客户更关注商品的质量和服务，愿意与供应商建立长期友好的合作关系，客户忠诚度高。交易型客户带来的利润非常有限，结果往往是在购买中关系型客户补贴给交易型客户。

2. 识别有价值的客户

实际上需要两个步骤：首先，分离出交易型客户，以免他们干扰你的销售计划。其次，分析关系型客户。

我们将有价值的关系型客户分为三类：

（1）可以给公司带来最大利润的客户；

（2）可以给企业带来可观利润并且有可能成为企业最大利润来源的客户；

（3）现在能够带来利润，但正在失去价值的客户。

对于第一种客户，最好进行客户关系管理营销，目标是留住这些客户。你也许已经从这些客户手中得到所有的生意，但是与这些客户进行客户关系管理能保证你不把任何有价值的客户遗留给你的竞争对手。对于第二种客户，开展营销同样重要。这类客户也许在你的竞争对手那里购买商品，所以针对这类客户开展营销的直接目的是提高你公司在他们购买的商品中的份额。对于第三类客户，经过分析剔除即可。

3. 识别客户的需求

“需要”是我们生活中不可缺少的东西，“需求”则是我们想要得到满足的方面。过去人们往往认为必须满足客户的需要，但在今天竞争的社会里，满足需要是不够的——为了留住客户，我们应该让他们感到愉悦。因此我们必须了解他们的需求，找出满足客户需求的方法。

（1）会见头等客户。客户服务代表和其他人员定期召集重要客户举行会议，讨论客户的需求、想法和对服务的期望。

（2）意见箱、意见卡和简短问卷。很多公司在客户看得见的地方设立意见箱。他们把意见卡和简短问卷放置到接待区、产品包装上、商品目录服务中心或客户易于接近的地方，以征求客户对产品或服务的意见。

（3）调查。可以通过邮寄、打电话和网上发布等方法进行调查。

（4）客户数据库分析。客户数据库提供了丰富的客户信息。企业可以通过分析客户信息，了解客户的需求。

（5）个人努力。因为客户代表的工作需要直接跟客户打交道，他们可以询问客户对自己和企业的看法。这些反馈将指导客户服务代表与客户的交往行为，并指导公司对产品或服务的选择。

（6）考察竞争者。通过访问竞争对手，企业可以获得有关价格、产品等有价值的信息。

（7）兴趣小组。企业成员与顶级客户联合访谈，以收集怎样改进特定产品或服务的信息，这些参加访谈的所有成员组成一个兴趣小组。

（8）市场调研小组。市场调研小组为雇用他们的公司组织单独会面和团体会面。他们也通过电话、邮件和互联网进行调查，以了解客户的需求。

二、客户选择

（一）客户选择的必要性

企业进行客户选择有以下几个理由。

1. 不是所有的购买者都是企业的目标客户

不同客户需求的差异性以及企业自身资源的有限性，使得每个企业能够有效服务的客户类别和数量是有限的。市场中只有一部分客户能成为企业产品或服务的实际购买者，其余则是非客户。企业如果能准确选择属于自己的客户，可以降低成本，从而有效减少企业费用支出。

2. 不是所有的客户都能给企业带来收益

客户存在差异性，并不是每个客户都能为企业带来价值。一般来说，优质客户带来高价值，普通客户带来低价值，劣质客户带来负价值。选择正确的客户能增加企业赢利能力，这就要求企业在选择客户时要有针对性，对不同客户采取不同的策略。

3. 正确选择客户是成功开发客户的前提

企业如果选错了客户，则开发客户的难度将会比较大，开发成本也会比较高，开发成功后维持客户关系的难度也会比较大。企业如果经过认真选择，选准了目标客户，那么开发客户、实现客户忠诚的可能性就很大。只有选准了目标客户，开发客户和维持客户的成本才会最低。

4. 目标客户的选择有助于企业的准确定位

不是所有的购买者都是企业的目标客户，不是所有的客户都能给企业带来收益。不同客户群的消费需求具有差异性，企业只能为特定的目标客户开发、提供适当的产品或服务。如果对客户不加选择，则可能造成企业对客户定位模糊，不利于树立鲜明的企业形象。

（二）客户选择标准

1. 理想客户的衡量标准

理想客户指的是本身素质高、对企业贡献大的客户，至少是给企业带来的收入要比企业为其提供产品或者服务所花费的成本高的客户。理想客户最起码的条件是能够给企业带来赢利。理想客户应满足的条件：购买欲望强烈，购买量大；对价格的敏感度低，付款及时，有良好的信誉；要求的服务较少或服务成本较低；经营风险小，有良好的发展前景；愿意与企业建立长期的伙伴关系。

2. 大客户不等于理想客户

通常，购买量大的客户被称为大客户。大客户往往是企业关注的重点，但是并不是所有大客户都是理想客户。大客户存在的问题主要表现在以下几个方面。

（1）大客户财务风险大

大客户在付款方式上通常要求赊销，这就容易使企业产生大量的应收账款，而较长的账期可能会给企业经营带来资金风险。例如，美国能源巨头安然公司一夜之间轰然倒塌，为其提供服务的安达信公司受其牵连而破产。

（2）大客户利润风险大

大客户所期望获得的利益大，有些大客户会凭借其强大的买方优势和砍价能力，或利用自身的特殊影响与企业讨价还价，向企业提出诸如减价、价格折扣、强索回扣、提供超值服务甚至无偿占用资金等方面的额外要求。因此，这些订单量大的客户可能不但没有给企业带来大的价值，反而减少了企业的获利水平。例如，很多大型零售商巧立进场费、赞助费、广告费、专营费、促销费、上架费等费用，而使供应商或生产商的资金压力很大，增加了企业的利润风险。

（3）大客户管理风险大

大客户往往容易滥用其强大的市场影响力，扰乱市场秩序，如串货、私自提价或降价等，给企业的正常管理造成负面影响。

（4）大客户流失风险大

激烈的市场竞争往往使大客户成为众多商家尽力争夺的对象。在经济过剩的背景下，产品或服务日趋同质化，品牌间差异越来越小，大客户选择新的合作伙伴的风险不断降低，大客户流失的可能性在加大。

3. 小客户可能是理想客户

小客户不等于劣质客户，过分强调当前客户给企业带来的利润，其结果可能会忽视其他客户将来的合作潜力。理想客户也经历过创业阶段，也有一个从小到大的过程。例如，家电经销商国美电器在初创时并不突出，但因为有着与众不同的经营风格，如今已经成长为家电零售业的“巨鳄”。

（三）客户选择策略

企业进行客户选择可参考以下几个策略。

1. 选择与企业定位一致的客户

企业选择客户要从实际出发，要根据企业的自身定位和目标来选择经营对象，选择与企业定位一致的目标客户。

2. 选择理想客户

企业应当选择理想客户来经营，这样才能够给企业带来赢利。例如，戴尔公司发现新的电脑用户对服务要求达到毫无节制的程度，而这种过分要求将耗尽企业的人力和财力资源。在20世纪90年代的大部分时间里，戴尔公司决定避开大众客户群，而集中人力和财力针对企业客户销售产品。

3. 选择有潜力的客户

企业选择客户不局限于客户当前对企业的贡献，而要考虑客户的成长性、资信、核心竞争力及未来对企业的贡献。衡量客户对企业的价值要用动态的眼光，要从客户的成长性、增长潜力及其对企业的长期价值来判断。

4. 选择与自己实力接近的客户

企业和客户如果实力悬殊，企业可能难于满足客户的需求，维护客户关系难度较大。如果双方实力不对等，企业只能降低标准，委曲求全，甚至接受大客户提出的苛刻条件，对大客户的潜在危险无法进行有效的控制。可见，客户并非越大越好，最好是双方的实力和规模相互匹配，这样才具有忠诚合作的基础。

5. 选择与忠诚客户具有相似特征的客户

没有哪个企业能够满足所有客户的需求，有些客户觉得企业提供的产品或服务比竞争对手的更好、更加“物有所值”，由此而对企业忠诚。这至少说明企业的特定优势能够满足这类客户的需求，同时也说明他们是企业容易建立关系和维持关系的客户。企业选择与忠诚客户具有相似特征的客户，可以使开发和维系客户变得相对容易。

第三节　客户开发

客户开发工作是销售工作的第一步。通常来讲，客户开发是业务人员通过市场扫街调查初步了解市场和客户情况，通过和有实力、有意向的客户重点沟通，最终完成目标区域的客户开发计划。但以上只是一个企业客户开发工作的冰山一角，要成功做好企业的客户开发工作，企业需要从自身资源情况出发，了解竞争对手在客户方面的一些做法，制定适合企业的客户开发战略，再落实到销售一线人员客户开发执行，是一个系统工程。

在竞争激烈的市场中，能否通过有效的方法获取客户资源往往是企业成败的关键。况且，由于客户越来越明白如何满足自己的需要和维护自己的利益，导致企业很难轻易获得与保持客户，因此加强客户开发管理对企业的发展至关重要。

客户开发的前提是确定目标市场，研究目标客户，从而制定客户开发市场营销策略。营销人员的首要任务是开发准客户，通过多种方法寻找准客户并对准客户进行资格鉴定，使企业的营销活动有明确的目标与方向，使潜在客户成为现实客户。

一、客户开发战略

（一）客户开发策略

从建设销售渠道的角度，客户开发策略一般有以下三种：

1. 分两步走策略

分两步走策略针对的是对于那些刚进入某行业的制造商。在渠道成员的选择上，他们不必固守一步到位的原则，应允许市场上的分销成员的层次有个从低到高的过程。第一步，在渠道建立初期，接受与一些低层次分销成员的合作；第二步，待到时机成熟，产品在市场上逐步走俏，而逐渐淘汰低层次的分销成员。

2. 亦步亦趋策略

亦步亦趋策略指的是制造商采用与某个参照公司相同的分销成员。而这个参照公司多为该公司的竞争品制造商或该行业的市场领先者。例如，饮料行业中的可口可乐。首先，渠道起到“物以类聚”的作用，将同类产品聚集起来销售是为了更好地满足消费者的需求。其次，行业中的市场领先者通常是渠道网络中的领先者，其网络中的分销成员必定有丰富的经验和良好的分销能力。

3. 逆向拉动策略

逆向拉动策略指的是通过刺激消费者，拉动整个渠道的选择和建立，也是绝佳的策略。一般来讲，有很强实力的厂家、拥有很具差异化竞争力的产品适合采取这一策略。

总之，企业可以根据自己的实际情况选择客户开发战略，而客户开发战略的制定和选择需要根据竞争品牌情况、企业自身资源状况而定。

（二）开发步骤

在客户开发战略确定后，销售队伍需要到市场上真刀实枪地操作。无论销售人员的经验丰富与否，一般来讲都需要经过以下几个步骤来完成客户开发工作。

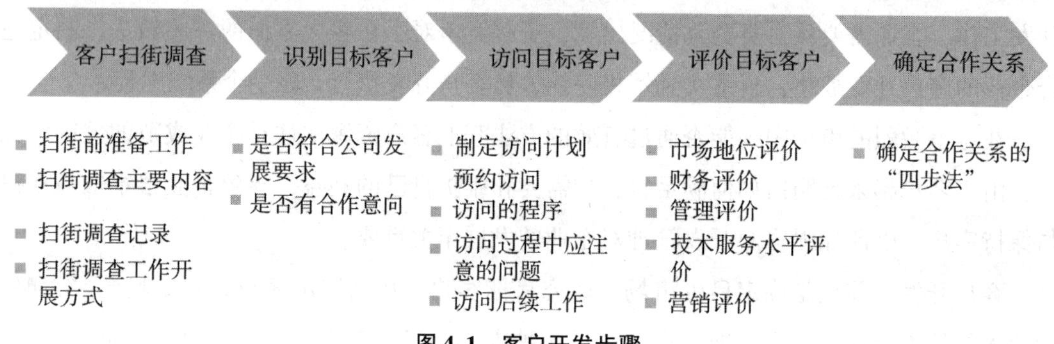

图 4.1　客户开发步骤

二、寻找新客户

寻找新客户作为客户开发阶段的第一个步骤，也是开展客户开发工作的一个难点。如何在成千上万的客户中找到企业最理想的销售机会和选择最有成交希望的客户，这不只是企业销售部门，也是营销和服务部门都必须面临的事情。

（一）寻找新客户的一般过程

寻找新客户首先要应用市场细分理论，分析要营销产品的基本要素与特点，确定终端客户的范围和销售地区。其次根据企业营销方案中销售渠道的策略要点，确定销售渠道和中间商及客户种类。最后，运用寻找客户的基本方法，找出具体的客户。这个客户可能是个人，即日常消费者，但更多的可能是企业。

在这一过程中，勤奋是最为重要的。有句话说，只用双手工作的是劳动者，用双手和大脑工作的是科学家，用双手、大脑和心灵工作的是艺术家，而用双手、大脑、心灵和双腿工作的是企业的营销人员。一个成功的营销人员，要时刻注意市场的变化和客户的最新情况，随时做好向客户推荐产品的准备。而企业的销售、服务等部门，也必须具有强烈的事业心和高度的责任感，勤于分担营销人员的工作，勇于进取，积极向上，发扬企业主人翁的责任感。因为这些角色都与客户直接接触，营销人员在做好本职工作之余应多与客户群进行交流，深入了解客户的心理活动并准确判断客户特征，善于发现客户关心问题的重点；同时注意积累营销知识和技能，知识经验越丰富、越熟练，对事物的敏感性也就越强。只有这样，才能不断寻找到有价值的现在新客户。

此外，寻找新客户是一种体力劳动和脑力劳动相结合的工作，带有很强的创造性，所以创造能力必不可少。营销人员首先要唤醒自己的创造天赋，有一股“别出心裁”的创新精神；其次要突破传统思路，养成独立思考的习惯，绝不放过任何产生最佳效果的尝试机会，善于采用新方法、走新路子。只有这样才能引起新客户的注意，寻找到有价值的新客户。

（二）寻找新客户的基本方法

1. 逐户访问法

逐户访问法也称“地毯”式访问法、普遍寻找法、贸然访问法、挨门挨户访问法或走街串巷寻找法，是指推销人员在任务范围内或特定地区、行业内，用上门探访的形式，对预定的可能成为准客户的单位、组织、家庭乃至个人无一遗漏地进行寻找并确定准客户的方法，也称“扫街”。

该方法遵循的是“平均法则”，即认为在被寻访的所有对象中，必定有销售人员所要的客户，而且分布均匀。客户的数量与访问对象的数量成正比。推销员不可能与他拜访的每一位客户达成交易，他应当努力去拜访更多的客户来提高成交的百分比。如拜访的 10 人中有 1 人会成交，那么 100 次拜访就会产生 10 笔交易。因此，只要对特定范围内所有对象无一遗漏地寻找查访，就一定可以找到足够的客户。这种方法通常在销售人员完全不熟悉或不太熟悉推销对象的情况下使用。

◎小案例

江铃汽车公司的独特销售模式

近几年，江铃汽车在已经设立的全国 60 多家汽车销售中心的基础上，引进了台湾福特六合汽车公司的推销员体系，即每个销售中心的代理商除在自己的展厅卖车外，都必须雇佣几名推销员对分管片区的目标消费群进行汽车的上门推销。“哪有这样卖汽车的？”曾任江铃销售汽车公司的区域经理这样提出质问。据他所知，没有一家汽车代理商是采用这种“走街串巷”的方式来推销汽车的。于是公司请来中欧国际商学院的一位教授进行论证。论证得出的结论是：每个推销员只要每年卖掉一辆车，工资成本就可以相抵；而每个推销员在品牌推广、客户接触方面对汽车促销的力度每年显然不只一辆车，“走街串巷”这种方法是合理的。

在具体操作中，江铃每个商铺中心的销售团队一般分两批，每批分3~4个小组，每组2~3人来开展工作。针对江铃每一特定的车型进行的推销也分两个阶段，第一阶段是“铺货”阶段，即对企业进行大规模地挨家挨户的宣传。这种宣传以镇、区为单位，每个小组负责一个镇、区的企业。每个工作日，业务员出发推销时都会由销售中心经理召开晨会，圈定镇、区内有价值的潜在企业客户，然后挨家拜访。第二个阶段，推销人员会对登门拜访的结果进行小结，然后把购车意愿最高的潜在购买客户纳入数据库，进行更细致的电话咨询，直至其产生实际的购车行为。当年江铃汽车的销售达到5500辆，比上年同期上升73%。这除了市场上升的因素之外，与他们独特的销售模式也很有关系。

（龚荒：《商务谈判与推销技巧》，清华大学出版社2013年版：第184页）

采用地毯式访问法寻找客户，推销人员首先应该根据推销品的特征，进行必要的、科学的推销工程可行性研究，确定可行的、理想的推销范围，做好必要的访问计划。例如，到大中专院校推销大中专学生使用的书籍或其他文化用品；到医院、诊所等医疗机构推销药品、医疗器材等。

地毯式访问法的优点主要有以下几个方面。

第一，地毯式的访问不会遗漏有价值的客户。

第二，推销人员可借机进行市场调查，能够较客观全面地了解客户的需求情况。

第三，可以扩大企业和推销品的影响。推销人员寻找客户的过程，也是传播推销信息的过程。通过地毯式访问，推销人员可以广泛地接触客户，进而广泛地传播企业和产品的有关信息，从而扩大企业和推销品的影响。

第四，可以锻炼推销人员的意志，积累和丰富推销人员的工作经验。众多的被访问者可以培养推销人员坚忍不拔、吃苦耐劳和经受挫折的意志和精神，也有利于推销人员了解和研究各种类型、各个阶层客户的消费心理和消费特点，便于推销人员积累丰富的推销经验。

地毯式访问法也有不足之处，主要表现在以下两个方面。

第一，最大的缺点在于它的相对盲目性。采用地毯式访问法寻找客户，通常是在推销人员不太了解或完全不了解被访问者的情况下进行的。尽管推销人员在事先可能做了一些必要的准备工作，但很大程度上仍然避免不了盲目性，并因此浪费大量的时间、精力及财力。

第二，容易造成推销人员和客户的心理隔阂。由于在进行地毯式访问之前，推销人员一般不通知或难以通知到对方，客户常常毫无精神准备，从而对推销人员的造访心存戒心、态度冷漠，有的甚至拒绝接见推销人员，从而给推销工作带来阻力，给推销人员造成精神负担和心理压力，影响推销工作的顺利进行。

2. 连锁介绍法

连锁介绍法又称为“客户引荐法”或“无限连锁法”，是指推销人员请求现有客户介绍未来可能的准客户的方法。连锁介绍法在西方被称为是最有效的寻找客户的方法之一，被称为黄金客户开发法。

该方法遵循的是“连锁反应”原则，即犹如化学上的“连锁反应”。例如，我们现在只有 10 个客户，如果我们请求每个现有客户为我们推荐 2 个可能的客户的话，我们现在就增至 30 个客户。这新增的 20 个客户每人再为我们介绍 1 个客户，发展下去可能的结果就是 10、10+20、30+40……那么，到了第二轮推荐时我们就有 70 个客户了。

这种方法要求推销人员设法从自己的每一次推销面谈中了解到其他更多的新客户的名单，为下一次推销拜访做准备。由于购买者之间有着相似的购买动机，各个客户之间往往也有着一定的联系和影响，连锁式介绍法就是据此依靠各位客户之间的社会联系，通过客户之间的连锁介绍来寻找新客户的。介绍内容一般为提供客户名单及其简单情况，介绍方法有口头介绍、写信介绍、电话介绍、名片介绍等。因此，了解和掌握每一个客户的背景情况会随时给你带来新的推销机会。运用这种方法可以不断地向纵深发展，使自己的客户群越来越大。此法的关键，是推销人员能否赢得现有客户的信赖。

在西方推销学著作里，连锁介绍法常常被看作是最有效的寻找客户的方法之一，甚至被誉为“推销王牌”，这种说法不无道理。因为连锁介绍法使推销人员单枪匹马的推销活动变成广大客户本身的群众性活动，使推销工作具有坚实的群众基础，避免了推销员主观判断的盲目性，可以赢得被介绍客户的信任，推销的成功率较高。研究表明，由亲朋好友及熟人向潜在客户推销的产品对其的影响力高达 80%，向由现有客户推荐的新客户推销比向没有人推荐的新客户推销，成交率要高 3~5 倍。

必须注意的是，由于推销员不可预知现有客户能介绍哪些新客户，因此难以做事先准备和安排，有时会打乱整个访问客户的计划；再加上现有客户并没有为推销员进行连锁介绍新客户的义务，较易造成推销人员被动的工作局面。

◎小案例

“250”法则

世界著名推销大王、曾推销过 13000 多辆汽车、创吉尼斯世界记录的美国历史上的汽车推销大王乔·吉拉德曾自豪地说：“‘205’法则的发现，使我成为世界上最伟大的推销员。”

吉拉德做汽车推销员不久，有一次他从朋友母亲葬礼上的主持人那里偶然了解到，每次葬礼，来祭奠死者的人数平均为250人。又有一天，吉拉德参加一位朋友在教堂里举行的婚礼，从教堂主人那里得知：每次婚礼，新娘方大概有250人，新郎方大概也有250人参加婚礼。这一连串的“250人”使吉拉德悟出一个道理：每一个人有许许多多的亲朋好友及熟人，甚至远远超过250人这个数字，而250人只不过是个平均数。

因此，对于推销人员来说，对任何客户都须待之以诚，无论其买还是不买你的东西。因为每位客户不仅可以使你失去许多，而且也可能为你带来许多！如果你得罪了一位客户，也就得罪了另外250位客户；如果你让一位客户难堪，就会有250名客户在背后为难你；如你赶走一位买主，就会失去另外250位买主；只要你不喜欢一个人，就会有250人讨厌你。这就是吉拉德的“250”法则。

（龚荒：《商务谈判与推销技巧》，清华大学出版社2013年版，第186页）

3. 中心人物法

中心人物法也叫“中心开花法”“名人介绍法”“中心辐射法”，是指推销员在某一特定推销范围内发展一些有影响力的中心人物，并在这些中心人物的协助下把该范围内的组织或个人变成准客户的方法，是连锁介绍法的特殊形式。

该方法遵循的是“光辉效应法则”，即中心人物的购买与消费行为可能在他的崇拜者心目中形成示范作用与先导效应，从而引发崇拜者的购买与消费行为。在许多产品的销售领域，影响者或中心人物是客观存在的。特别是对于时尚性产品的销售，只要确定中心人物，使之成为现实的客户，就很有可能引出一批潜在客户。一般来说，中心人物包括在某些行业里具有一定影响力的声誉良好的权威人士，对行业里的技术和市场具有深刻认识的专业人士，在行业里具有广泛人脉关系的信息灵通人士。

◎小案例

中心开花法在新药推销中的用

某推销人员欲到南方山区一个城市推销该企业生产的新药品，但他所面临的销售地区地广人稀，通常方圆几十里只有二三十口人。整个地区大小医院药店400多家，若按传统的地毯式访问法，每天上门推销一至两家，要几个月时间才能拜访完。他没有这样做。因为他找到了一个相当好的合作伙伴——一个在该地有名的外科主治医师，退休前曾是管理全区各乡镇医院的负责人。正巧那年9月15日，该地区组织所有的医院院长参加一个学习班，讲师就是这位主治医师。学习班结束后，由主治医师组织这些院长听取了该推销人员对新产品特点的详细讲解。后来，经过这位主治医师的大力推荐，20几位院长每人下了5箱的订单。

事情到此还没有结束。这些院长回到乡镇后，在每月的18日又有一次全乡镇各村、屯卫生所大夫的例会。在例会上，他们又分别向各村、屯医生推荐了这种新产品。很快，他们所订的货就分散到了各地。从15日的学习班，到提货、送货、收货款的25日那天止，100件新药的销售工作全部完成。结果是，全地区400多家医疗单位同时使用了这种产品，全区大部分患者都了解了这种药，企业却没有花1分钱的广告费。

（龚荒：《商务谈判与推销技巧》，清华大学出版社2013年版：第187页）

该案例中，推销人员通过争取具有影响力的一个核心人物——该地有名的外科主治医师的力量，使得推销工作事半功倍。其利用中心开花所产生的连锁效应可以表示为：销售人员—主任医师—各乡镇医院院长—乡镇医院和村卫生所。

中心人物法的优点有以下两个方面：

第一，节省时间和精力。推销人员只是寻找中心人物并对其进行重点推销，避免了重复单调地对每一个潜在客户进行寻找与推销的过程。

第二，可以借力。中心人物的名声越大，越有利于提高产品的知名度，也越有利于开拓市场。

中心开花法的缺点有以下两个方面：

第一，很难确切发现真正的中心人物，如果选错了中心人物，结果将会适得其反。

第二，增加了推销风险。如果把过多的希望寄托在中心人物身上，会增加推销风险。

所以在运用这种方法时，关键是要选好中心人物，并争取得到他的支持。

4. 个人观察法

个人观察法也叫“现场观察法”，是指推销人员依靠个人的知识、经验，通过对周围环境的直接观察和判断，寻找准客户的方法。个人观察法主要是依据推销人员个人的职业素质和观察能力，通过察言观色、运用逻辑判断和推理来确定准客户，是一种古老且基本的方法，在今天仍然被大量使用。

（1）要求

利用个人观察法寻找潜在客户，要求推销员具有良好的职业意识，即随时随地挖掘潜在客户的习惯和敏锐的观察能力。有了这种意识，推销员能在别人不注意的时间和地点找到买主。

首先，推销员要善于用眼睛看，即用眼睛去观察一切可能捕捉到的信息。不同的出版物，如杂志、报纸、贸易评论等都可以提供目标客户。

其次，推销员还要善于用耳朵听，从广播、别人的谈话里发现信息。有时一位朋友无意中谈起的一条信息，对于寻找客户可能起到良好的作用。

此外，在利用个人观察法寻找客户时，推销员必须具有主动精神，必须充分调动各种感觉器官。个人观察法可以说是其他各种方法的基础，因为其他任何方法的运用实际上离不开推销员个人的观察。运用个人观察结果寻找潜在客户，使推销员直接面对市场、面对客户，对推销员提高推销能力、积累推销经验有很大帮助。

(2) 优缺点

优点：个人观察法可以使推销人员直接面对现实、面对市场，排除一些中间干扰；可以使推销人员扩大视野，跳出原有推销区域，发现新客户，创造新的推销业绩；可以培养推销人员的观察能力，帮助其积累推销经验，提高推销能力。

缺点：推销仅凭推销人员的直觉、视觉和经验进行观察和判断，容易受推销人员个人素质和能力的影响；由于推销员事先完全不了解客户对象，失败率比较高。

5. 委托助手法

委托助手法也称"猎犬法"，就是推销人员雇佣他人寻找准客户的一种方法。在西方国家，这种方法运用十分普遍。一些推销员常雇佣有关人士来寻找准客户，自己则集中精力从事具体的推销访问工作。这些受雇人员一旦发现准客户，便立即通知推销员，安排推销访问。这些接受雇用的人员被称为推销助手。

◎小案例

利用"耳目"进行推销

李某是山西某鼓风机厂的推销员，多次被评为厂、市、区及省里的"推销能手"。他成绩的取得，还得归功于他的"耳目"推销法。他制订出了自己的"耳目"推销计划，在推销过程中找亲戚、托朋友，然后再通过亲戚托亲戚，朋友托朋友，像滚雪球似的壮大自己的"耳目"队伍。他把这些人的姓名、地址、工作单位及职业分门别类地记在自己的"耳目库"中，让他们帮助自己捕捉信息推销鼓风机。在销售工作中，他除了自己积极工作外，把一半的精力放在培养"耳目"上。他把印有自己姓名、地址、联系电话及经销的风机品种的名片送给每位"耳目"。对于重点"耳目"，他还要定期通过电话、通信等方式与其加强联系，寄送新产品目录、说明书，有时还专门拜访。他和电机厂、标准件厂、矿厂、化肥厂、机床厂等兄弟单位的推销人员联手推销——就是你帮他推销标准件，他帮你销售风机。对于矿山、锅炉厂等单位重点部门的"耳目"，他更是采取重点培养的办法，经常书信往来，有时还上门联系，带点家乡的土特产，让"耳目"们尝尝。这样，时间长了他就与"耳目"们建立了比较牢固的感情基础。这几年他通过"耳目"销售的风机每年都占自己销售量的70%以上。

(龚荒：《商务谈判与推销技巧》，清华大学出版社 2013 年版，第 188 页)

委托助手法的理论依据是经济学中的最小最大化原则，即推销员用最少的推销费用和推销时间，取得最大的推销效果。我国地域辽阔，市场分散，有些地区交通通信事业尚不发达，市场供求信息比较闭塞。在此情况下，如果单凭推销员走南闯北开展推销工作，不仅会贻误市场机会，而且必将大量增加推销成本。若利用推销助手来发掘潜在客户，既可以使推销人员及时获得有效的推销情报，有利于开拓新的推销区域，发展大批新客户，又可以节省大量的推销费用，降低推销成本，提高推销的经济效益。

委托助手法最大的困难在于：在实际推销工作中，理想的推销助手往往难以找到。再加上推销人员的推销业绩在很大程度上取决于和推销助手的密切合作，如果推销员与推销助手之间配合不力，或者推销助手同时兼职几家同类公司，势必使推销员处于被动状态，不利于本公司产品的市场竞争。

6. 广告开拓法

广告开拓又称“广告拉引法”“广告吸引法”，是指推销人员利用各种广告媒介寻找准客户的方法。这种方法依据的是广告学的原理，即利用广告的宣传攻势，把有关产品的信息传递给广大的消费者，刺激或诱导消费者的购买动机和行为，然后推销人员再向被广告宣传所吸引的客户进行一系列的推销活动。根据传播方式不同，广告可分为开放式广告和封闭式广告两类。开放式广告又称为“被动式广告”，如电视广告、电台广告、报纸杂志广告、招贴广告、路牌广告等，当潜在对象接触或注意其传播媒体时，它能被看见或听到。封闭广告又称为“主动式广告”，它的传播直接传至特定的目标对象，与开放式广告相比，具有一定的主动性，如邮寄广告、电话广告等。一般来说，对于使用面广泛的产品，如生活消费品等，适宜运用开放式广告寻找潜在客户；而对于使用面窄的产品（如一些特殊设备、仪器）和潜在客户范围比较小的情况，则适宜采用封闭式广告来寻找潜在客户。在西方国家，推销人员用来寻找客户的主要广告媒介是直接邮寄广告和电话广告。

（1）广告开拓法的优点

可以借助各种现代化手段大规模地传播推销信息；推销员可以坐在家里推销各种商品。若一条推销广告被二百万人看到或听到，就等于推销人员对二百万人进行了地毯式访问。广告媒介的信息量之大、传递速度之快、接触客户面之广，是其他推销方式所无法比拟的。广告不仅可以寻找客户，还具有推销说服的功能，能够使推销人员从落后的推销方式中解放出来，节省推销时间和费用，提高推销效率。

（2）广告开拓法的局限性

一是推销对象的选择性不易掌握。现代广告媒介种类很多，各种媒介影响的对象都有所不同。如果媒介选择失误，就会造成极大的浪费。二是有些产品不宜或不准使用广告开拓法寻找客户。三是在大多数情况下，利用广告开拓法寻找客户，难以测定实际效果。

但总体来说，广告开拓法不失为一种理想的开拓客户的现代化手段。在运用此法时，推销员要认真搞好市场调查，制订周密的计划，并配以其他方法，以免出现大的失误。

7. 资料查阅寻找法

资料查阅寻找法又称“文案调查法”，是指推销人员通过收集、整理、查阅各种现有文献资料，来寻找准客户的方法。这种方法是利用他人所提供的资料或机构内已经存在的可以为其提供线索的一些资料，这些资料可帮助推销员较快地了解到大致的市场容量及准客户的分布等情况。然后推销员通过电话拜访、信函拜访等方式进行探查，对有机会发展业务关系的客户开展进一步的调研，将调研资料整理成潜在客户资料卡，这样就形成了一个庞大的客户资源库。

推销人员经常利用的资料有：统计资料，如国家相关部门的统计调查报告、统计年鉴、行业在报刊或期刊等上面刊登的统计调查资料、行业团体公布的调查统计资料等；名录类资料，如客户名录（现有客户、旧客户、失去的客户）、工商企业目录和产品目录、同学名录、会员名录、协会名录、职员名录、名人录、电话黄页、公司年鉴、企业年鉴等；大众媒体类资料：如电视、广播、报纸、杂志、等大众媒体；其他资料，如客户发布的消息、产品介绍、企业内刊等等。

利用查阅资料的方法寻找客户，可以减少寻找客户的盲目性，节省寻找的时间和费用，同时还可以通过资料了解潜在客户，为推销访问做好准备。但由于当今市场瞬息万变，一些资料的时效性较差，加之有些资料内容简略，信息容量小，使这种寻找客户的方法具有一定的局限性。

8. 市场咨询法

市场咨询法，是指推销人员利用社会上各种专门的行业组织、市场信息咨询服务等部门所提供的信息来寻找准客户的办法。一些组织特别是行业组织、技术服务组织、咨询单位等，他们手中往往集中了大量的客户资料和资源以及相关行业和市场信息，通过咨询的方式寻找准客户是一个行之有效的方法。

推销人员可以从以下部门获得市场信息：

①专业信息咨询公司。如一些专业建筑信息公司能提供详细的在建工程信息，这些信息包括工程类别、建筑成本、工程时间表和发展商项目经理建筑师等联系方式，且信息每天更新。这为建材生产企业的销售人员节约了大量时间。虽然企业要向信息公司付一些费用，但总体成本还是合算的。

②工商行政管理部门。该部门涉及面十分广阔，包括工业、商业、交通运输等各个行业，是一个理想的市场咨询单位。

③各级统计和信息部门。这些部门提供的信息准确、可靠。

④其他相关部门，如银行、税务、物价、公安、大专院校、科研单位等。

⑤当地行业协会。每个行业基本上都有自己的行业协会，如软件行业协会、电子元件行业协会、仪器仪表行业协会等。虽然行业协会只是一种民间组织，但恐怕没有人能比行业协会更了解行业内的情况了。如果你的潜在客户恰好是某某行业协会的成员，能得到其行业协会的帮助是你直接接触到潜在客户的有效方法。

市场咨询业者能够为推销员提供比较可靠的准客户名单或潜在客户的“线索”，可以节省推销员的推销时间，使其能全力以赴地进行实际推销；市场咨询信息服务费与推销员自己寻找客户所需费用相比要低，可以节省推销费用开支；市场咨询业者是作为中间介绍人的身份和中立的立场来参与买卖双方的市场活动的，他们提供的咨询意见和市场信息是比较客观、可靠的。

总之，市场咨询法是一种比较经济和理想的寻找客户的途径和工具。在我国，咨询行业已遍及工业、农业、商业、交通运输业、旅游业等几乎所有经济领域，各种各样的咨询公司应运而生。运用市场咨询法寻找客户的应用范围和作用也在逐渐扩大和加强，使之成为现代推销方式发展的一个趋势和方向。

9. 网络搜寻法

网络搜寻法就是推销人员运用各种现代信息技术与互联网通信平台来搜索准客户的方法。它是信息时代的一种非常重要的寻找客户的方法。近些年来，随着互联网技术的不断发展与完善，各种形式的电子商务和网络推销也开始盛行起来，市场交易双方都在利用互联网搜寻客户。互联网的普及使得在网上搜索潜在客户变得十分方便，推销员借助互联网的强大搜索引擎如Google、Baidu、Yahoo、Sohu等，可以搜寻到大量的准客户。对于新推销人员来说，网上寻找客户是最好的选择。

通过互联网，推销人员可以获得以下信息：

①准客户的基本联系方式。不过由于推销员往往不知道那个部门的负责人，这需要电话销售配合。

②准客户公司的介绍。可以通过此了解公司目前的规模和实力。

③准客户公司的产品，可以通过此了解其产品的技术参数、应用的技术等。

④一些行业的专业网站会提供在该行业的企业名录。企业名录一般会按照区域进行划分，也会提供一些比较详细的信息。例如：慧聪国际、阿里巴巴这些网站往往会由于进行行业的分析研究而提供比较多的信息。

互联网寻找法具有以下几个方面的优点：

①成本低，速度快。企业在网上为广大用户提供大量的信息在线服务，不仅大大节省了推销员的差旅费和时间，而且当潜在客户看到自己需求的产品时，在几分钟内就可以作

出反应。利用网上寻找客户，具有经济和快速的优势。

②双向的、互动的信息交流方式。网络信息的提供者在发布信息的同时，可以及时收集信息获取者的反馈信息，推销员就可以根据潜在客户的反馈信息寻找自己的推销目标。信息获取者在收集信息时可对众多的信息进行选择性接收。

③更大范围地寻找客户。通过国际互联网，推销员可以发现世界各地的潜在用户。尤其对一些客户较分散的产品，更加体现出网上寻找客户的优势，这是以往寻找客户的方法所无法比拟的。

④产品介绍生动形象，增强吸引力。利用互联网来介绍推销品，集图、文、声、像虚拟效果等于一体，增加了潜在客户的好奇心与注意力，使企业的广告宣传达到更好的效果。

互联网寻找法有以下几个方面的缺点：

①计算机普及仍然有限，特别是在农村地区。

②不少人仍然是计算机盲，影响了计算机网络客户寻找法的运用。

③计算机网络模糊了客户的真实身份，可能传递有意歪曲的信息资料，给客户的寻找带来很多困难。

因此，推销人员在利用这种方法时，要注意产品的适用性。目前，适宜在互联网上寻找客户并且促使客户购买的，只是一些简单的、客户熟悉的、个体差别不大的、可以简单进行购买决策的产品。在询问客户的有关信息资料时，应该注意网络礼仪。因为网络推销属于直复式销售，所以对客户的任何反应与咨询，都应该及时进行答复，同时全面兑现企业的承诺，维持企业的诚信。

10. 交易会寻找法

交易会寻找法是指企业利用各种交易会寻找准客户的方法。国际国内每年都有不少交易会，如广交会、高交会、中小企业博览会等等。充分利用交易会寻找准客户、与准客户联络感情、沟通了解，是一种很好的获得准客户的方法。参加展览会往往会让销售人员在短时间内接触到大量的潜在客户，而且可以获得关键信息。对于重点意向的客户，企业也可以作重点说明，约好拜访的时间。例如，假如你想获得在印刷机械行业的潜在客户，你可以参加国际印刷机械展，你将在那里遇到中国乃至世界上最著名的印刷机械制造商。经常去参观某个行业的展览会，你甚至会发现，每次都会看到那些准客户，这对以后向客户推销是非常有利的。

销售人员应该在每年的年末将未来一年相关行业的展览会罗列出来，通过互联网、展览公司的朋友都可以做到这些，然后贴在工作间的醒目处，并在日程表上进行标注，届时提醒自己要抽时间去参观一下。

（1）利用交易会寻找法应注意的问题

①要得到潜在客户相关人员的名片。

②在尽可能的情况下与这些潜在客户现场技术人员交流，明确主管人员是谁。

③在展览会结束后，尽快取得联系，免得记忆失效而增加后期接触难度。

④将客户的产品资料拿回来仔细分析，寻找机会。

（2）优缺点

交易会寻找法的优点是效率高。这种方法使企业能在最短时间内接触到最多的准客户。对有兴趣的客户，推销人员可以充分展示自己的优势。

该方法的缺点是费用较高。参加交易会要给主办单位交一定的展位费。

11. 电话寻找法

电话寻找法是指推销人员在掌握了准客户的名称和电话号码后，用打电话的方式与准客户联系而寻找准客户的方法。电话最能突破时间与空间的限制，是最经济、有效率的接触客户的工具。您若能规定自己每天至少打五个电话给新客户，一年下来能增加1500个与潜在客户接触的机会。

（1）优点

寻找速度快，信息反馈快，不会被拒绝。一般情况下，接电话的人肯定是全神贯注地听电话，只要掌握好讲话的内容与顺序，会收到很好的效果。因为打电话属“单线联系”，不受外人干扰。因此，电话寻找客户的方法被称为是推销人员的“金矿”。

（2）缺点

在电话尚不普及的地方，电话寻找法的应用还受到限制；费用仍较高；沟通困难；个别地区通信设施落后，电话接通率低，有时会导致较多的错漏现象；一些推销人员的方言土语经过电话传递后更难以沟通。

（3）注意事项

一是推销人员应该选择好打电话的时间。例如，要避开使用电话的高峰期，避免客户因为忙碌而不能很好地沟通。

二是应该讲究打电话的礼仪与效果。

三是讲究效果，讲话应简单扼要，不要拖泥带水，应该尽快把事情讲清楚。

四是做好准备。

除以上介绍的几种常用的寻找客户的方法外，还有一些其他的方法，如宣传报道法、竞争寻找法等。每种方法都各有长短，推销人员应在推销活动中结合实际，勇于创新，大胆摸索出一套高效率寻找客户的方法为己所用。

（三）寻找客户的程序

在现实推销活动中，就绝大多数产品而言，推销员几乎不可能知道所有的潜在购买者。实际上，推销员也完全没有必要接触每一个潜在的购买者。寻找客户的工作既包括获知潜在购买者是谁，也包括对潜在购买者是否会购买进行分析和判断，从而对潜在购买者进行筛选。其过程如图 4. 2 所示：

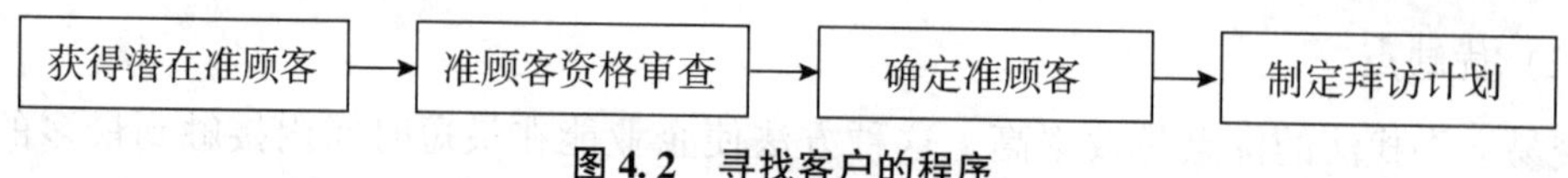

图 4. 2　寻找客户的程序

推销员首先要根据自己推销品的特征，提出可能成为准客户的条件；然后根据这些条件搜集资料，寻找各种可能的线索，拟出一份准客户的名单；再按照这份名单进行准客户评估和资格审查，根据审查结果确定你要向其进行推销的准客户；最后对这些准客户进行分析、分类、建立档案，并据此编制拜访计划，进行拜访洽谈。

寻找客户的程序首先从发现可能购买的准客户开始。获得的准客户名单越多，可筛选的余地就越大。推销员一般要采取多种途径和方法寻找准客户，以便使寻找准客户的有效性达到最大。

◎小案例

同样是面对准客户，有的业务员是程式化的推介方式和空洞的产品介绍，毫无吸引人之处，总是被客户冷冷地拒之门外。但如果换一个思路，为客户多提供一份方案，事情或许就会变得意想不到的顺利。

客户开发永远是企业营销的重点。但面对市场上层出不穷的新产品，客户的眼光也变得越来越挑剔，从而给企业营销人员开发客户增加了难度。作为企业营销管理者，该如何指导下属在已经发生了剧烈变化的营销环境中顺利实现有效的客户开发呢？

案例对比：

草率而为，导致无功而返

A 企业的业务员小张通过别人介绍认识了某地的准客户谢某，便亲自上门拜访。初次见面，一番寒暄之后，小张切入了主题。他将 A 企业的简介、产品、政策一一向客户做了详细介绍，但谢某听后只是淡淡地说："你们的企业和产品不错，不过另一个企业的产品价格比你们低，所以你的产品我无法销售。再加上市场前景无法预测，我们还是有机会再合作吧。"面对谢某的婉言拒绝，小张尽管不死心，但却没有其他办法去说服对方，只得怏怏地告辞离开。

一个方案，让客户点头

谢某是 A 企业锁定的理想客户。面对小张的无功而返，企业派出了另一位经验丰富的业务员小李，并且下了硬指标。小李接到任务后，并没有像小张一样急于拜访客户。因为他知道小张已经失败了一次，如果再草率前去，不仅会给客户开发带来难度，恐怕还会引起谢某的反感，导致客户开发失败。他先侧面对谢某公司做了全面了解，然后就开始在市场上进行详细调研，形成了一份完备的方案。拿着这份方案，小李信心十足地去拜访谢某。

谢某起初看到小李并不十分热情，只是淡淡地应付了几句。小李见状，开门见山向谢某介绍了自己的市场推广方案。从谢某所在市场的基本情况，如人口数量、市场规模、消费水平、市场结构等，到竞品情况如价格、政策、主要销售区域、存在的问题以及销量分析等，再到阐述A企业和产品的定位，以及与竞品相比的优劣势所在。一番工作下来，不免让谢某觉得这个业务员水平不一般。最后，小李还为谢某操作A企业的产品提供了一些具体建议，包括详细的价格设置、通路设置、消费群体和主要消费场所锁定、操作要点及步骤、企业投入与扶持、谢某需要投入的资源和投入产出比等。谢某看着小李这份完整而详尽的市场推广方案，听着他头头是道的讲解，频频点头。最后，谢某终于高兴地表示马上与A企业签订合作协议，并邀请小李担任他的经营顾问。

点评：同样的企业，同样的产品与资源，同样的开发对象，小张的客户开发为什么会失败？原因就在于他只是就产品而推产品，就企业而推企业，这样没有新意的客户开发形式难怪会遭到客户拒绝。而小李之所以能够开发成功，就在于他前期做了充足的准备工作——通过市场调研，向客户提供了一套行之有效的、完整的市场推广方案。客户看到这么有吸引力和可操作性的方案，不心动才怪！

（《客户开发》，https://wenku.baidu.com/view/bf9a31ff770bf78a652954c7.html）

第四节　客户保持（客户分级）

客户保持所带来的不仅仅是客户保留，还有客户的企业忠诚。事实上，客户很愿意把这种感觉告诉所认识的人，而这种“宣传”的效果绝对胜过企业花巨资拍摄广告所带来的强烈吸引。对企业而言，客户保持比吸引新客户更能够降低企业成本。据统计，吸引一个新客户所需要花费的成本是维护一个老客户所需成本的5~10倍。

一、客户保持的概念

客户保持是指企业通过努力来巩固及进一步发展与客户长期、稳定关系的动态过程和策略。客户保持需要企业与客户相互了解、相互适应、相互沟通、相互满意、相互忠诚，这就必须建立客户关系的基础上，与客户进行良好的沟通，让客户满意，最终实现客户忠诚。

二、客户保持的影响因素

1. 客户购买行为受到文化、社会环境、个人特性和心理等方面的影响。这部分因素是企业无法控制的，但是对于了解客户的个体特征有着重要的意义。由于来自同一社会阶层或具有同一种心理、个性的客户往往具有相似的消费行为，企业可以通过这些因素对客户进行分类，对不同类的客户实施不同的营销策略。另外，企业可以将不同客户的销售结果与客户特性作对比，了解它们之间的关联。

2. 客户满意与客户保持有着非线性的正相关关系。企业可以从建立顺畅的沟通渠道、及时准确地为客户提供服务、提高产品的核心价值和附加价值等方面来提高客户的满意度。

3. 客户在考虑是否转向其他供应商时必须要考虑转移的成本。转移成本的大小直接影响客户维护。转移成本的大小要受到市场竞争环境和客户建立新的客户关系的成本的影响。

4. 客户关系具有明显的生命周期的特征。在不同的生命周期中，客户保持具有不同的任务，一般来说，考察期客户的转移成本较低，客户容易流失。而随着交易时间的延长，客户从稳定的交易关系中能够获得越来越多的便利，节省了转移成本。客户越来越趋于稳定，容易保持原有的交易关系，这使企业需要一如既往地提供令客户满意的服务或产品。

三、客户保持管理的内容

尽管越来越多的企业管理层意识到维护企业客户的重要性，但是，究竟应该从哪些方面着手来实施这一理念呢？

（一）建立、管理并充分利用客户数据库

企业必须重视客户数据库的建立、管理工作，注意利用数据库来开展客户关系管理。企业应用数据库来分析现有客户情况，找出客户数据与购买模式之间的联系，以及为客户提供符合他们特定需要的定制产品和相应服务，并通过各种现代通信手段与客户保持自然密切的联系，从而与客户建立持久的合作伙伴关系。

（二）通过客户关怀提高客户的满意度与忠诚度

客户关怀应该包含客户购买前、购买中到购买后的客户体验的全部过程中。购买前的

客户关怀活动主要是在客户提供有关信息的过程中与其的沟通和交流，这些活动能为企业以后与客户建立关系打下基础。购买期间的客户关怀与企业提供的产品或服务紧密地联系在一起，包括订单的处理以及各个相关的细节都要与客户的期望相吻合，满足客户的需求。购买后的客户关怀活动，主要集中于高效地跟进和圆满地完成产品的维护和修理的相关步骤。售后的跟进和给客户提供有效的关怀，其目的是增加客户重复购买的行为，并向其周围的人多做对产品有利的宣传，形成口碑效应。

（三）利用客户投诉或抱怨，分析客户流失原因

为了留住客户，必须分析客户流失的原因，尤其是分析客户的投诉和抱怨。客户对某种产品或服务不满意时，可以说出来也可以一走了之。如果客户拂袖而去，企业连消除他们不满的机会都没有。投诉的客户给了企业弥补的机会，他们极有可能再次光临。因此，企业应该充分利用客户投诉和抱怨这一宝贵资源，不仅要及时解决客户的不满，而且应该鼓励客户提出不满意的地方，以改进企业产品的质量和重新修订服务计划。

四、客户流失

在激烈的市场竞争中，即使是满意的客户也有可能随时“背叛”你而“投靠”你的竞争对手。因此，企业绝不能满足于能够吸引多少客户，更重要的是要关注能留住多少客户。很多企业都做着“一锤子买卖”，他们在产品投放市场初期很注重吸引客户，千方百计地让客户对自己的产品感兴趣，购买自己的产品，但在售后服务方面做得很差，从而使这种购买变成了一次性的交易。因此，很多企业都面临客户流失的问题，使企业花费了大量力气吸引来的客户很容易就流向了竞争对手。如此一来，企业不仅难以过快地对客户群进行深入的分析，也几乎没有时间针对特定客户开展关系活动。同时，客户的流失还会沉重打击企业推行“以客户为中心”的战略信心。事实上，客户流失并不是对客户关系的否定，而是对实施“以客户为中心”的战略的迫切性和必要性的再次证明。因此，客户关系管理过程，也包括了对客户流失的状况的监控、分析客户流失原因的内容，这样企业就可以发现其经营管理中急需改进的环节，结果有时甚至可以把流失的客户重新吸引回来，并与其建立起更为牢固的客户关系。

（一）客户流失概述

客户流失是指企业的客户由于种种原因而转向购买其他企业产品或服务的现象。

1. 客户流失的分类

客户流失一般包括两种情况：客户主动选择转移到另外一个企业，使用他们的产品或服务，称之为主动流失的客户；而那些由于恶意欠款等原因被企业解除合同的客户则是被

动流失客户。

（1）主动客户流失

现在的客户最关心的已经不单纯是产品或服务的价格，而是相应的产品或服务是否能满足其需求。只有在一切都能符合其需求时，客户才可能考虑价格。据调查，有些客户流失的原因是因为他们不能充分理解企业所提供的产品或服务的特性，如电信业的各种通话方式及多样组合的收款方式和服务等。客户的疑虑和迷茫直接促使他们去选择竞争对手。如果企业的产品或服务的说明更加贴切，服务更加周到，并且帮助客户从通话质量、覆盖率、售后服务、产品特性等多方面了解产品或服务的优势，客户也许会改变主意。还有些客户选择主动流失是因为他们没有被告知企业新的产品或服务，或者被给予明晰的关于采用新技术的产品的功能和特性方面的介绍。客户无法了解现有企业所能够提供的产品或服务的最新背景，才转而选择其认为技术创新性强的竞争对手。

（2）被动客户流失

由于恶意欠款或者累计债务等原因导致企业被迫终止其业务的客户被称为被动流失的客户。这些问题的发生通常是由于企业未能有效地监控到那些具有信用风险的客户，并且没有适时地采取措施。企业应该发现那些被动流失的用户相对于其他正常用户有哪些不同的服务使用模式，这需要企业采取各种分析和跟踪手段来加以监控。

2. 客户流失的衡量

（1）以客户为基础

以客户为基础的测量方法要求获得客户指标。传统的客户指标主要包括客户流失率、客户保持率和客户推荐率。其中客户流失率是客户流失的定量表述，是判断客户流失的主要指标，直接反映了企业经营与管理的现状。用公式表示：客户流失率＝客户流失数÷消费人数×100%。客户保持率是客户保持的定量表述，也是判断客户流失的重要指标，反映了客户忠诚度的水平。用公式表示：客户保持率＝客户保持数÷消费人数×100%（或1－客户流失率）。客户推荐率是指客户消费产品或服务后介绍他人消费该产品或服务的比例。客户流失率与客户推荐率成反比。通过客户调查问卷和企业日常记录等方式，可获得上述客户指标信息。

（2）以企业竞争力为基础

企业竞争力是难以定量测量的，所以对于市场竞争力的衡量可以定性分析或者由专家测评。在激烈的市场竞争中，一个被企业所流失的客户必然为另一个企业获得。因此，判断一下企业的竞争力，便可了解该企业的客户流失率。通常竞争力强的企业，客户流失的可能性要小些。企业可借助行业协会所开展的排名、达标、评比等活动或权威部门、人士所发布的统计资料获得上述信息。

3. 客户流失的原因

（1）主观原因

从根本上看，客户不满意是导致客户流失的根本原因。这种不满意主要表现在以下几方面：

①产品因素。诸如产品质量低劣或不稳定，品种单一或不全，样式单调或陈旧，产品附加值低，价格缺乏弹性，产品销售渠道不畅，广告虚假宣传，售后服务滞后，投诉处理效率低，产品缺乏创新等。

②服务因素。诸如服务环境脏，服务秩序乱，服务态度差，服务能力弱，服务效率低，服务设施落后，服务流程繁琐，服务项目不全，服务环节欠缺，服务数量不足，服务渠道不畅，服务缺乏个性化与创新化，收费不尽合理等。

③员工因素。诸如员工仪表不整，言行不一，缺乏诚意与尊重，缺乏责任心与事业感，知识面窄，能力不强，整体素质差等。

④企业形象因素。诸如客户对企业产品形象、服务形象、员工形象，企业的生活与生产环境形象、企业标识、企业精神、企业文化、企业责任、企业信誉等的不满。

（2）客观原因

主要体现在以下几个方面：

①客户因素。例如客户往往对产品或服务期望太高，而实际的消费体验比较差，所以心理不平衡，产生了不满情绪。由于不满，客户就要流失掉。当然，由于客户消费的多样化、多层次化、复杂多变性和非理性化，因此，客户在消费时并不承诺放弃尝试其他企业的产品或服务。另外，由于购买力的提高，其需求与期望也会发生相应转移，他可以把货币选票投给他认为有价值的产品或服务上。

②竞争者因素。竞争者通过正当手段或不正当建立了某种竞争优势，挖走或吸引走了本企业客户。

③社会因素。诸如社会政治、经济、法律、科技、教育、文化等方面的政策对客户的购买心理与购买行为的影响。

④其他因素。诸如战争、季节、时令、自然灾害等因素而使客户流失。

五、客户保持管理策略

客户保持过程中，进行的主要工作分为两类：第一类是对企业不可控因素的分析和把握，这方面的工作主要有收集客户基本资料、以往的交易记录、社会统计学资料，然后对流失客户和忠诚客户进行分析，提取出其中的规律性知识，分析流失客户有哪些特征、忠诚客户有哪些特征，以利于在营销中采取不同的策略。第二类是对企业可控因素的改善，其目的是提高客户价值，以便在市场竞争中获得优势，促使客户保持水平的提高。

（一）注重质量

长期稳定的产品质量是保持客户的根本。高质量的产品本身就是优秀的推销员和维护客户的强力凝固剂。这里的质量不仅是产品符合标准的程度，还应该是企业不断根据客户的意见和建议，开发出真正满足客户喜好的产品。因为随着社会的发展和市场竞争的加剧，客户的需求正向个性化方向发展，与众不同已成为一部分客户追求的时尚。

（二）优质服务

在激烈的市场竞争中，服务与产品质量、价格、交货期等共同构成企业的竞争优势。由于科技发展，同类产品在质量和价格方面的差距越来越小，而在服务方面的差距却越来越大，导致客户对服务的要求也越来越高。虽然再好的服务也不能使劣质产品成为优等品，但优质产品会因劣质的服务而失去客户。

大多数客户的不满并不是因为产品质量本身，而是由于服务问题。客户能够用双眼观察到的质量往往比产品或服务的质量重要得多。他们往往把若干因素掺杂在一起：产品或服务的可信度、一致性，运货的速度与及时性，书面材料的准确度，电话咨询时对方是否彬彬有礼、员工的精神面貌等，这些因素都很重要，其中一些甚至非常关键。有人提出，在竞争焦点上，服务因素已经逐步取代产品质量和价格，世界经济已进入服务经济时代。

（三）品牌形象

面对日益繁荣的商品市场，客户的需求层次有了很大的提高，他们开始倾向于商品品牌的选择，偏好差异性增强，习惯于指名购买。客户品牌忠诚的建立，取决于企业的产品在客户心目中的形象，只有让客户对企业有深刻的印象和强烈的好感，他们才会成为企业品牌的忠诚者。

（四）价格优惠

价格优惠不仅仅体现在低价格上，更重要的是能向客户提供他们所认同的价值，如增加客户的知识含量，改善品质，增加功能，提供灵活的付款方式和资金的融通方式等。如客户是中间商，生产企业通过为其承担经营风险而确保其利润也不失为一种具有吸引力的留住客户的方法。

（五）感情投资

企业一旦与客户建立了业务关系，就要积极寻找商品之外的关系，用这种关系来强化商品交易关系。如记住个人客户的生日、结婚纪念日，企业客户的厂庆纪念日等重要的日子，采取适当的方式对其表示祝贺。对于重要的客户，其负责人要亲自接待和走访，并邀请他们参加本企业的重要活动，使其感受到企业所取得的成就离不开他们的全力支持。对于一般的客户可以通过建立俱乐部、联谊会等固定沟通渠道，保持并加深双方的关系。

对于以上客户保持管理的策略，企业既要认识到这五个方面都很重要，忽视任何一个方面都会造成不利的后果，同时又应该权衡这五个方面不同的侧重点。客户保持的第一层次是注重质量，第二层次是品牌形象和优质服务，在此基础上构建起的价格优惠和感情投资是第三层次。

第五节　核心客户管理

“核心客户”一词来源于80/20原理。这是由意大利著名经济学家帕累托首先提出的，故又称帕累托效应原理。这一原理的主要内容是，80%的价值来自20%的因子，其余20%的价值则来自于80%的因子。随着社会的发展，这种80/20原理已成为生产、营销等各个行业常用的工具。作为市场营销的一部分，客户关系管理自然也同样适用。

一、核心客户的内涵

核心客户是指与企业关系最为密切、对企业价值贡献最大的那部分客户群体。

通常情况下，核心客户有两方面的含义：一是它定义了客户范围。这里的客户不仅仅指产品的最终用户，还包括企业供应链上的任何一个环节，如供应商、分销商、经营商、批发商和代理商、内部客户等成员。二是它明确了客户的价值。不同客户对企业利润贡献差异很大，这里的客户具体是指那些为企业创造超过利润而只占企业所有客户很小比重的一部分客户。

二、核心客户的识别

客户识别是一个全新的概念，它与传统营销理论中的客户细分与客户选择有着本质区别。传统营销理论是以选择目标市场为着眼点，对整个客户群体按照不同因素进行细分，最后选择企业的目标市场。而客户识别是在已确定好目标市场的情况下，从目标市场的客户群体中识别出对企业最有意义的客户，作为企业实施核心CRM的对象。客户识别与客户选择的区别的根源来自于客户关系管理与传统营销理论之间的区别。

核心客户识别可以分为核心客户的定位和核心客户的动态调整。

（一）核心客户的定位

在与大量客户进行广泛接触的基础上，企业首先通过CRM系统分析所有的客户信息，识别客户的一些基本资料，建立客户信用档案；再对核心客户的购买资格进行确认，即从以往的交易历史分析出客户对企业的贡献，然后再分项进行分析和评估，排出先后名次。分析和评估时，企业可根据企业内部情况设定活跃客户标准，然后从活跃客户清单中选择贡献率最大的20%，辨识出为企业创造大部分利润的核心客户。这样做的目的一是收集核心客户的信息，建立企业核心客户资料库，对核心客户进行风险分析，更便于未来对核心客户的产品或服务提供进一步的支持；二是使核心客户对企业产品或服务产生深刻的印象，以激发核心客户多次购买的欲望。要准确定位核心客户，除了必须知道企业和核心客户之间的关系是什么性质，还必须对核心客户进行差异性分析。不同核心客户的差异性主要表现为对企业商业价值和产品需求两方面的不同。对核心客户进行差异性分析可以辨识核心客户的种类、详细需求和价值取向，使企业清楚地知道其利润形成所主要依赖的经营业务范围、核心客户对企业的依赖动力以及核心客户的分布情况。在此基础上，企业能更好地配置各种资源，不断地改进产品和服务，提高客户的满意度，从而建立牢固的客户关系，紧紧把握最有价值的客户资源，以期在最小成本的情况下实现企业利润最大化。

（二）核心客户的动态调整

市场环境是瞬息万变的，所以必须用动态的、发展的眼光看待核心客户。随着企业核心业务的变化，有可能过去的核心客户今日不复存在，而过去的竞争对手已变为今天的核心客户。所以，寻找核心客户是一个长期的工作，它会一直伴随着企业生产经营的全过程，应根据企业的发展不断更新补充企业的核心客户。

三、核心客户的开发与保持

获得一个新客户的费用远比保持一个现有客户费用高，所以与寻找新客户相比，将新产品销售给现有的客户更为节省成本。然而，肖・伯内特指出，企业客户平均每年要减少20%左右。对于这一现状，企业应采取什么措施来防止普通客户特别是核心客户的流失，并开发新的核心客户？

（一）开展定期调研，时刻关注客户需求

市场环境的动态变化时刻都蕴涵着核心客户新的需求。因此，只有企业时刻保持对核心客户的关注，才能真正做到了解客户需求。在识别客户、对客户进行差异分析后，应与客户保持积极接触，并注重调整产品或服务，以满足每个客户的不同需要。

（二）针对客户需求打造核心流程

核心流程对组织价值创造具有关键作用。显然，离开了客户，任何流程都难以被认为是核心流程。习惯上被认为非常重要的管理流程、财务流程、人力资源管理流程等实际上

是辅助流程，它们必须围绕着核心流程而设计。核心流程的各个环节都体现了企业的核心竞争力，对保持核心客户至关重要。

（三）提高服务水平，丰富差异化的服务内容

只有采用不同的服务，满足客户不同的需求，才能把握核心客户。服务是取得客户信任、开拓市场的基本手段，是企业获取利润、赢得竞争的重要法宝。但国内企业的服务还存在着许多亟须改进的地方，必须进一步强化服务意识，提升服务理念，改进服务方式，优化服务手段，提高服务质量与效率，以应对竞争、应对挑战。

差异化的服务需要企业好好考察一下核心业务及与其接近的业务，并根据在复杂的市场领域可能存在的市场影响因素，确立优先次序来分配企业资源。企业最终会发现，关键的战略决策一般都是与最核心的业务和核心业务临近的一两个其他业务相关。差异化的服务可以体现企业的经营谋略，使企业挖掘更深层次的客户价值，最终在行业中提升自己的核心竞争力，获取更大的竞争优势。

（四）同核心客户建立战略联盟

客户关系管理的层次分为卖主关系“被优先考虑的供应商”伙伴关系和战略联盟关系，其中战略联盟是企业客户关系管理的最高境界。企业战略联盟意味着企业间有着正式或非正式的联盟关系，双方企业在各个级别层次上都有重要的接触，双方有着重大的共同利益，投入巨大资源在各方面紧密合作，达到无边界管理。竞争对手进出已形成联盟的领域将存在着极大的障碍。如许多跨国公司之间建立起战略联盟，形成强大的价值链与其他企业竞争，容易取得竞争优势。

（五）建立学习型关系

客户是使用产品的专家，他们可以提供最新产品信息和使用情况，包括对产品服务的反馈、不同产品的优劣以及对产品的改进意见等。因此，企业为了克服思维定式，加快创新，紧跟客户需求，应该与核心客户建立学习型关系。通过与核心客户共同建立研发联盟、知识联盟等方式，或者通过借用“外脑”　　到其他企业进行人员交流访问等方式，来获取新知识，由此使企业的知识不断补充增长、企业的能力不断提升，从而企业的核心能力得以形成和保持，同时也保证了对核心客户更加直接有效的服务。

（六）提高客户忠诚度

Oliver 将客户忠诚定义为“高度承诺在未来一贯地重复购买偏好的产品或服务，并因此产生对同一品牌系列产品或服务的重复购买行为，而且不会因为市场态势的变化和竞争性产品营销努力的吸引而产生转移行为”。一般地说，客户忠诚就是客户保持与现供应商交易关系的强烈意愿。客户忠诚是企业取得竞争优势的源泉，因为忠诚客户趋向于购买更多的产品，对价格更不敏感，而且主动为本企业传递好的口碑、推荐新的客户。

这方面最著名的是 Schneider 等人的研究。他们曾经对许多服务行业进行了长时间的观察分析，发现客户忠诚度在决定利润方面比市场份额更加重要。根据他们的分析，当客户忠诚度上升 1 个百分点时，企业利润将上升 25%~85%。因此，培育客户忠诚已替代客户满意而成为许多企业客户保持战略追求的一个基本目标。

一个很有效的方法是与客户建立私人关系，建立超出与客户间单纯交易关系之上的情感关系。在关系营销中，俱乐部营销是一种非常成功的培养客户忠诚的方式。在这种方式中，物质利益的吸引固然重要，但建立牢固的情感才是关键。竞争者可以通过提供类似的物质利益来争夺客户，但却难以控制在这种情感交流环境中建立的客户对企业的忠诚。所以，在优质服务的基础上，企业要力争维护与客户的紧密关系，提高客户忠诚度。

（七）打造核心客户的 DNA 概念

企业实施核心客户关系管理过程中的一个重点是要建立客户认知价值。为更好地了解客户需求，需要创建客户 DNA 管理模式。每个客户都有自己区别于他人的特征，创建客户 DNA，应为每个客户建立自己的 DNA 档案，用以识别客户的需求。还可通过建立客户呼叫中心，建立有效的数据库来协助完成。呼叫中心能传送及时、最新和正确的客户资料，由此企业能进行高效率的电话销售，并与客户进行一对一的服务，记录、跟踪和分析发生在呼叫中心的成千上万个客户的交易。中心可以为企业提供所需客户的基本信息，不仅是人口统计方面的信息，还包括客户的购买形式，“需求”忠诚度等。企业在了解客户 DNA 之后，能够根据这些信息做出反馈，并使产品和服务形成差异化，保证新产品能充分满足客户需求，这就会在无形中增加客户的忠诚度与满意度，而客户满意度能自动转化为企业价值。

本章小结

本章主要介绍了客户关系管理各阶段的内容。按照客户关系调查、客户识别与选择、客户开发、客户保持及核心客户管理依次阐述。企业和客户之间的联系是从开发新客户开始的。客户开发这部分介绍了寻找新客户的方法、对新客户的评估及接近客户的方式。获得新客户之后，就要保持客户。维持老客户的成本是大大低于开发新客户成本的，因此，客户保持需要在产品的质量、价格、服务的基础上借助数据库的优势对客户关系投入情感因素。但即使企业千方百计留住客户，客户流失的情况仍然会出现。对于不同的流失原因，企业要采取不同的对策，以减少客户流失的数量，降低损失。核心客户是指那些能够为企业带来巨额收入或利润的重要客户。根据 80/20 原理，核心客户是企业最重要的利润来源和管理的重点，这就要求企业在核心客户的识别、开发、保持方面给予极大的关注。

只有管理好核心客户，企业才有可能让有限的资源发挥最大的效用，并使自身的竞争能力得到不断的提升。

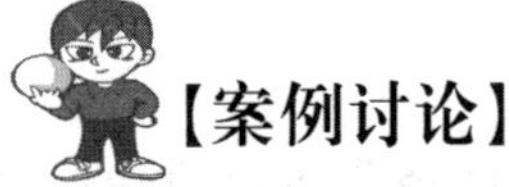

【案例讨论】

吉拉德的推销术

汽车推大王乔·吉拉德在将汽车卖给顾客数星期后，就从客户登记卡中找出对方的电话号码，开始着手与对方联系："以前买的车子情况如何？"

白天打电话，接听的多半是购买者的太太，她们大多会回答："车子情况很好。"吉拉德接着说："假使车子振动厉害或有什么问题的话，请回我这儿来修理。"他请太太们提醒她们的丈夫，在保修期内送来检修是免费的。

同时，吉拉德也会问对方是否知道有谁要买车子。若是对方说有位亲戚朋友想将旧车换新的话，他则请对方告知这位亲戚或朋友的电话号码和姓名，并请对方找个电话替他稍微介绍一下；且让对方知道如果介绍的生意能够成功，对方可得到 25 美元的酬劳。最后，吉拉德也没有忘记对对方的帮助再三致谢。

吉拉德认为，即使是质量上乘的产品，在配送过程中也会发生莫名其妙的小差错，虽经出厂检验也难免有疏漏。这些毛病在维修部修起来并不难，但为顾客增添了许多麻烦。企业把车子卖给顾客后，对新车是否有毛病的处理态度和做法如何，将会影响顾客向别人描述时的角度和重点。如果售后做得不好，他可能会说"我买了一辆雪佛兰新车，刚购回来就出毛病！"但在你主动征询对方对车子的评价，及时发现毛病并免费修好时，顾客就会对别人说："吉拉德这个人挺够意思，时时为我的利益着想，虽然车子出了点毛病，他一发现就马上给我免费修好了。"

（龚荒：《商务谈判与推销技巧》，清华大学出版社 2013 年版，第 195 页）

思考：

1. 吉拉德是用什么方式来寻找准顾客的？

2. 吉拉德急着给顾客打电话询问车子的状况，是否会引起对方对所购产品质量的怀疑？假如出现这种情况，你认为应怎样处理？

3. 吉拉德为什么明知买主白天不可能在家，却偏偏在这时候打电话到顾客家里去？这里的奥秘何在？

复习思考题

一、选择题

1. 在新经济条件下，实施(　　)战略已经成为现代企业开展经营活动的基本准则，它是企业克敌制胜、压倒对手、占领市场、开辟财源的锐利武器。

A. 客户忠诚　　B. 客户满意　　C. 客户保持　　D. 客户挖掘

2. 客户关系管理解决问题一般有四个维度，其中“选择客户”主要研究哪项问题？(　　)

A. 怎样在建立客户忠诚度的同时获取最大客户效益？

B. 怎样判断谁是我们最有价值的客户？

C. 怎样用最有效率和效果的方式获取客户？

D. 怎样尽可能久地留住客户？

3. 在客户识别中，下面哪种客户企业不必特别警惕？(　　)

A. 只有一次购买历史的客户　　B. 过于自信、权力欲强的客户

C. 对产品要求过高的客户　　D. 没有忍耐力的客户

4. 在“以产品为中心”向“以客户为中心”的经营模式转变的情况下，(　　) 成为企业经营理念的重要组成部分

A. 客户关怀　　B. 客户细分　　C. 客户识别　　D. 客户保留

5. 销售人员通过他人的直接介绍或者提供的信息进行顾客识别，可以通过销售人员的熟人、朋友等社会关系，也可以通过企业的合作伙伴、客户等由他们进行介绍客户，这一方法称为(　　)。

A. 普遍识别法　　B. 广告识别法　　C. 介绍识别法　　D. 委托助手识别法

6. 在客户流失分类中，如果客户主动选择转移到另外一个供应商使用他们的产品和服务，我们称之为 (　　)的客户。

A. 被动流失　　B. 主动流失　　C. 恶意流失　　D. 经常性流失

7. 在客户保持的方法中，属于最低层次的是(　　)。

A. 注重质量　　B. 优质服务　　C. 品牌形象　　D. 价格优惠

8. 在特定的市场区域范围内，针对预期的客户，用上门、邮件或者电话、电子邮件等方式对该范围内的组织、家庭或者个人无遗漏地进行寻找与确认客户的方法，称为(　　)。

A. 普遍识别法　　B. 广告识别法　　C. 介绍识别法　　D. 委托助手识别法

9. 在购买决策中，实际购买或签订购买合同，并有较大发言权的人被称为(　　)。

A. 使用者　　B. 决策者　　C. 影响者　　D. 购买者

10. 选择客户时安全因素也很重要，为此需要评估客户的(　　)。

A. 需求特点　　B. 购买力　　C. 购买决策权　　D. 信用

二、判断题

1. 维持老顾客的成本大大高于吸引新顾客的成本。　　(　　)

2. 需求量大、重复消费的客户就是我们的大客户。　　(　　)

3. 按照 80/20 法则对客户进行分类管理和服务，企业可以把无限的资源集中到最有价值的客户服务上，剔除不能为企业创造利润的无效客户。　　(　　)

4. 并非所有的流失型客户都值得挽留。　　(　　)

5. 企业客户流失率与客户群体的生命周期成反比。　　(　　)

6. 极度满意的客户会因期望变化而成为流失型客户。　　(　　)

7. 客户识别是在确定好目标市场的情况下，从目标市场的客户群体中识别出对企业有意义的客户，作为企业实施 CRM 的对象。　　(　　)

8. 客户保持需要企业与客户相互了解、相互适应、相互沟通、相互满意、相互忠诚，这就必须建立在客户关系的基础上，与客户进行良好的沟通，让客户满意，最终实现客户忠诚。　　(　　)

9. 所有的购买者都是本企业的目标客户。　　(　　)

10. 大客户一定就是“优质”的客户。　　(　　)

三、简答题

1. 寻找客户的基本方法有哪些?

2. 如何进行客户保持?

3. 如何界定企业的核心客户?

4. 你认为核心客户的管理重心应该在哪里?

第五章　客户关系管理技术

1. 了解客户数据概述；
2. 理解商业智能概述；
3. 掌握数据仓库、数据挖掘定义；
4. 掌握数据仓库的体系结构及功能；
5. 掌握数据挖掘的步骤及应用。

尿片与啤酒的“邂逅”

在美国沃尔玛超市的货架上，尿片和啤酒被赫然地摆在一起出售。二者一个是日用品，一个是食品，可以说是风马牛不相及，这究竟是什么原因？

原来，沃尔玛的工作人员在按周期统计产品的销售信息时发现一个奇怪的现象：每逢周末，某一连锁超市啤酒和尿片的销量都很大。为了搞清楚这个原因，他们派出工作人员进行调查。通过观察和走访后了解到，在美国有孩子的家庭中，太太经常嘱咐丈夫下班后要为孩子买尿片，而丈夫们在买完尿片以后又顺手带回了自己爱喝的啤酒，因此啤酒和尿片销量一起增长。

搞清原因后，沃尔玛的工作人员打破常规，尝试将啤酒和尿片摆在一起，结果使得啤酒和尿片的销量双双激增，为商家带来了大量的利润。

沃尔玛拥有世界上最大的数据仓库系统，为了能够准确了解顾客在其门店的购买习惯，沃尔玛对其顾客的购买行为进行购物篮分析，以知道顾客经常一起购买的商品有哪些。沃尔玛数据仓库系统中集中了其各门店详细的原始交易数据，在这些原始交易数据的基础上，沃尔玛利用数据挖掘方法对这些数据进行分析和挖掘。按照常规思维，尿片与啤酒风马牛不相及，若不是借助数据挖掘技术对大量交易数据进行分析，沃尔玛是不可能发现数据内在的这一有价值的规律的。

（高勇：《啤酒与尿布：神奇的购物篮分析》，清华大学出版社 2008 年版，第 2 页）

在客户关系管理系统结构中，最重要的是完成客户数据分析的商业功能。通过商业智能及其技术——数据仓库、OLAP（联机分析处理）、数据挖掘等构建具备分析功能的 CRM 系统，是实现客户数据分析的关键。CRM 分析系统运用 OLAP 和数据挖掘等技术对数据仓库中的客户数据进行分析，构建模型，以发现相关规律和趋势，让客户信息在整个企业内部得到有效的流转和共享，并进一步将信息转化为企业的战略规划，作为企业科学决策的辅助支持，用于提高在各种渠道上同客户交互的有效性和针对性，从而把合适的产品和服务，通过合适的渠道、在合适的时间提供给合适的客户，以实现企业利润的最大化。

第一节　客户数据

客户数据是客户关系管理系统的灵魂，对数据的处理和分析是客户关系管理的主要任务和功能。客户数据可以帮助企业完成诸如消费者分析、确定目标市场、进行销售管理、跟踪市场产品销售状况等多项任务，为企业决策奠定坚实的基础。

一、客户数据的类型

从商业活动行为来看，客户数据存在于客户定位、市场营销、客户交易的过程中，且不同过程产生了不同的数据类型，分别为客户描述型数据、市场促销型数据、客户交易型数据。

1. 客户描述型数据

客户描述型数据是描述客户本身的数据类型，通常是表格性的摘要数据。该类型数据大多是客户的基本信息，且较长时间保持不变。在客户关系管理中通常把客户分为个人客户和团体客户两类，二者收录的信息有一定差别。

◎小案例

胡萝卜汁留住了客户

一个客户说，10 年前，他在香港丽晶饭店用餐时无意说过他最喜欢胡萝卜汁。大约 6 个月后，当他再次入住丽晶饭店的时候，他在房间的冰箱里意外地发现有一大杯胡萝卜汁。10 年来，不管这个客户什么时候住进丽晶饭店，丽晶饭店都为他备有胡萝卜汁。他说，最近一次旅行中，飞机还没在香港启德机场降落，他就想到丽晶饭店为他备好的胡萝卜汁，顿时兴奋不已。10年间，尽管丽晶饭店的房价涨了3倍多，但他还是会选择住这个饭店，就因为丽晶饭店每次都为他准备了胡萝卜汁。

（《胡萝卜汁》，http：//www.docin.com/p-601037377.html）

表5.1　个人客户信息

分类信息		详细信息
客户属性	个人因素	姓名、性别、年龄、职业、健康情况、文化程度、国籍、民族、宗教、电话、地址等
	环境因素	所在国家、地区、城市、居住区域的气候、人口密度等
	心理因素	个性、习惯、爱好、价值观、生活方式等
	行为因素	进入市场的程度，对企业产品或服务的偏好程度，对企业营销活动的反应程度，对竞争对手产品会服务的关注程度等
	经济因素	收入水平、可支配收入、储蓄和信贷等
购买产品的特征		产品档次、款式、价格、包装、数量等
购买动机及参与购买的角色		
购买方式		
购买时间及购买地址		

表5.2　团体客户信息

分类信息	详细信息
公司基本情况	公司名称、总部及相应机构营业地址、电话、传真；主要联系人姓名、职位及联系方式，决策人姓名、职位及联系方式，公司组织架构，行业标准分类代码及所处行业，公司基本情况（注册资本、员工数、年销售额及销售利润等）等
公司行为情况	客户类型、银行账号、信贷限额及付款情况，购买过程，与其他竞争对手的联系情况、忠诚度指数、潜在消费指数，对新产品的倾向程度等

2. 市场促销型数据

市场促销型数据描述的是对客户进行市场促销时的数据，包括报纸、杂志、电视或网络等媒体广告宣传、试销、免费样品、降价或业务推广等促销活动。该类数据会随时间迅速变化。

表5.3　市场促销型数据

分类信息	详细信息
促销活动类型	报纸、杂志、电视或网络等媒体广告宣传、试销、免费样品、降价销售、业务推广活动、电话促销等

续表

分类信息	详细信息
促销活动描述	针对的客户群体、促销活动规模、组织形式等
促销方式	平面媒体宣传，电视、网络等多媒体宣传，现场促销等
促销时间	具体活动时间
促销目的	预期达到的目的，如增强产品知名度、增加销售力度等
促销成本	进行促销活动产生的费用

3. 客户交易型数据

描述企业和客户相互作用的所有数据都属于客户交易型数据。从与客户的通话到服务中心所得的数据及对客户所购商品的描述都包括在内。这类数据和促销型数据一样，都会随时间迅速变化。因此，企业通常是将这类数据存放在特殊的数据库结构中，要求这种存储结构能方便地支持带有时间标记的交易数据的更新和概念。

表 5.4　客户交易型数据

分类信息	详细信息
售前、售中数据	历史交易记录、购买频率、购买数量、购买金额及金额累计价格、交货要求、产品规格、购买过程及付款方式等
售后数据	售后服务内容、使用后对产品的评价、对服务的评价、不满情况、退货记录等

二、数据质量管理

对于客户关系管理系统来说，数据分析是其运作的核心部分。企业在实施客户关系管理时，首先要构建一个结构科学、数据模型合理、可扩充性强的客户数据库，在实际运作中不断将新的数据纳入其中。因此，数据质量对客户关系管理至关重要，是客户关系管理成功的关键。

1. 数据、知识、信息

数据是由原始事实组成的，如企业员工的姓名、文化程度，原材料的存货量，销售订单的数量等。数据可以分为数值数据、图形数据、声音数据和视觉数据等类型。

信息是按特定的方式组织在一起的事实的集合，即具有了超出这些事实本身之外的额外价值。例如，信息管理人员从按月汇总的总销售额的变动中发现公司的产品销售受季节变动的显著影响。在发现这一有用信息的过程中，他借助统计学中的时间序列分析工具对原来一笔笔分散的、各自独立的销售数据做了加工分析。也就是说，通过对数据的处理把它转变为信息。在处理过程中，必不可少的是知识，它用于选择、组织和操纵数据，使它适合某项任务的规则、指南、过程等的载体。因此，可以认为数据是通过应用知识变为有用的信息。以前，组织处理数据是手工进行的，而现在更多的是由计算机来完成的。

原始数据经过加工变成信息、知识，最后应用于公司经营运作决策的制定，在这个转换中，数据、信息和知识三者在数量上有很大变化。

无论是简单的客户关系管理，还是其他信息系统，缺乏对客户知识的了解都会给企业管理带来严重的后果。因此，单纯收集客户数据是不够的，企业必须学会分析数据并把这种数据转化为信息、知识，进而根据这些信息、知识来制定有效的方案，影响客户行为。

2. 数据质量管理

客户数据是企业的宝贵资源，客户数据质量的好坏会直接影响企业后续管理决策的正确与否。因此，要想获得优质数据，数据质量管理是必不可少的。一旦劣质数据进入数据仓库，数据清理将会是一项巨大的工作，且会对客户关系管理系统造成破坏性影响。如房地产销售中心的数据一旦出现错误，就会导致空余楼盘重复销售或空闲楼盘销售不出去等。目前，大量的数据整合和数据管理软件给客户数据质量的管理带来了很多便利，但是，客户数据质量的保证仅靠软件显然是不够的，关键因素依然是人。具体可以从以下几个方面入手：

（1）构建统一的数据标准和数据定义

从整个企业的角度出发，建立统一的数据标准和数据定义，同时整个企业必须就这个数据标准和数据定义达成共识。为此，可在企业内部设立一个数据质量管理委员会，并选定一个执行能力强的项目负责人，推动相关人员严格执行统一的数据标准和数据定义。

（2）优化数据管理流程，并设立多个数据质量监控点

数据质量管理不是一朝一夕之事，而是一个持续的过程，需要不断改进和优化数据管理流程。不论是数据采集、整理、分析、转换等流程，还是涉及数据的修改、维护、管理等，都需要设立数据质量监控点，并制定数据质量检测指标和保证措施，来确保数据质量的优质性。

（3）把责任落实到人

由于数据质量的优劣和维护相关人员关系密切，因而需要加大他们的责任意识。对于那些负责数据采集、整理、分析、维护等的人员，应该制定明确的管理指标 ，并尽量将其细化；同时，客户数据质量管理计划的负责人要针对具体情况适时地调整客户数据质量的目标。

（4）客户数据的隐私问题

客户关系管理是以数据库营销为基础，客户隐私问题不可避免。企业经常利用应用信息技术通过客户关系管理系统获取、保持和增加可获利的客户，并对其进行一对一营销。

一对一营销要求企业在进行销售和营销活动时，要根据客户的细分情况制定和实施不同的战略。而在对客户进行细分之前，企业必须广泛地与大量客户进行直接接触，深入了解客户的详细情况——不仅是客户的姓名、家庭住址和联系方式，还应该收集客户的习惯、兴趣、业务状况等信息。客户提供个人资料，其目的是希望与企业更好地沟通。然而，如今出现了很多企业非法利用客户数据的现象，侵犯了客户个人隐私权，这种行为使客户产生戒备心理，对于企业信息收集采取较为谨慎甚至排斥的态度，拒绝提供信息甚至提供虚假信息，这与企业通过实施客户关系管理达到一对一营销的目标相背离。因此，以客户为中心的企业必须处理好这种矛盾，使用客户信息时要遵从客户的意见，平衡两者之间的关系。隐私问题的妥善解决将会给企业带来更多的业务，并且为其长期发展提供巨大的机会。

解决客户隐私问题，具体可从以下几个方面入手：

（1）匿名身份信息

客户身份最明显的标志是完整的姓名或身份证号。为避免直接与具体个人姓名相对时引起消费者的反感，可采取创建匿名标识符的方式组建数据库。给每个客户分配一个唯一的、经过加密的标识符，而且只有合法的授权才能够将其转换成客户的姓名和地址信息等。

（2）具体数据和汇总数据

尽管使用的客户数据是匿名的，但是这些数据仍然描述了一个客户的具体信息，也可能被辨别出来。要想更好地保护客户隐私，可使用汇总数据进行挖掘，以用于市场定位或战略制定，同时使个人信息得到了最大限度的保护。

（3）合并数据源的谨慎使用

由于计算机和数据库技术的发展，企业可以很容易地从多个数据源收集客户数据，然后得到每个客户的完整信息。但这通常意味着企业可以掌握客户在产品市场之外的行为，因而企业需要对这些整合后的数据源谨慎使用。

（4）完善相关方面法律

面对信息时代对数据隐私权构成的威胁，国家应该完善和发展隐私保护的相关法律。我国应设立专门的数据库管理机构，批准企业对个人资料的收集并进行登记，审查当事人的权利主张，监督数据资料的使用。一旦发生数据使用不当并对当事人造成相应人格权的损害时，当事人可请求停止侵害，专门机构可宣告某项侵害违法及帮助当事人索取损害赔偿。

三、数据采集

1. 数据采集的定义

所谓数据采集，就是将系统需要管理的所有对象的原始数据收集、归类、整理、录入到系统当中去。数据采集中最基本、最简单的分析步骤就是描述数据。数据采集可以对问题进行归类并逆推问题。在问题归类方面，可以预测问题属于哪一类，如某一个客户是否有信用问题；在逆推问题方面，可以预测一些数据，如对某一个提议响应的最大概率。数据采集也常常用来识别客户的特征，并按照相似行为对客户进行分类。

客户向企业提供信息数据的方式可以是多种形式的：有些是显性的，如通过电子邮件、电话、传真或亲自到访传达一些信息；有些是隐形的，如客户与企业现场交互时的心理、行为，客户上门投诉企业的不足或改进的地方。此外，企业还可以从合作伙伴及各大综合性网站、传统报纸等媒介中获得信息、数据。由于通过不同渠道收集回来的客户数据，所以文件形式可能不同，如电子邮件是以电子文档形式存在，企业内部的总结信息数据是记录文本形式，而网络上获得的市场信息是多媒体形式等，这就需要企业有效综合和处理不同形式的信息。

2. 数据采集的基本步骤

一般数据采集包括确定目标、储存数据、选择数据、为建模准备数据、数据建模、评估和部署数据等。

3. 数据采集的方法

数据采集中第一步也是较为关键的一步就是数据收集。数据收集的方法多种多样，应视具体情况而定。企业在收集资料时不能漫无目的，以避免收集太多无用信息。主要有以下几种方法：

（1）人员走访法

人员走访是指企业实地与客户进行接洽，从中了解情况和收集所需数据的信息采集方法。因为是面对面的访问，所以人员走访通常被认为是获取资料的最为可靠的手段，也是客户调查赖以获取详细、准确资料的重要方法。

（2）电话调查法

电话调查法是由调查人员根据抽样要求，在样本范围内通过电话访问的形式向被调查对象询问预先拟定的问题，从而获取信息数据的方法。

（3）邮件调查法

邮件调查是指将事先设计好的问卷或调查表通过邮件的形式寄给被调查对象，被调查对象填好以后按规定的时间寄回来。

◎小案例

琼森公司开发婴儿用阿司匹林

琼森公司是一家国际知名的婴儿用品生产公司。公司想利用琼森公司在婴儿用品市场的高知名度开发婴儿用的阿司匹林，但不知市场的接受程度如何。由于琼森公司有一些关系较好的市场调查样本群体，且问题比较简单，但需由被调查者作出解释，故决定采用费用较低的有机方法进行市场调查。通过邮寄方法的调查分析，琼森公司得出了这样一个结论：该公司的产品被消费者一致认为是温和的，但温和并不是一个合乎消费者愿望的特征。相反，许多人认为温和的阿司匹林可能不具有很好的疗效。为此琼森公司认为，如果开发这样一个产品并作出合适产品的宣传就会损坏整个公司的形象和多年努力的结果，如果按照以往的形象做出宣传又无法打开市场，因此，琼森公司最终决定放弃这个产品的开发。

（http：//www. maihuagong. com/SpotSupply/SpotSupply. aspx）

（4）现场观察法

现场观察法是指客户调查人员到现场凭自己的视觉、听觉或借助摄录像器材，直接或间接观察和记录正在发生的市场行为或状况，从中了解有关情况和收集所需要数据的方法。其特点是不需要向被调查者提问，而是在被调查者不知情时进行有关的调查。

◎小案例

帕科·昂得希尔的观察法调查

帕科·昂得希尔是著名的商业密探，他所在的公司叫恩维罗塞尔市场调查公司。他通常的做法是坐在商店的对面，悄悄观察来往的行人。而此时，他在商店里的属下正在努力工作，跟踪在商品架前徘徊的客户，了解客户走进商店以后如何行动，以及为什么许多客户在对商品进行长时间挑选后还是失望地离开。他们的目的是要找出商店生意好坏的原因，他们的工作给许多商店提出了许多实际的改进措施。如在一家主要是青少年光顾的音像商店里，通过调查发现，这家商店把磁带放置过高，孩子们往往拿不到。昂得希尔提出应把商品降低放置，结果该店销售量大幅增加。

（《商业密探：帕科. 昂得希尔》，http：//www. doc88. com/p-103570709432. html）

（5）焦点团体法

焦点团体法是指采用小组座谈的方法围绕中心议题进行讨论，介于大规模调查与个别人物深度访谈之间，并与二者互补的研究方法。焦点团体调查最显著的特点就是受控制的集体讨论，一般用于收集有关研究计划的初步资料，为以后的问卷设计打下基础，或找出某种特殊现象背后的原因。

6）实验调查法

实验调查法又称“实验观察法”，是通过实验设计和观测实验结果而获取有关信息的方法。如从影响调查问题的许多可变因素中选出一个或两个因素，将它们置于同一个条件下进行小规模实验，然后再通过对实验观察资料的处理和分析，去研究结果是否值得大规模推广。它的最大特点就是把调查对象置于非自然状态下开展实验观察，将实验变量或所测因素的效果从多因素的作用中分离出来，并给予检定。

(7) 网络调查法

网络调查法也叫“网上调查法”，是指企业利用互联网了解和掌握市场信息的方式，与传统的调查方法相比，在组织实施、信息采集、调查效果方面具有明显的优势。具体而言，网络调查法是通过互联网、计算机通信和数字交互式媒体，按照事先已知被调查者的邮箱地址发出问卷收集信息的调查方法。

第二节　商业智能

一、商业智能的概念

商业智能（Business Intelligence，BI）是从大量的数据和信息中挖掘出有用的知识，并用于决策以增加商业利润，是一个从数据到信息再到知识的处理过程。商业智能用来辅助商业活动做出快速反应，加快知识的获取速度，减少企业不确定性因素的影响，因此能很好地满足管理层和决策层对信息知识的时间性和准确性的要求。

商业智能系统可以说是一个智能决策支持系统，它不是一种产品或服务。从某种意义上来讲，商业智能是一种概念或商业理念，是在企业数据仓库的基础上，利用数据挖掘及其工具获取商业信息以辅助和支持商业决策的全过程。通过商业智能技术，用户可以更充分地了解企业的产品、服务。

二、商业智能系统的构成

商业智能系统由业务数据仓库系统、决策支持系统等部分构成。决策支持系统由三个层次的内容组成：数据仓库、联机分析处理和数据挖掘。各个业务数据库的数据通过提取、清洗和转化整理之后，按照不同的主题被存放在数据仓库中。原先存放在多个业务系统中的反映企业局部情况的数据经过整理后转化成反映企业整体情况的信息，这样就完成了数据到信息的转变。存放在数据仓库中的信息通过 OLAP 和 DM 处理后，形成带有规律性的、能够对企业运营提供指导意义的知识，从而完成信息倒置式的转变。企业的决策层可以利用处理得到的知识制定相应的经营策略，并反馈到业务系统中，最终改善企业的运营。

三、商业智能系统的支撑技术

商业智能技术运用数据仓库、OLAP、数据挖掘等技术来处理和分析数据的技术，能够帮助企业进行经营分析、战略支持和绩效管理。数据仓库技术、OLAP、数据挖掘技术是商业智能系统的三大支撑技术，其中数据仓库是商业智能的基础，为系统中的分析工作提供数据基础；OLAP 与数据挖掘是商业智能系统中的数据分析工具，能把数据仓库中的数据变成知识，为决策者提供解决问题的方案以及决策依据。

1. 数据仓库技术

数据仓库是一个数据集合，其特点是面向主题、集成、相对稳定、随时间不断变化，支持管理决策的制定。数据仓库是以关系数据库、并行处理和分布式技术为基础的，具有丰富的数据采集、数据管理、数据分析和信息描述等功能。数据仓库技术的智能性是有限的，其关键技术包括数据的抽取、清洗、转换、加载和维护技术。

数据仓库是商业智能解决方案的基石，是企业长期事务数据的准确汇总。商业智能面对的是经过加工的数据，更关注于信息的提取和知识的发现。通过数据仓库，商业智能系统可提取与载入原始资料，归并各种数据源的数据并以 WEB 界面的形式为企业主管提供信息分析与查询功能，支持企业管理和商业决策。商业智能要充分发挥潜力，就必须和数据仓库的发展结合起来。

2. OLAP

OLAP 同数据仓库密切相关，它用于支持复杂的数据库分析操作，偏重于为决策人员提供支持，可以对大数据的信息进行快速、灵活的复杂查询处理。OLAP 利用数据仓库的多维数据进行在线数据分析，在生成新的信息的同时，也可以检测商务运作的成效，并按用户的要求将复杂的分析查询结果快速返回给用户。

OLAP 是在数据仓库基础上的在线应用，是商业智能中不可缺少的一部分，是商业智能中分析处理的工具之一。它从多种角度对原始数据进行分析，将其转化为用户所理解的并真实反映企业经营情况的信息，使用户对数据有更深的了解，为决策提供依据。

3. 数据挖掘技术

数据挖掘是一种决策支持过程和数据分析工具，它结合了机器学习、数理逻辑、统计学、数据库技术和人工智能技术等众多领域的知识，是解决从大量信息中获取有用知识、提供决策支持的有效途径。先进的数据挖掘技术如人工神经网络、文本挖掘、WEB 挖掘等的出现，进一步提高了数据挖掘分析数据的能力。

随着企业数据量的急剧增加，数据理解和数据产生之间出现了越来越大的距离。数据挖掘就是为解决这一矛盾而出现的一种新型数据分析技术。数据挖掘技术的智能化程度最高，它能高度自动化地分析企业数据库或数据仓库中的数据并做出归纳性的推理，从中挖掘出潜在的模式，找出企业经营者可能忽略的信息，以便于企业以理解和观察的形式反映给用户，帮助企业的决策者调整市场策略，减少风险，做出正确的决策。为了充分利用企业内外流动的大量商业数据，企业商业智能系统必须采用数据挖掘技术发现商务知识，才能真正实现智能化。

第三节　数据仓库

随着数据库技术的广泛应用，企业拥有了越来越多的数据。为了快速、高效地使用这些数据，企业建立了企业级数据库。而企业各个部门针对自己关心的问题，又在企业级数据库中抽取相关的数据组成部门级数据库。随着数据的逐层抽取，数据访问变得错综复杂。由于各部门分别抽取数据，针对同一问题抽取的数据不尽相同。若它们均以自己抽取的数据进行分析，得到的结论会产生差异，甚至截然相反。可见，传统的关系型数据库无法满足分析数据、支持决策的需求。因此，一种新型的数据组织形式——分析型数据便应运而生了，数据仓库就是在此基础上产生的。

一、数据仓库的概念

数据仓库是20世纪90年代出提出的概念，到90年代中期已经形成潮流。数据仓库是市场激烈竞争的产物，它的目标是达到有效的决策支持。数据仓库与客户关系管理有着难以割舍的密切关系，客户关系管理的很多工作都是以数据仓库为基础展开的。在一定意义上，数据仓库是客户关系管理的灵魂。

目前，“数据仓库”一词尚没有统一的定义。著名的数据仓库专家W. H. Inmon在其著作*Building the Data Warehouse*一书中指出：数据仓库是一个面向主题的、集成的、相对稳定的、随时间变化的数据集合，用于支持管理决策。对于数据仓库的概念可以从两个层面理解：第一，数据仓库用于支持决策，面向分析型数据处理，它不同于企业现有的操作型数据库。第二，数据仓库是对多个异构数据源的有效集成，集成后按照主题进行重组，并包含历史数据，而且存放在数据仓库中的数据一般不再修改。

传统数据库系统的重点与要求是快速、准确、安全、可靠地将数据从数据库中取出的话，那么数据仓库的重点与要求就是能够准确、安全、可靠地从数据库中取出数据，经过加工转换成有规律信息之后，再供管理人员进行分析使用。数据仓库所要研究和解决的问题就是从数据库中获取信息。

二、数据仓库的功能

数据仓库能够集成企业范围内的数据，它把支持决策分析的数据事先收集、归纳、处理，使企业的业务操作环境和分析环境分离，从而有效地为决策提供实时的信息服务。数据仓库的提出以关系数据库、并行处理和分布式技术的飞速发展为基础，目的是解决这些信息技术发展中存在的拥有大量数据、有用信息的问题。

1. 客户数据仓库的功能

（1）保留客户。并不是所有的客户都有保留价值，因此需要通过数据仓库中的数据，分析出最具价值的客户，并制定相应的客户保留政策。

（2）降低管理成本。数据仓库使数据的统一、规范管理成为可能，同时提供查询工作，降低了企业的管理成本。

（3）分析利润的增长。数据仓库可以通过数据发现产品销售与利润增长同客户类别的关系。

2. 数据粒度和数据分割

数据仓库，涉及两个非常重要的概念，即数据粒度和数据分割。

（1）数据粒度

数据粒度有两种形式：

第一种形式的数据粒度是面向 OLAP 的。粒度的大小反映了数据仓库中数据的综合程度。粒度越小，数据越详细，数据量也就越大。

表 5.5　数据粒度的相关指标

粒度级别	综合程度	数据量	数据细节（详细度）
高	高	小	低
低	低	大	高

数据粒度的划分是数据仓库设计中最重要的一项工作。在数据仓库中确立数据粒度要考虑数据仓库可接受的分析类型、可接受的数据最低粒度以及能存储的数据量。选择合适的数据粒度是一个复杂的过程。由于在数据仓库中进行的数据分析在不同方面是有不同要求的，因此一般数据仓库都选择多重粒度的结构。

第二种形式的数据粒度是面向数据挖掘的，它反映的是抽样率。在进行数据挖掘时，如果数据量很大，执行挖掘算法的代价太大。一般是从数据中抽取样本进行挖掘，这就需要规定一个抽样率，而抽样率的确定取决于源数据量的大小和数据挖掘的具体要求。一般来说，源数据量越大，抽样率就越低。样本数据库的抽取按照数据重要程度的不同来进行，利用数据样本数据库采集重要数据进行分析既可提高分析效率，又有助于抓住主要因素和主要矛盾。

（2）数据分割

数据分割就是将大量数据分成独立的、较小的单元进行存储，以提高数据处理的效率。逻辑模型设计好以后，必须进行数据分割才能为物理实施提供依据。在进行分割时要考虑数据量、数据对象和粒度划分策略等。

常见的数据分割有以下几种形式：

垂直分割，即把一个表垂直分成两部分。垂直分割有助于把一个大表分成两个表，这两个表之间通过一个关键字段相关联。

水平分割，即把表按行分成两部分，水平分割的表被用来存储与用户联系紧密的本地重要数据，从而减少网络查询。

图解分割，即经过分布式系统把一个图分解为两个部分，可以从指定的服务器或在多个服务器之间建立连接而得到一个表所需要的全部数据。这种类型的分割被用来把小的、静止的表从不稳定的、越变越大的表中分割出来。

确定数据粒度以及根据粒度进行数据分割都是设计数据仓库时十分重要的环节，是成功建立数据仓库的必要保证。

三、数据仓库的特征

1. 面向主题

在数据仓库中，所有的数据都是围绕一定的主题进行组织的。这种方式能较好地将企业业务活动与数据库模式相对应，利于从手工处理向计算机处理过渡，因而具有较好的可操作性。在逻辑上，它是企业中某一宏观领域所涉及的分析对象，即将数据组织成主题域。

在关系数据库中，针对同一主题的数据分布在相关的各个数据表中。而在数据仓库中，针对同一主题的数据存放在同一数据表中。数据仓库的主题是构建数据仓库的核心和灵魂。

2. 集成性

数据仓库中的数据是集成的。数据仓库中的数据是在对原有分散的数据库数据抽取、清理的基础上，经过系统加工、汇总和整理得到的，它们有统一的格式、表示方式、代码含义，并用相同的单位表示。必须消除数据中的不一致性，以保证数据仓库内的信息是关于整个企业的一致的全局信息。

3. 相对稳定的

操作性数据库中的数据通常实时更新，数据根据需要及时地发生变化。数据仓库给企业提供决策分析，历史数据非常重要。且数据一旦写入，主要用于查询，几乎就不再被修改或删除，通常只需要定期地加载、刷新。因此，可以说数据仓库的数据是非易失的、相对稳定的。

4. 反映历史变化

操作型数据的数据可能包括也可能不包括时间元素，而数据仓库的数据总是包含时间元素，用以标明数据的历史时期。数据仓库中的数据包含有大量的综合数据，基本与时间有关，按时间段进行综合或抽样。数据仓库中数据的时间限制远远长于操作型系统中数据的时间期限。操作型系统的时间期限一般为 60~90 天，而数据仓库中的数据则为 5~10 年。

数据仓库中的数据是只增不删的，它记录了从开始使用数据仓库起的所有数据。它能反映企业各个时期的信息，也可以说它反映的是企业随时间动态变化的数据。

四、数据仓库的类型

1. 企业数据仓库（Enterprise Data Warehouse，EDW）

企业数据仓库主要包括确定范围、环境评估、分析、设计、开发、测试和运行等几个阶段，同时企业数据仓库又是一个在原型的基础上进行不断更新的过程。

2. 操作型数据库（Operational Data System，ODS）

操作型数据库是用于支持企业日常的、全局应用的数据集合。ODS 中的数据按照主题来组织，就是在企业层面上，各个部门针对同一问题的数据必须一致，进入 ODS 的数据需要经过清洗整理，达到集成和一致性的目的。这也是 ODS 与原有数据库系统的区别。与数据仓库不同的是，ODS 中的数据可以进行增加、删除和更新等操作，而数据仓库中的数据具有稳定性，只增不删。ODS 主要有两方面的应用：联机事务处理（On-Line Transaction processing，OLTP）和联机分析处理（On-Line Analytical Processing，OLAP）。

3. 数据集市（Data Mart，DM）

数据集市也称“数据市场”，是企业级数据仓库中针对某一主题的数据库，是企业数据库的一个子集，如销售数据集市、营销数据集市、财务数据集市等。早期的数据集市从个别应用中发展而来，也可以独立于数据仓库而存在。但当企业存在多个数据集市且它们之间的数据不统一时，将这些数据及时整理并导入统一的数据仓库才是最终的趋势。数据集市只存放了针对一个主题的数据，对于查询和分析数据具有灵活性，减少了信息处理量；但如果数据仓库中的数据集市过多，又会使数据存放变得复杂，这时应将数据集市进行整合。

数据集市包含支持部门决策处理所需要的任何数据。通常，数据集市包含很多动态的概括数据和很多准备好的详细数据，这两类数据构成了数据集市环境中的大部分数据。

五、数据仓库和数据库

数据仓库所要研究和解决的问题就是从数据库中获取信息。数据库只存储当前数据，而数据仓库存放历史数据；数据库主要面向业务操作，而数据仓库面向数据分析和决策支持；数据库中的数据是动态变化、随时刷新的，而数据仓库中的数据是静态的，一般不会改变；数据库的使用频率比数据仓库的使用频率高，数据访问量少，且要求的响应时间短。

表 5.6　数据库和数据仓库的区别

特性	数据库	数据仓库
数据	当前数据	历史数据
数据来源	业务操作员输入	业务系统
面向	业务操作	数据分析
存储	读写操作	多为只读
使用频率	高	较低
数据访问量	少	多
要求的响应时间	较短	可以很长
关注	数据输入	信息输出
应用需求	比较明确	不太明确
系统设计的目标	事务处理的并发性、安全性	保证数据有面向主题、集成稳定和随时间变化等特点
系统设计方法	需求驱动	数据驱动

数据仓库是将业务操作型系统中的数据提取出来，辅以企业外部数据。这些数据经过

清洗和转换，存储在数据仓库中。数据仓库不只存储业务数据，还存储记录数据信息的源数据。数据仓库中还可以抽取部门型数据仓库，即数据集市。数据最终传送给数据挖掘系统或数据展现系统，以供数据分析或展现给用户，所以，数据仓库不是简单地对数据进行存储，而是对数据进行“再组织”。

六、数据仓库的设计步骤

数据仓库的设计步骤主要分为四步：需求分析、概念模型设计、逻辑模型设计和物流模型设计。

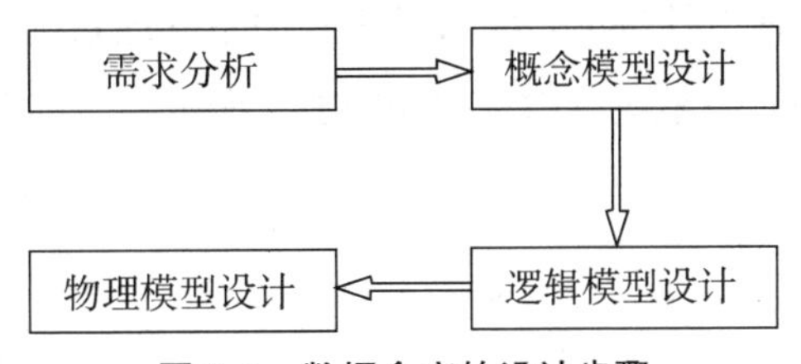

图 5.1 数据仓库的设计步骤

七、CRM 中的数据仓库

一个内容详尽、功能强大的客户数据仓库对于 CRM 系统来说是不可缺少的。在实施 CRM 中建立的客户数据仓库对于保持良好的客户关系、维系客户忠诚，发挥着不可替代的作用。

1. 数据仓库的用户

从数据仓库的最终用户看，可以将用户分为信息使用者和知识挖掘者两类。

（1）信息使用者

信息使用者使用数据仓库是经常性的、重复性的，他们知道要了解什么，而且只访问很少的一部分数据。事实上，信息使用者的需求是在数据仓库设计前就已经确定的，数据仓库开发人员按照用户的需求确定主题、进行数据处理，以满足此类用户对信息查询的需求。

信息使用者每次查询的也是几个相同的指标，他们要经常性地掌握这些固定指标的信息，运用数据仓库可以快速、准确地得到他们所需要的信息，可以说，信息使用者是操作型用户。

（2）知识挖掘者

知识挖掘者对数据仓库的应用就更为复杂了，他们不只是查询数据仓库目前能够提供的信息，而且通过数据分析找到其中隐含的信息，用以发现更深层次的知识来指导决策。

如果说信息使用者想了解的是“怎么样”，那么知识挖掘者想知道的就是“为什么会这样”。因此可以说，知识挖掘者是分析型用户。知识挖掘者在使用数据仓库时，先对数据进行概括分析，然后根据需要从数据仓库中抽取数据，再对抽取出来的数据选择合适的数据挖掘算法进行建模分析，最后根据建模分析得到的知识对数据仓库进行分类处理。

知识挖掘不同于信息使用，并不是每次都是有结果的。知识挖掘过程相对复杂，用到的数据量也相对要大，但知识挖掘得到的知识对企业提高竞争力、保持竞争优势都有十分重要的意义。知识挖掘的应用也是数据仓库作用的真正体现。

2. 数据仓库的系统结构

一个体系完善、功能强大的数据仓库，是客户关系管理系统成功的关键。在客户关系管理系统中，客户数据仓库的系统结构具体如图 5. 2 所示：

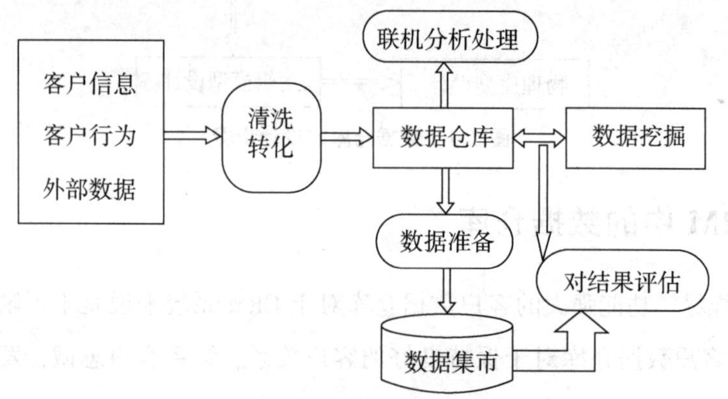

图 5. 2　数据仓库的系统结构

数据主要来源有客户信息、客户活动、外部数据等。这些数据通过抽取、转化和装载，形成数据仓库，并通过 OLAP 和报表，将客户的整体行为分析和企业运营分析等结果传递给数据仓库用户。在数据仓库中，利用相关工具针对行为分组和寻找重点客户的需要，产生相应的数据集市（DM）；再把将分析的结果与数据仓库结合起来，将分析结果与性能评价等传递给 CRM 用户。

3. 数据仓库的设计与实施

数据仓库的建立是一个复杂的、逐步完成的过程。数据仓库的模型设计包括分析建立企业模型、概念模型设计、逻辑模型设计、物理模型设计、数据仓库生成五个步骤。

（1）分析建立企业模型

企业模型是从企业的各个视点出发，对企业数据需求以及数据间关系的抽象表达。通过将企业模型映射到对应的数据库系统，可以很快地了解现有数据库系统完成了企业模型中的哪些部分，还缺少哪些部分；然后再将企业模型映射到数据仓库系统，发现企业需要或可以构造的主题。通过这样的过程完成对企业数据需求和现有数据的了解，达到明了原有系统和需要建设的主题域间共性的目的。

（2）概念模型设计

概念模型设计的主要工作是确定数据仓库的主题域及相关内容、界定系统边界等，即对需求范围内的业务及业务关系进行高度概括性的描述，对密切相关的业务对象进行归类，也是划分主题。

第一，系统的边界及主题园域。从建立 CRM 数据仓库的初衷来看，决策者要进行的 CRM 分析主要有客户特征分析、客户行为分析、客户信任程度分析、交易分析。要进行以上的分析，所需数据应包括客户固定信息、产品销售信息、客户接触信息（客户服务信息）。于是，我们可以将系统的边界划分为包含客户子系统、产品销售子系统的集合。在系统边界划分的基础上，确定 CRM 数据仓库的三个基本主题为客户、产品、客服。

第二，技术准备工作。这一阶段的工作包括技术评估和技术环境准备，工作成果是技术评估报告、软硬件配置方案、系统总体设计方案。

（3）逻辑模型分析

逻辑模型需要对概念模型中每个主题进行设计。逻辑模型实际上就是关系模型，具有严格的数学基础——关系数据理论，概念简单、清晰，需要完成的任务就是将概念模型映射到关系模型。在关系模型中，基本的概念包括关系表、元祖（关系表中的一行）、属性（关系表中的一列）、域（属性的取值范围）、主键（能够唯一表示一个数据行的键或键的组合）等。

（4）物理模型设计

数据仓库的物理模型就是逻辑模型在数据仓库中的实现模式。为了确定数据仓库的物理模型，设计人员必须做以下几个方面工作：

第一，确定数据的存储结构。数据库管理系统往往都提供多种存储结构以供设计人员选用，不同的存储结构有不同的实现方式，各有各的适用范围和优缺点。由于目前数据仓库是以传统的数据库技术作为存储数据和管理资源的基本手段，每个主题在数据仓库中都是由一组关系实现的，因此，确定数据的存储结构主要是确定面向主题的数据表和对表进行分割，适当引入冗余、细分数据等。

第二，确定数据的存放位置。同一个主题的数据并不要求存放在相同的介质上。在物理设计时，常常要按数据的重要程度、使用频率以及对响应时间的要求进行分类，并将不同类的数据分别存储在不同的存储设备中。重要程度高、经常存取并对响应时间要求高的数据就存放在高速存储设备上，如硬盘；存取频率低或对存取响应时间要求低的数据则可以放在低速存储设备上。

第三，确定存储分配。确定存储分配主要是对数据库管理系统提供的一些存储分配的参数进行处理，如块的尺寸、缓冲区的大小和个数等，一般要在对服务器和系统软件进行实际调试后才能确定出来。

（5）数据仓库生成

这一阶段的工作是数据装载接口设计和数据装入，它解决的是从哪些地方以及如何进行数据抽取、数据清洗、统一数据格式以达到数据集成的目的等问题。

在实施 CRM 系统的过程中，客户数据仓库占有极其重要的地位。数据仓库建设是一项有挑战性的工作，而客户数据仓库的建立不仅要遵循建立数据库的一般规律，而且要根据 CRM 的特征和要求特别注意以下几个方面：

第一，数据信息收集和集成。在企业中，客户数据可能存在于各个环节或部门，客户数据仓库的建立必须把这些信息集成起来。为了更进一步地了解客户身份及其需求，并且对其可能产生的需求作出预测，企业需要花费一些精力进行分析。成功地使用数据信息收集是 CRM 建设的重要步骤。

CRM 的客户数据仓库需要把企业内外的客户数据集成起来。就客户数据集成来讲，企业需要对客户进行匹配和合并。来自不同信息源的客户数据的客户标识是不同的，这造成了对同一客户进行匹配的困难。这时，常用模糊匹配的算法和方法寻找相同的记录，进行客户匹配，有时还要利用其他的客户信息片段。如为了判断某客户的地址是否发生了变化，需要进行比较匹配的是客户记录的信用卡号码、出生日期和地址。通过聚类和匹配，如果发现了几个匹配的记录，就需要对这些记录进行合并。实际上，这也是实行客户关系管理的初衷，也就是把不同来源的信息综合起来，产生对客户的总的看法，如账户信息、信用等级、投资活动、对直接营销的反应等。记录的匹配和合并的完整性和准确性是很重要的。如果没有对相同的客户进行匹配，企业就会把一个客户当作两个甚至更多的客户对待，企业的客户数量就被夸大了。另外，在建立客户数据仓库时，有时还要录入企业以外的数据，如人口统计数据、客户信用数据等，使得客户数据仓库的信息更加完整。

第二，确保数据的质量。客户数据的收集和集成要对来自不同的信息源的客户数据进行匹配、合并和整理，因此是一项非常困难的工作。正因为如此，在客户数据仓库中确保数据的质量才显得更加重要。首先，在建立 CRM 数据库时，一定要确认由应用程序所生成的客户编码的唯一性；其次，对于客户匹配和建立完整、准确的客户数据仓库来讲，姓名和地址这两个信息片段是很重要的，一定要对其进行分解和规范化；最后，对那些企业想收集但又没有一定结构且信息量比较大的数据一定要非常慎重，比如文本信息。即使来自各信息源的信息都是完整、准确的，而由于各信息源的数据格式可能并不相同，也需要对这些信息进行清理。对姓名和地址的解析和清理会提高客户匹配的质量，使得遗漏和匹配错误的几率大大减少。

第三，按规则更新客户数据，保持对已有客户的统一看法。客户数据仓库的维护是逐渐更新而不是一次性完全更新的，这主要是因为数据仓库所利用的信息源中的历史数据经过一段时间后可能被擦掉，而如果每次更新都重新进行客户记录匹配、重新建立数据仓库，工作量又太大。这就要求企业按照一定的规则进行客户数据的更新，同时保持对原有客户的统一看法。比较合理的做法是，在保留已有数据的基础上，每次更新时都加入新的数据。因此，企业在客户数据仓库的数据更新中，要首先识别新数据是关于新客户的还是关于数据仓库中已有客户的：如果是新客户的数据，那么就要给这个客户一个独立的标识，在数据仓库中插入一条新的记录；如果是已有客户的数据，那么就要对这些客户记录的相关信息片段进行更新。数据更新要求同步化是 CRM 数据仓库的特点之一。

第四，数据仓库统一分享，以发挥最大作用。统一共享的客户数据仓库把销售、市场营销和客户服务的所有信息连接起来。如果不能结合与集成这些功能，CRM 将不能达到理想的效果。如果一个企业的信息来源互相独立，那么这些信息会不可避免地出现重复、互相冲突等现象，这对企业的整体运作效率将产生消极的影响。为了使企业业务的运作保持协调一致，需要建立集成的 CRM 解决方案，以使后台应用系统与前台以及电子商务的策略互相协调。而一旦建立了客户数据仓库，下一步便要使它们发挥最大价值，保证让企业各类工作人员都能方便、快捷地得到相关数据。对于每一个进入客户关系管理系统的客户资料，客户服务、销售和营销等部门都应很容易地得到其数据，而企业管理决策者能够随时得到关于企业业务情况的分析和相关报告。

八、数据仓库的应用

（一）数据仓库的行业应用

（1）证券业的应用

证券业是对数据整理、分析、预测需求相当高的行业。数据仓库可处理客户分析、账户分析、证券交易数据分析、非资金交易分析等。数据仓库提供的大量数据对全方面的信息加以分析，并结合行情走势、经济政策等外部数据提供合理建议，对客户进行贴心服务。

（2）银行领域的应用

银行业中的数据仓库主要实现财务分析、业务管理、动态报表和金融资讯等管理分析的应用。同时，在数据仓库的基础上进行 OLAP 操作和数据挖掘，以辅助制定货币政策，防范银行的经营风险，实现科学管理及决策。

（3）税务领域的应用

数据仓库可以解决三方面问题：查出应税未报者和瞒税漏税者，并对其进行跟踪；对不同行业、产品和市场中纳税人的行为特性进行描述，找出普遍规律，谋求因势利导的征税策略；对不同行业、产品和市场中纳税人的特性进行因势利导的征税策略和征收计划。

（4）保险业的应用

数据仓库的应用能有效利用一些数据来实现经营目标，预测保险业的发展趋势，甚至利用这些数据来设计保险企业的发展宏图，在激烈的竞争中赢得先机。

（二）数据仓库在 CRM 中的应用

数据仓库是一个中央存储系统，它可以全方位地记录客户资料，系统地检测重大客户事件的流程，在整体客户群中确认个别客户的价值或发现留住客户的机会，同时在有限的渠道上排定优先顺序，利用有限资源找出最具潜力的客户。因为企业的客户群并不只限于常常接触的那些客户，还有许多不常接触的客户。也许这些客户和企业的关系并不是那么亲切，但他们仍可能具有庞大的潜在商机，因此企业也应该知道他们是谁、怎样与他们进行互动，这些问题都可以通过数据仓库的运作得到答案。数据仓库就像是中枢神经，存储了以客户资料为基础的企业的智慧，会思考、判断，而网络、呼叫中心等渠道就如同末梢神经，如果中枢系统出现问题，末梢神经也就失去了作用。

在 CRM 系统中，数据仓库存在以下应用：

1. 客户行为分析

客户行为分析包括整体行为分析和群体行为分析两个方面。整体行为分析用来发现企业所有客户的行为规律，如在电信企业里可以发现客户的忙闲时段等。行为分组时，按照客户的不同种类的行为，将客户划分成不同的群体。通过行为分组，CRM 用户可以更好地理解客户，发现群体客户的行为规律。在行为分组完成后，要进行客户理解、客户行为规律发现和客户组间交叉分析等。

客户理解也可以称为“群体特征分析”。通过行为分组，将具有共同特征的客户划分为同一组。但这些行为特征只有与已知的资料结合在一起，才能被 CRM 用户利用。因此，我们需要对这些不同的行为分组客户的特征进行分析，如“哪些人具有这样的行为，是年轻人，还是老年人？”“具有这样行为的人，对于企业来说是忠诚的吗？”“具有这些行为的人，能给企业带来多少利润？”等等。

发现群体客户的行为规律，可以帮助企业了解不同客户购买哪些产品、购买的高峰期是什么时候、购买方式是什么等等。通过对群体客户的行为分析，能够为企业在确定市场活动的时间、地点以及方式等方面提供科学的依据。

组建交叉分析，即通过群体客户的特征分析、行为规律分析使企业在一定程度上了解自己的客户，如“哪些客户能够从一个行为分组跃进到另一个行为分组中?”“行为分组之间的主要差别在哪里?“客户从一个对企业价值较小的组上升到对企业有较大价值的条件是什么?原因是什么?”等等。通过这些分析，企业能够准确地制定市场策略和活动，从而为企业带来较大的利润。

2. 重点客户发现

重点客户发现主要是发现能为企业带来潜在效益的重要客户。这些客户的主要特点包括：有价值的新客户即潜在客户、有更多次消费的同一客户、更多地使用同一产品或服务的同一客户。根据客户的这些属性特点就可以挖掘出这些重点客户，然后做好保持和提高这些重点客户的忠诚度工作。此外，通过数据仓库的数据清洗与集中过程，可以将客户对市场的反馈自动输入数据仓库中。这个获得客户反馈的过程，称为客户行为追踪。

3. 降低陈本

大量的客户数据的管理对于企业来说是一项工作量庞大的工作。数据仓库的应用提供了快速准确的查询工具，使数据的统一规范管理成为可能，大大降低了企业的管理成本。

4. 分析企业的经营状况

数据仓库不仅记录了当前数据，而且还记录了大量的历史数据。通过历史数据分析产品的销售与客户关系管理的关系和不同类型客户对于产品的贡献率，从而分析企业的经营状况，为今后企业的发展经营奠定良好的基础。

5. 市场性能评估

根据客户行为分析，企业可以准确地制定市场策略和市场活动。然后，这些市场活动是否能够达到预定的目标，是改进市场策略和评价客户行为分组性能的重要指标，因此在CRM中必须对行为分析和市场策略进行评估。

第四节　数据挖掘

数据挖掘技术把人们对数据的应用从低层次的联机查询操作提高到决策支持、分析预测等更高级的应用上，即通过对数据进行统计、分析、综合和推理，发现数据间的关联性、未来趋势及一般性的概括知识等，用来指导高级商务活动的开展。

一、数据挖掘的含义

数据挖掘（Data Mining，DM）又称“数据库中的知识发现”，就是从大量数据中获取有效的、新颖的、潜在有用的、最终可理解的模式的非平凡过程。简单地说，数据挖掘就是从大量数据中提取或“挖掘”知识。数据挖掘也可以理解为从大量的、不完全的、有噪声的、模糊的、随机的数据中，提取隐含在其中的、人们事先不知道的但又是潜在有用的信息和知识的过程。

数据挖掘是一种分析具体数据并萃取和展现可付诸行动的、隐含的和新颖的信息，以解决业务问题的流程。数据挖掘是一个反复的过程，它在与客户建立和保持关系的许多方面都会不断地被重复；数据挖掘还具有预测未来观测结果的能力，并能收集和处理大量数据。对这些数据进行分析，可发现潜在的客户群和评估客户的信用等，但是并非所有的信息发现任务都是数据挖掘。

从商业的角度来讲，数据挖掘可以描述为：按企业既定业务目标，对大量的企业数据进行探索和分析，揭示隐藏的、未知的或验证已知的规律性，并进一步将其模型化为先进的有效的方法，以帮助企业的决策者调整市场策略，减少风险，做出正确的决策。

目前，数据挖掘的商业应用主要有：（1）超市分析交易数据，安排货架上货物的摆放以提高销量；（2）信用卡公司分析信用卡历史数据，判断哪些人有风险，哪些人没有；（3）警方分析行为模式，判断哪些人对受保护的信息具有潜在危险；（4）医药公司分析医师的处方，判断哪些医师愿意购买其产品；（5）保险公司分析以前的客户记录，决定哪些客户是潜在花费高额保费的对象；（6）汽车公司分析不同地方人的购买模型，有针对性地发送给客户喜欢的汽车手册；（7）人才中心分析不同客户的工作历史，发送给客户潜在的感兴趣的工作信息；（8）访问没有归类的竞争对手的数据库，推断出潜在的归类信息；（9）教育培训机构分析学生的历史信息，确定哪些人愿意参加培训，然后发送手册给他们；（10）广告公司分析人们的购买模式，估计他们的收入和孩子的消费需求；（11）市场分析人员分析不同团体的旅游模式，决定不同团体之间的关联；（12）医师分析病人历史信息和当前用药情况，预测潜在的问题；（13）税务部门分析不同团体缴纳所得税的记录，发现异常模型和趋势等。

二、数据挖掘的数据来源以及相关概念比较

1. 数据挖掘的数据来源

数据挖掘的来源非常广泛，可以是关系型数据库、数据仓库、事务数据库、高级数据

库等。

（1）关系数据库

关系数据库中的数据是最丰富、详细的。因此，数据挖掘可以从关系数据库中找到大量的数据。基于关系数据库中的数据特点，在进行数据挖掘之前要对数据进行清洗和整理。直接从关系数据库进行数据挖掘的难度较大，因为数据处理比较复杂，需要通过大量的计算才能生成需要的数据。数据的真实性和一致性是进行数据挖掘的前提和保证。

（2）数据仓库

数据挖掘和数据仓库的概念常常同时出现。数据仓库提供来自不同种类的信息系统的集成化和历史化的信息，为有关部门或企业进行全局范围的战略决策和长期趋势分析提供有效支持。数据挖掘是一种有效利用信息的工具，它主要基于人工智能、机器学习、统计学等技术，高度自动化地分析、组织原有的数据，进行归纳性的推理，从中挖掘出潜在的模式，预测用户行为，帮助组织的决策者正确判断即将出现的机会，调整策略，减少风险，进行正确的决策。

数据仓库是面向复杂的数据分析以支持决策过程的，它集成了一定范围内的所有数据，是面向主题的、整合的、相对稳定的，并随着时间变化而不断更新的数据集合。数据在导入数据仓库时一般已经被清理过，因此，构建在数据仓库平台上的数据挖掘效率会更高。大部分情况下，数据挖掘都要先把数据从数据仓库中拿到数据挖掘库或数据集市中。从数据仓库中直接得到并进行数据挖掘的数据有许多好处。数据仓库的数据清理与数据挖掘的数据清理差不多，如果数据在导入数据仓库时已经被清理过，那很可能在做数据挖掘时就没有必要再清理了，而且所有的数据不一致的问题都已经解决了。

尽管数据仓库工具对于支持数据分析是有帮助的，但仍需要数据挖掘工具进行更深入的自动分析。数据仓库、数据挖掘和联机分析处理共同构成了系统的决策支持模块。

（3）事务数据库

数据挖掘是一个相对独立的系统，它可以独立于数据仓库系统而存在。数据仓库为数据挖掘打下了良好的基础，包括数据抽取、数据清理、数据一致性处理等。当然，数据挖掘系统本身也可以单独来做这些事情。因此，数据挖掘不一定必须建立一个数据仓库。建立一个巨大的数据仓库，把各个不同源的数据统一在一起解决所有的数据冲突问题，然后把所有的数据导入到一个数据仓库内，是一项巨大的工程。这可能需要几年的时间，花上百万的资金才能完成，小型企业是难以承受的。如果只是为了数据挖掘，没有必要专门建立数据仓库，可以从事务数据库中提取数据。事务数据库中的每条记录都代表一个事务，在进行数据挖掘时，可以只将一个或几个事务数据库集中到数据挖掘库中进行挖掘。

（4）高级数据库

随着数据库技术的不断发展，各种面向特殊应用的高级数据库系统已经出现。这些高级数据库包括了面向对象的数据库、空间数据库、时间和时间序列数据库、文本和多媒体数据库等新的数据库。这些结构更为复杂的数据库为数据挖掘提供了更加全面、更加多元化的数据，也对数据挖掘技术提出了更大的挑战。

2. 数据挖掘和其他分析方法

（1）数据挖掘与传统分析方法的区别

数据挖掘与传统的数据分析（如查询、报表、联机应用分析）的本质区别是数据挖掘是在没有明确假设的前提下去挖掘信息、发现知识，所得到的信息除了有效和适用外，还应具有先前未知的特征。先前未知的信息是指该信息是预先未曾预料到的，即数据挖掘是要发现那些不能靠直觉发现的信息或知识，甚至是违背直觉的信息或知识。挖掘出的信息越是出乎意料，就可能越有价值。

（2）数据挖掘和 OLAP

OLAP 是决策支持领域的一部分。传统的查询和报表工具告诉用户数据库中都有什么，OLAP 则更进一步，告诉用户下一步会怎么样和如果我采取这样的措施又会怎么样。用户首先建立一个假设，然后用 OLAP 检索数据库来验证这个假设是否正确。也就是说，OLAP 分析是建立一系列的假设，然后通过 OLAP 来验证或推翻这些假设，最终得到自己的假设。OLAP 分析过程在本质上是一个演绎推理的过程，但是如果分析的变量达到几十或上百个，那么再用 OLAP 手动分析验证这些假设是一件非常困难和痛苦的事情。

数据挖掘与 OLAP 不同的地方是，数据挖掘不是用于验证某个假定的模式的正确性，而是在数据库中自己寻找模型，它在本质上是一个归纳的过程。

数据挖掘和 OLAP 具有一定的互补性，在利用数据挖掘得出来的结论并采取行动之前，也许要验证一下，即如果采取这样的行动会给公司带来什么样的影响，OLAP 工具能回答这些问题。在知识发现早期阶段，OLAP 工具还有其他一些用途，可以帮助企业探索数据。如找到哪些是对一个问题比较重要的变量，发现异常数据和互相影响的变量，这些都能帮助企业更好地理解数据，加快知识发现的过程。

（3）数据挖掘与前沿技术的整合

数据挖掘利用了人工智能和统计分析的进步所带来的好处，这两门学科都致力于模式发现和预测。数据挖掘不是为了替代传统的统计分析技术，相反，它是统计分析方法学的延伸和扩展。大多数的统计分析技术都基于完善的数学理论和高超的技巧，预测的准确度还是令人满意的，但对使用者的要求很高。而随着计算机计算能力的不断增强，人们有可能利用计算机强大的计算能力，只通过相对简单和固定的方法就可以完成同样的功能。

一些新兴的技术同样在知识发现领域取得了很好的效果，如神经元网络和决策树，在足够多的数据和计算能力下，它们几乎不用人的关照就能自动完成许多有价值的功能。数据挖掘就是利用了统计和人工智能技术的应用程序，并把这些高深复杂的技术封装起来，使人们不用自己掌握这些技术也能完成同样的功能，并且更专注于自己所要解决的问题。

三、数据挖掘的特点

1. 处理的数据规模十分庞大

处理的数据规模达到 GB、TB 数量级，甚至更大。

2. 即时随机查询

查询一般是指决策制定者提出的即时随机查询，往往不能形成精确的查询要求，需要靠系统本身寻找其可能感兴趣的东西。

3. 提供决策支持

在一些应用中，由于数据变化迅速，因此要求数据挖掘能快速做出相应反应，以随时提供决策支持。

4. 基于统计规律

数据挖掘中，规则的发现基于统计规律。因此，所发现的规则不必适用于所有数据，而是当达到某一临界值时，即认为有效。因此，利用数据挖掘技术可能会发现大量的规则。

5. 规则动态更新

数据挖掘所发现规则是动态的，它只反映了当前状态的数据库具有的规则。随着数据库的不断更新，需要随时对其进行更新。

四、数据挖掘的任务

数据挖掘通过预测未来趋势及行为，做出前瞻的、基于知识的决策。

1. 预测建模

预测建模有两类任务：分类，用于预测离散的目标变量；回归，用于预测连续的目标变量。预测建模可以用来确定顾客对产品促销活动的反应，预测地球生态系统的扰动或根据检查结果判断病人是否患有某种特定的疾病。数据挖掘在大型数据库中自动地寻找预测性信息。

2. 关联分析

关联分析用来发现描述的数据中强关联特征的模式，通过分析给出两个或多个变量间存在的相关性规律。关联分析的目标是以有效的方式提取最有趣的模式。数据关联是数据库中存在的一类重要的、可被发现的知识。若两个或多个变量的取值之间存在某种规律性，就称之为关联。关联可分为简单关联、时序关联、因果关联。关联分析的目的是找出数据库中隐藏的关联网。

3. 聚类分析

聚类分析旨在发现紧密相关的观测值组群，使得其与属于不同簇的观测值相比，与属于同一簇的观测值相互之间尽可能类似，即簇聚同类对象。聚类分析增强了人们对客观现实的认识，是概念描述和偏差分析的先决条件。聚类技术主要包括传统的模式识别方法和数学分类学。

4. 异常检测

异常检测的任务是识别其显著不同于其他数据的特征观测值，寻找观察结果与参照值间的差别，这些偏差往往包含很多具有潜在意义的知识信息。这样的观测值被称为异常点或离群点。异常检测算法的目标是发现真正的异常点，而避免错误地将正常的对象标注为异常点。异常检测的应用包括检测欺诈、网络攻击、疾病的不寻常模式、生态系统扰动等。

五、数据挖掘的步骤

数据挖掘的任务就是在海量的数据中发现有用的数据。但是仅仅发现数据是不够的，必须对这种模型做出一定的反应，并采取行动，最后将有用的数据转换成信息，信息变成行动，行动转换成价值。具体流程如下：

1. 确定分析和预测目标

这是数据挖掘的第一步。确定分析和预测目标相当于需求分析，主要是明确业务目标。数据挖掘项目小组中分析人员的首要任务就是要从业务的角度全面理解客户的真实意图和需求。若要充分发挥数据挖掘的价值，必须对业务目标有一个清晰明确的定义，即决定到底要做什么。只有确定了分析目标才能提取数据、选择方法，因此，确定分析和预测目标是数据挖掘的基础条件。同时，定义了数据挖掘的分析目标也就定义了评价这一挖掘模型的标准。

2. 建立数据挖掘库

建立数据挖掘库是数据挖掘过程中较为复杂的一步。首先要进行数据收集，数据挖掘可以从关系数据库、数据仓库、事务数据库或高级数据库中收集数据。对于收集到的数据，应对数据的来源、大小、存储位置和数据在使用上的限制等进行详细的记录。完成数据收集后，要对数据进行描述，比如数据包含哪些属性、共有多少条记录、属性名称、有多少不完整的记录和不完整的记录缺少的是哪些属性等。数据挖掘库可以是一个单独的数据库，也可以和数据仓库建立在相同的物理介质上。数据挖掘库中还应包括数据的源数据。

3. 分析数据

分析数据即对数据挖掘库中的数据进行分析，比如计算数据的平均值、标准差等统计信息，以便发现数据的分布情况。对数据有了全面、细致的了解以后，就可以针对数据挖掘分析目标选择合适的变量和记录。对于变量的选择，首先要考虑其对结果是否有影响、是否可以反映结果的变量。

4. 建立模型

建立模型是选择合适的方法和算法对数据进行分析，得到一个数据挖掘模型的过程。建立模型时，选择正确的方法和算法是必需的。建立模型是一个反复进行的过程，它需要不断地改进或更换算法以寻找对目标分析作用最明显的模型，最后得到一个最合理、最适用的模型。

5. 模型评估与验证

为了验证模型的有效性、选择最优的模型，一般会将数据集分为两个部分：一部分用于建立模型，另一部分用于测试模型。如果用相同的数据对模型进行训练和测试，可信度就不高了。为了保证模型的有效性和可用性，对模型的测试也是一个反复进行的过程。对模型的验证主要需要考虑以下几个方面：

（1）模型的准确性。对数据挖掘模型来说，模型的准确性是最重要的。利用各种方式对模型进行测试的主要目的也是验证模型的准确性。

（2）模型的可理解性。模型在准确的基础上还应该容易被理解。同时，挖掘结果也应该具有可理解性。如果挖掘算法将数据进行了分组，或预测了数值，但这些分组和预测的数值没有任何作用，或不容易理解分组后的数据关系，这样的模型都缺乏可理解性。

（3）模型的性能。模型的性能主要是指运行的速度、输入结果的速度、实现代价、复杂度等。运用不同的算法，产生的模型性能也是不同的。对于数据挖掘模型来说，最好的模型是在准确和可理解的基础上，追求模型的高性能。

模型建立和模型验证是一个反复的过程。如果检验后发现模型效果不是很好，就要对模型进行修改甚至重新建模，直到建立的模型通过验证和评估为止。

6. 衡量结果

对数据挖掘的结果选择最优的模式进行评价，以应用于实际问题。评价阶段将由业务分析人员和领域专家一起从业务的角度全面地评价得到的模型，以确定它是否完全达到了业务目标，并试图找到模型在业务上的不足，以确定是否有遗漏的任务或因素，衡量可以得到的效果的回馈。

7. 模型实施

模型建立并通过验证以后就到了具体实施阶段。模型的实施有两种情况：一种是将数据挖掘模型得到的结果提供给信息需求者或管理者，以辅助管理者的决策分析；还有一种情况就是保留模型，以后每遇到类似问题就用这个模型进行分析，或者将模型用于不同的数据集上进行分析。

在模型的使用过程中，随时间及环境的变化，还应对模型进行重新测试，并对模型进行相应的修改，这就是模型维护的过程。

在采取行动的过程中，不同的企业、不同的部门所采取的行动应该是各不相同的，但是共同之处是都应该采取一种循序渐进的方法。

（1）实施计划。为了在业务中实施数据挖掘结果，计划实施的任务是接受评价结果并制定实施战略。具体包括创建相关模型的一般步骤、记录成文档、总结实施计划。

（2）建测和维护计划。一旦数据挖掘结果成为日常业务和环境的一部分，监测和维护工作就是一项重要的内容。精心制定的维护战略有助于避免数据挖掘结果被长期错误使用。

（3）产生最终报告。最终报告可以是项目经验的总结和最终的、最广泛的数据挖掘结果的表述。

（4）回顾项目。评论成功和失败，总结经验和有待提高之处。

六、数据挖掘在 CRM 中的应用

1. 数据挖掘在客户细分中的应用

客户细分就是企业按照不同的标准将现有的客户划分为不同的客户群，找出他们相同的属性进行分类，并用不同的方法对待不同的客户，提供相对个性化的服务。正确的客户细分有利于针对不同类型的客户进行客户分析，分别制定客户策略；还可以帮助企业有效降低成本，获得有利可图的市场渗透。根据客户细分的结果，企业可以针对不同类型的客户提供个性化的服务，与客户建立的一种持续的、个性化的关系，保持客户对企业和产品的忠诚度，扩大市场，促进销售。

客户细分可以采用分类和聚类两种方法。分类的方法是预先给定类别，比如将客户分为高价值客户和低价值客户，然后确定对分类有影响的因素，再将拥有相关属性的客户数据提取出来，选择合适的算法（如决策树）对数据进行处理得到的分类规则。经过评估和验证后，就可将规则应用在未分类客户上，对客户进行分类。聚类的方法是一种自然聚集的方式。在数据挖掘之前，企业并不知道客户可以分为哪几类，只是根据要求确定分成几类，之后再对每个簇中的数据进行分析，归纳出相同簇中客户的相似性或共性。

2. 数据挖掘在客户识别筛选中的应用

客户识别是企业发现潜在客户、获取新客户的过程。新客户包括以前没听过或没使用过企业产品的人、以前不需要企业产品的人甚至是竞争对手的客户。由于新客户的信息企业掌握得不多，所以企业应采取一些必要的手段（如在广告宣传的同时进行问卷调查或网上调查等）来获取潜在客户的信息，这些信息应该包括地址、年龄、收入范围、职业、受教育程度和购买习惯等。

在得到这些信息后，企业应该通过一些小规模的实验观察潜在客户对企业产品的不同反应，根据反馈结果建立数据挖掘预测模型，找到对产品最感兴趣的客户群。挖掘结果会显示潜在客户的名单，同时企业可根据潜在客户的信息分析出哪种类型的人最可能是潜在客户。企业得到了这样的分析结果后，在寻找潜在客户时就有了指导方向。比如，分析结果表明大多数潜在客户是年龄在25~35岁之间的外企职员，那么在下一步宣传和获取客户阶段就应该有针对性地设计广告和确定宣传地点，同时还可以根据潜在客户的特点分析企业产品的优势。

3. 数据挖掘在客户保持中的应用

客户识别是获取新客户的过程，而客户保持则是留住老客户、防止客户流失的过程。由于企业对老客户的信息掌握得比较详细，而对潜在客户的信息掌握得很少，所以对于企业来说，获取一个新客户的成本远比保留一个老客户的成本高得多。因此，随着企业间竞争越来越激烈，客户保持变得越来越重要。

在客户保持过程中，企业首先要对已经流失的客户数据进行分析，找到流失客户的行为模式，同时分析客户流失的原因。根据已经流失的客户的特点，还可以预测现有客户中有流失倾向的客户。对于这些客户，企业应该及时调整服务策略，针对用户分类后得到的用户特点采取相应的措施，挽留客户。

4. 数据挖掘在客户盈利能力中的应用

客户盈利能力分析是数据挖掘的基础，是判断数据挖掘是否正确的指标。企业可以运用数据挖掘技术预测在不同的市场竞争环境和市场活动环境下客户盈利能力的变化，目的是找到最合适的市场环境，使企业的客户盈利能力达到最优。盈利能力高的客户——即高价值客户，是指企业投入较少成本获得较高收益的客户。研究表明，一个企业80%的利润是由只占其客户总数20%的客户创造的，这部分客户就是最有价值的客户。为了找出这些客户，企业需要采用数据挖掘技术，来对客户的创利能力进行分类。

对于忠诚度高的客户，企业不需要花费额外的成本吸引客户，但是带来的效益却很高。因此，客户忠诚度越高，客户的盈利能力越高。所以，数据挖掘在分析客户忠诚度的过程中也对客户盈利能力的提高具有一定的影响。

5. 数据挖掘在客户忠诚度中的应用

客户忠诚度是提高企业客户关系管理的一个重要目标。企业获得一个忠诚客户，会大大降低成本，同时会提高企业的竞争力。数据挖掘在客户忠诚度分析中主要是对客户持久性、牢固性和稳定性进行分析。客户持久性反映的是客户在企业连续消费的时间。客户牢固性反映的是客户受各种因素的影响程度，如价格、宣传等。牢固性高的客户受各种因素的影响较小，始终购买同一企业的产品或服务；而牢固性低的客户只在促销、打折或大规模宣传时才购买该企业的产品或服务。客户稳定性是客户消费周期和频率的表现。

6. 数据挖掘在个性化营销中的应用

个性化营销是面向客户的营销，也是客户关系管理的重要组成部分。个性化营销是在客户分类的基础上进行的，针对不同类型的客户，企业可以采用不同的政策和销售方式。交叉销售也是个性化营销的一种形式。交叉销售和购物篮分析不同，购物篮分析是对客户已经购买的产品进行分析，找到产品之间的联系；而交叉销售是根据客户已经购买的产品预测他将要或可能要购买的新产品。

交叉销售是指企业向客户提供新的产品和服务的过程。公司和客户之间的一种持续的联系不断发展，在关系建立以后可以通过很多种方式来不断改善这种关系，从而实现双赢。交叉营销最直接的目的就是向客户提供更多的产品和服务，但是这一想法在前几年效果不怎么明显，所以企业希望通过挖掘数据来准确地找到这种联系，精准地向客户推荐。

企业通常会采用两个具体的数据挖掘模型用于交叉营销的分析。一是预测哪些建议更容易被接受；二是预测一些人是否会因被建议购买而变得不愉快。具体实施需了解客户的反应，找到合理的方法来吸引客户来参加企业的下一步调查。企业根据数据挖掘的结果向客户进行交叉营销，优先考虑不拒绝参与调查的人，然后再考虑拒绝参与调查的人。同时，需要进一步分析客户拒绝调查的原因，找出合理的解决方法，以便吸引更多客户参加企业的下一次调查。

本章小结

数据仓库是一个面向主题的、集成的、非易失的、随时间变化的数据集合，用于管理决策，通过数据抽取、数据清理、数据转化等过程将源数据转化为一致性数据存储在数据仓库中。目前，数据仓库在证券业、银行业、保险业、税务等领域的贡献尤其突出。

联机分析处理具有灵活的分析功能、直观的数据操作和分析结果、可视化表示等突出特点，从而使用户对基于大量复杂数据的分析变得轻松而高效，以利于迅速做出正确判断。

数据挖掘是从大量的、不完全的、有噪声的、模糊的、随机的实际应用数据中提取人们感兴趣的知识，这些知识是隐含的、事先未知的、潜在有用的信息。CRM 系统中的客户分类、客户盈利率分析和客户识别与客户保留等功能都需要数据挖掘的应用来实现。

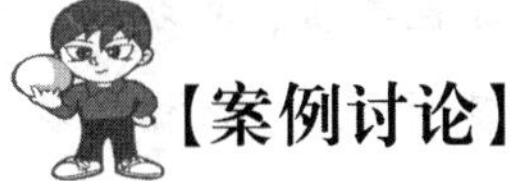

【案例讨论】

数据挖掘的强大“核力”

在深圳跟一些业内人士聊天，他们认为，腾讯最具门槛性的核心竞争力是“数据挖掘”。数据挖掘不是一个新词，比如微软、戴尔，他们都是真正的高手，甚至有一条数字管理神经。数据挖掘就像水质检测仪，面对一个数以亿记的消费群，谁能把握消费之水的流动，谁就掌握了规则。

像马化腾一样关注产品的互联网 CEO 还有不少，比如丁磊和史玉柱，他们也是著名的用户体验派。但是，马化腾用户体验战略的冰山下面，还隐藏着一个不为人知的巨大基座。这一冰山基座就是数据挖掘系统，就是从大量数据中获取有效的、新颖的、潜在可用的、最终可理解的信息，以辅佐公司战略的数字神经系统。这是一个真正的重武器，即使整个中国互联网，真正拥有这一系统的公司也极少。只有那些具备平台级优势的公司如腾讯、百度、阿里巴巴、盛大，才拥有。

五年前开始，马化腾开始要求各条业务线的主管每天给他发送一封反映业务指标数字的邮件，内容包括包月用户是多少，比上月增加了多少、减少了多少，跟上个周同日比或者说是跟上个月同日比分别升跌了多少、有什么异动。“这个是需要每天都去关注的东西。如果说你做管理者不去看这些东西的话，或很久才看一下，中间会错掉很多东西，或者说你反应速度会慢很多。”马化腾说。

不仅自己看数字，马化腾也要求每一个高管、部门负责人甚至产品经理也要对数字保持密切关注。

去年底，马化腾开始把数字经营的理念引入到腾讯门户网站的运营管理中，“原来广告就有点粗放，往往都是季度末才开始冲业绩、找代理。今年开始就每天都有一封信，上面有广告资源的消耗、黄金位置消耗各有多少等。为什么会这样？过去他们还没有建立这样的体系，今年我们就开始要求他们每天要看，所有的网络媒体、广告销售部门的领导班子，每人一封信都会看到这个数字。培养这种数字运营的感觉是很重要的，大家就不会人浮于事，到最后找各种理由来推托。有什么事应该早知道，要多问。希望靠这种思路能够把我们每一块业务都带起来。”

数据是每一家互联网公司安身立命的基础之一，不过像腾讯这样长期坚持以数据为导向的公司并不多。1999年，腾讯刚刚成立不久，当时天使投资人刘晓松决定向腾讯注资的一个主要原因就是因为他发现，“当时虽然他们的公司还很小，但已经有用户运营的理念，后台对于用户的每一个动作都有记录和分析”。

在成为用户最多的互联网公司后，腾讯所掌握的用户数据量日益丰富，挖掘这些数据成为腾讯后来在多元业务扩展时屡试不爽的重武器。有分析人士甚至说，“数据挖掘”才是腾讯最具门槛性质的技术。在中国，腾讯绝对是数据挖掘的高手，但是和微软这类国际强者比起来，仍是起步阶段。

数据挖掘的更深层部分是腾讯在IDC（互联网数据中心）上的积累，比如高速上传、大容量邮件传输的后台及基础技术支持。“我们每一天用户上传的照片数，可能就是中国其他互联网公司一个月的数据量。”2007年，腾讯成立了腾讯研究院，研究院共有六大研究方向，数据挖掘正是其中之一，“以用户为中心，如果你对用户什么都不了解，那是空话”，郑全战说。

“用户一尝试，用一两秒钟就退出来了，这说明这个可能没做好，而不是他不想用；或者他连光顾都不光顾，没这个需求。这是通过我们后台可以看出来的。我们也有对竞争产品相同功能的一些监测，这样的话我们可以有个比较，比如一个功能用户（在竞争产品上）停留了二十分钟，我们这边只有五分钟，那说明我们的性能有问题。”郑全战介绍。

数据挖掘还有一个特种部队——T4专家组。T4就是专家工程师，在腾讯的技术职业路径里，一共6级，从T1（工程师）到T6（首席科学家），T4是一个中流砥柱般的存在，必须做过亿次级的用户量级才能当选，目前不到50人。一旦遇到重大的产品难题，由T4组成的特别小组就会加入，他们亿次级用户量级的经验将发挥作用。

对用户的数据挖掘后来在腾讯网络游戏的崛起中也发挥了大作用。腾讯从2003年开始运营网络游戏，曾遭遇挫折。直到2008年，腾讯才在多个细分市场找到了合适的韩国游戏作品。在代理韩国游戏的过程中，腾讯提出来要介入所代理游戏的研发，例如对《穿越火线》中子弹射出后的弹道设置，腾讯根据对用户的挖掘数据认为，韩方原本设计的逼真效果对中国用户并不合适，用户对腾讯设计出的“比较爽快的、节奏快的、鲜明的”的弹道设计更加兴奋。最后的结果表明，腾讯是对的。

腾讯强大的数据挖掘和产品能力仅有的几次失效出现在搜索和电子商务领域。搜索的技术门槛颇高，“搜索的研发需要时间”，马化腾说。

“那是最难了。”马化腾承认腾讯拍拍网在C2C领域的处境困难。“C2C是有很强的网络效应，但不是你单方面做好系统就行了，还要买家、卖家都要一起成长，如果是卖家不多，买家自已不来；买家不来，那卖家也不愿意在里面花精力去伺候你，淘宝应该说是占了很大的先发优势。”

数据的挖掘不仅可以用来进行用户研究，还大大提升了腾讯的运营效率。早期腾讯曾经过度使用群发广告来推广产品，这样的大规模推送广告不仅“大部分是浪费掉的，而且还引起很多人的反感”。这两年，腾讯开始进行推广资源的控制。

比如，公司分配给业务单位的群发数保持恒定，同时公司的战略发展部门派出一个小组来专门管控群发广告的效率。这个小组会先给业务部门做测试，比如业务部门要发几千万条广告，就会被要求先发几万条试一下，一旦发现效果不好，必须进行修改，或者是更换广告发送的用户群。如果广告后发送的点击率和用户满意度下降，下个月分配给这个业务的推广预算就会被扣除；反之，如果效率高，这个产品就会得到更多的营销资源奖励。这一模式逼迫业务部门在对用户数据挖掘得更加精细后才会进行广告群发。“要靠这个奖惩来控制营销的资源”。

这一制度执行的结果是，“起码把四分之三的水分挤掉了，只有以前四分之一的推广量，但是效果其实没有变化太大”。马化腾说。

（《数据挖掘》，http：//jincuodao. blog. sohu. com/134091866. html）

思考：

1. 数据挖掘解决了腾讯的哪些实际问题？

2. 数据挖掘的具体步骤是什么？还需要在哪些方面进行改进和完善？

复习思考题

一、选择题

1. 数据挖掘的技术基础是(　　)。

A. 客户忠诚　　B. 数据库　　C. 人工智能　　D. 知识管理

2. 下列选项中，(　　) 是对数据仓库概念的正确描述。

A. 数据仓库是与时间无关、不可修改的数据集合

B. 数据仓库是面向过程的、集成的数据集合

C. 数据仓库是在企业管理和决策中面向主题的、与时间相关的数据集合

D. 数据仓库是随时间变化的、不稳定的数据集合

3. 根据数据仓库的概念，可以发现数据仓库的特点不包括下列(　　)。

A. 面向主题　　B. 集成　　C. 相对稳定　　D. 不反映历史

4. 下列属于市场促销性数据的是(　　)。

A. 客户类型　　B. 礼品发放形式　　C. 公司名称　　D. 行为爱好

5. 电话管理功能属于以下哪个模块？(　　)

A. 销售模块　　B. 营销模块　　C. 呼叫中心模块　　D. 以上都不是

6. 客户的婚姻状况属于以下哪种数据？(　　)

A. 客户类描述性数据　　B. 市场促销性数据

C. 客户交易数据　　D. 以上都是

7. CRM 的技术核心是(　　)。

A. 数据库　　B. 数据仓库　　C. 源数据　　D. 数据库技术

8. 呼叫中心是一种基于（　　）的综合信息服务系统。

A. IT 技术　　B. CTI 技术　　C. WEB 技术　　D. CRM 技术

9. 以下说法正确的是(　　)。

A. 数据仓库是与时间无关、不可修改的数据集合

B. 数据仓库是面向过程的、集成的数据集合

C. 数据仓库是在企业管理和决策中面向主题的、与时间相关的数据集合

D. 数据仓库是随时间变化的、不稳定的数据集合

10. 关于客户数据的说法中，正确的是(　　)。

A. 只能来源于企业外部

B. 只能来源于企业内部

C. 既可来源于企业外部，也可来源于企业内部

D. 以上都错

二、判断题

1. 客户的文化程度属于市场促销性数据。(　　)
2. 劣质数据会对客户关系管理系统造成破坏性影响。(　　)
3. 客户关系管理过程中无需操心客户隐私问题。(　　)
4. 数据采集其实就是数据收集。(　　)
5. 数据仓库所要解决的问题就是从数据库中获取信息。(　　)
6. 所有的信息发现任务都是数据挖掘。(　　)
7. 数据挖掘必须是在数据仓库的基础上进行。(　　)
8. 数据挖掘可以完全替代传统数据分析方法。(　　)

三、简答题

1. 数据仓库与数据库之间的区别是什么？
2. 简述数据挖掘与 OLAP 的联系和区别。
3. 简述数据仓库和数据挖掘之间的联系。

第六章　客户关系管理系统

学习目标

1. 掌握客户关系管理系统的架构；
2. 了解客户关系管理系统的业务流程；
3. 理解各个子系统的架构和业务流程；
4. 了解呼叫中心的概述。

上海金丰宜居的“改头换面”

上海金丰宜居是集租赁、销售、装潢、物业管理于一身的房地产集团。由于房地产领域竞争日趋激烈，花一大笔钱在展会上建个样板间来招揽顾客的做法已经很难起到好的效果。在电子商务之潮席卷而来时，很多房地产企业都在考虑用新的方式来吸引客户。

艾克公司为金丰易居提供的客户关系管理平台包括前段的“综合客户服务中心 UCC”以及后端的数据分析模块。前端采用艾克 UCC3. 20，该产品是整合了电话、web、传真等多渠道、多媒介传播及多方式分析系统的综合应用平台。在前端和后端之间是数据库，它如同信息蓄水池，可以把从各个渠道接受的信息分类，如客户基本信息、交易信息和行为记录等。后台采用艾克 OTO2. 0，它用于数据分析，找出产品与产品之间的关系，根据不同的目的，从中间的数据库中抽取相应的数据，并得出结论，然后返回数据库，于是，从前端就可以看到行销建议或者市场指导计划，由此构成了从前到后的实时的一对一行销平台，通过这个平台解决了金丰易居的大部分需求。

（《上海金丰宜居的客户关系管理》，http：//www. docin. com/p-1100624005. html）

第一节　客户关系管理系统概述

客户关系管理系统是基于企业对客户关系管理的需求以及管理信息技术的支撑发展起

来的，能够借助软件、硬件和网络技术为企业收集、管理、分析客户信息，并将分析结果应用于客户关系管理实践中，为企业决策提供支持。

一、客户关系管理系统的产生

（一）理论演变

客户关系管理是一种关于市场营销的管理理论。随着时代的发展，市场营销理念从4Ps转变为4Cs的营销管理模式，从交易型营销转变为关系营销，从单一销售转向建立友好合作关系，从不重视客户服务转向向客户高度承诺。客户关系管理吸收了“数据库营销”“关系营销”“一对一营销”等营销管理思想，并提出客户生命周期和客户终身价值理论等。营销观念变迁的过程，也就是客户地位不断加强的过程。正是为了适应这一变化，企业才产生了更好满足客户需要，以期与其保持一种长期的战略合作伙伴关系的需要。

（二）系统产生

客户关系管理系统采用了现代管理信息技术，即将现代信息技术（通信技术、计算机技术和控制技术等）综合应用到管理领域。数据库技术的发展以及数据仓库、商业智能和知识发现等技术的应用，大大提高了企业收集、管理、加工和利用客户信息的质量。系统集成技术的发展，又使得企业将各个应用子系统在客户中心战略的总体规划下进行优化整合，实现面向客户的资源配置体系。另外，基于互联网的信息技术正逐渐成为成熟的商业手段和工具，并且也越来越多地被应用于企业信息化的建设中，这使得企业的信息系统具备了适应市场客户动态变化的灵活性和开放性。

先进技术的发展使得客户关系管理不再停留在理论阶段，而是有了实现的可能，有效增强企业的销售能力、营销能力、客户服务与支持能力以及对客户需求的反应能力，进而改善企业自身与客户之间的关系，使得客户服务在技术层面有了充分的保障，并进一步帮助企业在激烈的市场竞争中提升核心竞争力。

（三）发展现状

进入信息技术高速发展的时代，现代技术对客户关系管理系统的影响也在逐渐体现。人工智能、云计算、物联网等技术的应用，为客户关系管理系统注入了新鲜的血液，在从技术上改变客户关系管理系统功能的同时，更从理念上重塑了客户关系管理系统，使人们以一个全新的视角、全新的态度面对客户关系管理。

二、客户关系管理系统的定义

客户关系管理系统（CRM）是以客户数据的管理为核心，利用现代信息技术、网络技术、电子商务、智能管理、系统集成等多种技术，记录企业在市场营销与销售过程中和客户发生的各种交互行为，以及各类有关活动的状态，提供各类数据模型，从而建立一个客户信息的收集、管理、分析、利用的系统，帮助企业实现以客户为中心的管理模式。

客户关系管理系统的主要工作是：(1) 帮助记录、管理所有企业与客户交易与交往的记录，并通过分析辨别哪些客户是有价值的，以及这些客户的特征等；(2) 实现自动化管理，动态地跟踪客户需求、客户状态变化到客户订单，记录客户意见；(3) 通过自动的电子渠道，如短信、邮箱、网站等承担对客户进行的某些自动化管理的任务。

三、客户关系管理系统的架构

通用的客户关系管理系统的组成一般包括市场管理、销售管理、服务管理三个部分。三者之间的相互关系是以客户为中心，把企业、市场、销售和服务等活动连接起来，形成一个网链。企业先从市场寻找机会，然后从营销中寻找商机，最后促成销售。在销售的过程中及销售完成之后，企业都会有相应的服务，服务的信息又将反馈给市场，已达到留住老客户、吸引新客户、提高客户利润贡献度的目的。

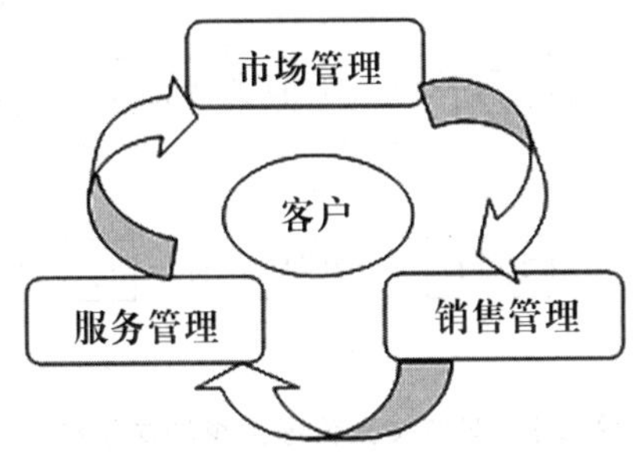

图 6.1　客户关系管理系统的组成

(一) 市场管理

市场管理能为市场人员识别和确定潜在顾客和目标顾客群，通过对人口、地理区域、收入水平、以往的购买行为等信息的分析，更科学、更有效、更精确地制定出产品和市场策略，同时还可以提供企业业务为何出现盈亏的分析依据。

(二) 销售管理

销售管理能为销售人员有效地跟踪所有销售过程，用自动化的处理过程代替原有的人工整理分析过程，将销售信息集成为数据库，使所有销售人员可以共享客户资料，这也最大限度地避免了因销售人员的离职而损失客户的现象发生。同时，CRM 还集成了每个时段产品、定价、货量、出货等重要的信息，缩短了销售周期，也减少了销售过程中的错误和重复性的工作。

（三）服务管理

服务管理能通过强大的客户数据库把销售过程、营销宣传、客户关怀、售后服务等环节有机地结合起来，为企业提供了更多的机会，向企业的客户销售更多的产品。客户服务的主要内容包括：客户关怀、纠纷处理、订单跟踪、现场服务、问题及解决办法的数据库、维修行为安排和调度、服务协议、服务请求管理等。

四、客户关系管理系统的类型

按照体系结构，客户关系管理系统可分为操作型 CRM 系统、分析型 CRM 系统、协作型 CRM 系统。

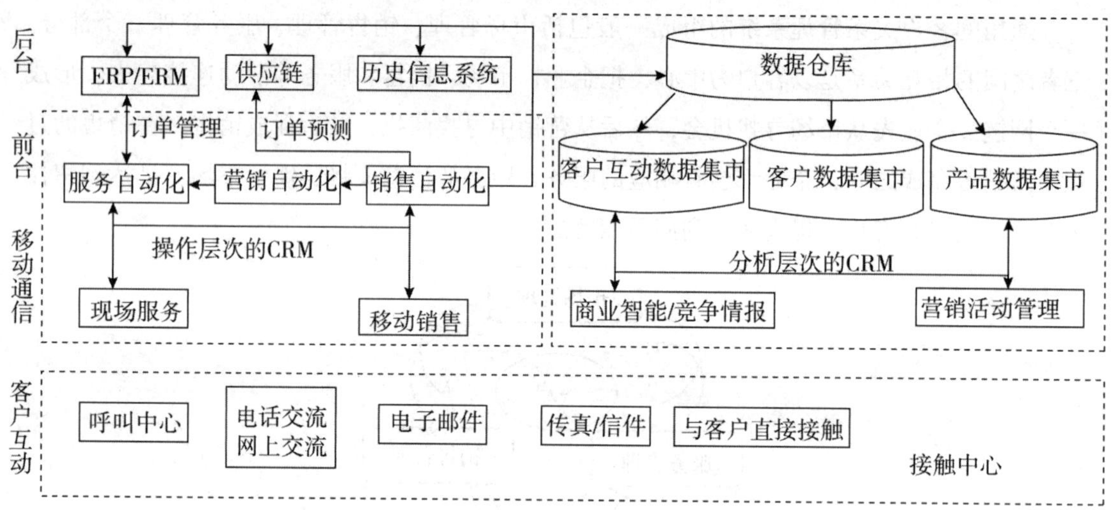

图 6.2　客户关系管理系统的体系结构

（一）操作型 CRM 系统

操作型 CRM 系统也被称为“前台”客户关系管理系统，包括与客户直接发生接触的各个方面。运用现代技术解决“以客户为中心”的一系列问题，如销售信息管理、销售信息分析、销售过程定制、销售过程监控、销售预测等功能，为各个部门业务人员的日常工作提供客户资源共享，减少信息滞留点，为客户提供高质量的服务。通过为客户服务的自动化来改善与客户接触的流程，进而提高工作效率，使客户满意。

（二）分析型 CRM 系统

分析型 CRM 系统也称为“后台”客户关系管理系统，它不需要直接同客户打交道，其作用是分析理解发生在前台的客户活动，主要是从运营型客户关系管理系统应用所产生的大量交易数据中提取有价值的各种信息，为企业的经营管理和决策提供有效的量化依据。

分析型 CRM 系统主要面向客户数据分析，针对一定企业的业务主题，设计相应的数据库和数据集市，利用各种预测模型和数据挖掘技术对大量的交易数据进行分析，从而对未来趋势做出必要的预测或寻找某种商业规律。作为一种企业决策支持工具，分析型 CRM 系统用来指导企业的生产经营活动，提高经营决策的有效性和成功度。

（三）协作型 CRM 系统

协作型 CRM 系统是指企业通过各种途径直接与客户互动的一种状态。协作型 CRM 系统作为一种综合的解决方案，基于多媒体联系中心，将多渠道的交流方式融为一体，建立统一的接入平台——交互中心，为客户和企业之间的互动提供多种渠道和联系方式，提高企业与客户的沟通能力。

在工作中，由于员工和客户要同时完成某项工作，所以都希望尽快解决问题。这就要求客户关系管理系统的应用必须能帮助员工快速准确地记录客户请求的内容，并快速找到问题的答案。如果问题无法在线解决，协作型 CRM 系统还必须提供智能升级处理，员工必须及时作出任务转发的决定。

五、客户关系管理的功能结构

随着现代管理科学和计算机技术的迅速发展，CRM 作为企业客户管理理念与信息技术相结合的最新成果，其研究具有重要理论意义和实践价值。CRM 系统是由以客户为中心的市场管理、销售管理和服务管理三个部分构成的有机系统，主要分为四个子系统：市场管理子系统、销售管理子系统、服务管理子系统和客户管理子系统。

（一）客户管理子系统

客户管理子系统将企业所有的客户资源进行集中、全面的管理，帮助企业建立客户全方位视图，从而能够延长客户生命周期，更深地挖掘客户潜力，提升客户价值。客户管理子系统包括客户基础信息、客户信息查询、客户关怀、客户分析等功能。

（二）市场管理子系统

市场管理模块能帮助市场专家对客户和市场信息进行全面的分析，从而对市场进行细分，产生高质量的市场策划活动，指导销售队伍更有效地工作。市场管理功能可以对市场、客户、产品和地理区域信息进行复杂的分析，帮助市场专家开发、实施、管理和优化相应的策略。市场管理功能还可以为销售、服务和呼叫中心提供关键性的信息，比如产品信息、报价信息、企业宣传资料等都由市场管理模块提供。市场管理功能通过数据分析工具，帮助市场人员识别、选择和产生目标客户列表。市场管理功能可与其他的应用模块相集成，确保新的市场活动资料自动地发布给合适的销售、服务人员，使活动得到快速的执行。

市场管理功能主要是通过开展市场营销活动和实施市场计划来完成市场的开发与客户的挖掘，以便更好地提供销售线索，进而形成商机。此模块应设置的功能有：营销活动管理、市场计划管理、市场情报管理、市场分析等。

（三）销售管理子系统

在CRM系统中，销售管理模块主要管理商业机会、客户账目以及销售渠道等方面。该模块把企业的所有销售环节有机地组合起来，这样，在企业销售部门之间、异地销售部门之间以及销售与市场之间建立一条以客户为引导的流畅的工作流程。销售管理模块能确保企业的每一个销售代表（包括移动和同定销售代表）能及时地获得企业当前的最新信息，包括企业的最新动态、客户信息、账号信息、产品和价格信息以及同行业竞争对手的信息等。这样销售代表同客户面对面的交流将更有效，成功率将更高。

销售管理模块主要是从市场管理模块中获取销售线索信息并转化商机后，提出销售报价，签订销售合同，结算佣金，开出销售订单，收回销售货款，编制销售计划，进行销售分析等，实现全过程管理；同时，为下一环节提供销售服务需求，形成服务管理模块的数据来源。销售管理模块应设置的功能有：线索管理、商机、销售报价、销售合同、佣金、销售订单、收款、销售计划、销售分析等。

（四）服务管理子系统

服务管理模块可以使客户服务代表有效地提高服务效率，增强服务能力，从而更加容易捕捉和跟踪服务中出现的问题，迅速准确地根据客户需求解决调研、销售扩展、销售提升各个步骤中的问题，延长每一个客户在企业中的生命周期。服务专家通过分解客户服务的需求，并向客户建议其他的产品和服务来增强和完善每一个专门的客户解决方案。

服务管理模块提供易于使用的工具和信息（包括服务需求管理，服务环境配置及多种问题解决方案）。这些方案包括相关案例分析，问题的分析诊断（包括横向决策树），可在巨大的科技文档库、常见问题解答数据库和已有的客户服务解决方案中查找基于客户、话务员、服务渠道和服务许可等的广泛的信息，客户咨询通过合适的渠道被发送给合适的话务员进行处理。服务管理模块可以从空闲的话务员中选择最称职的话务员来解决客户咨询。通过对服务许可管理的全面支持，采用自动的工作流程，并增强对每一个咨询的路由监控，服务管理模块可以确保客户的要求及时满意地得到解决。

服务管理模块通过呼叫中心接受客户服务请求信息。在校验销售合同后，企业对需要维修的产品提供产品维修服务，对于需要装箱的配件进行装箱处理，并进一步完成客户商品的管理、维修项目的服务管理以及产品缺陷的管理。服务管理模块应设置的功能有：服务请求、服务合同、产品维修、装箱单、商品、项目服务、产品缺陷等。

六、客户关系管理系统的业务流程

一个设计科学合理的客户关系管理系统会按照实际工作中的程序、结合软件应用形成规范的、操作性强的系统流程。通用的客户关系管理系统的一般业务流程是：首先通过开展各种营销活动获取大量新客户的查询信息，挖掘客户数据库信息，分析老客户信息，以便争取新客户、保留老客户，为销售提供线索。销售线索确定形成的是可以进一步追踪的具体客户，同时转化为商机，然后形成的是潜在客户。接下来是对商机进行销售跟踪推进，完成竞争分析、需求跟踪和机会分析等各阶段任务，直至商机成功关闭。然后进入销售报价阶段，经过商务谈判后，企业确定商品价格，在检查库存的基础上，双方签订销售合同，确立购销关系，形成的是成交客户。接着根据销售合同的要求及时组织发货，并开出销售发票，产生应收账款。之后通过呼叫中心接受客户售后的服务要求，完成商品的各种维修服务，就这样在以客户为中心的体系中，对老客户、具体客户、潜在客户和成交客户进行全方位的管理，完成客户关怀、客户回访调查、客户投诉等各项工作。

第二节　市场管理子系统

根据调查，市场专业人员会将80%的时间花费在开展市场活动和制定程序上，而花费在制定策略、规划和分析上的时间只有20%。随着互联网等新兴市场营销渠道的出现以及其与电话营销和传统的直邮方式的同步使用，市场营销活动的实施和效果跟踪已越来越复杂和耗费时间。

一、市场管理子系统概述

（一）市场管理子系统

市场管理子系统是CRM系统的核心组成部分之一，可以对客户和市场信息进行全面分析，开展市场细分，产生高质量的市场策划活动，指导销售队伍更有效地工作。通过市场管理子系统可以使市场营销专业人员对直接市场营销活动的有效性加以计划、执行、监视和分析。市场营销管理子系统还为销售、服务等提供关键性信息。

市场管理子系统的主要任务是通过获取大量市场信息、开展各种营销战役，争取新客户、保留老客户，为销售提供线索。在开拓新市场的过程中，也要对竞争对手和客户伙伴的信息进行有效的管理，只有这样，才能对市场情况做深入和广泛的了解，为占领市场争

取主动权。

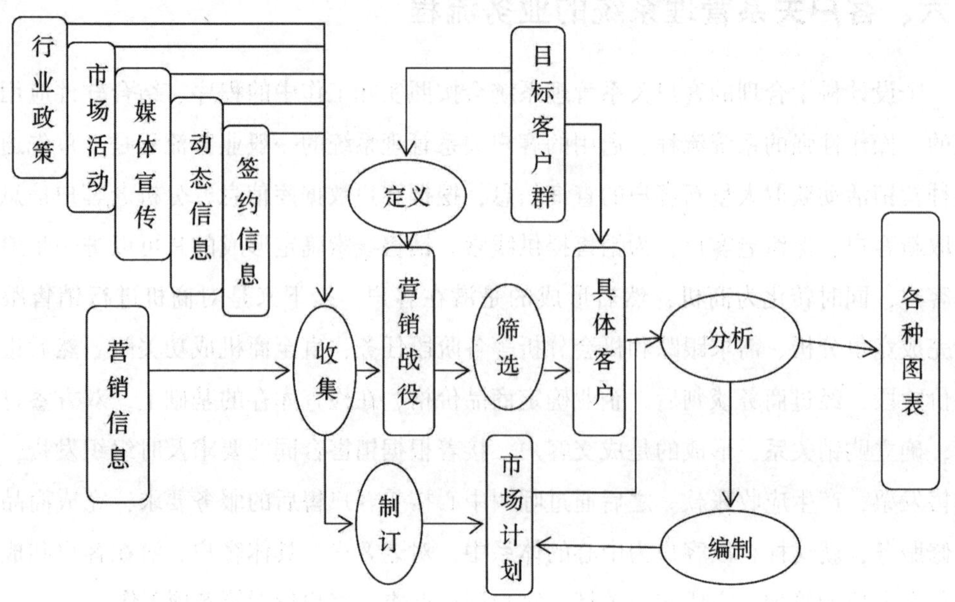

图 6.3 市场管理子系统的业务流程

如图 6.3 所示，在每一项营销活动开展之前，企业都要收集与本企业经营业务发展相关的一些行业政策、通用标准、相关规范等，收集与本企业或者竞争对手以及合作伙伴相关的市场活动、媒体宣传、签约信息等市场情报资料。这些市场资源是开展营销战役的前提条件。然后，再根据企业实际情况和市场管理工作规划，有计划地开展营销战役。

（二）营销自动化（MA）

营销自动化是营销管理子系统中的重要组成部分，通过设计、执行和评估市场营销行动和相关活动的全面框架，赋予市场营销人员更强的工作能力，使其直接能够对市场营销行动的有效性加以计划、执行、监督和分析，并可以应用工作流技术，优化营销流程，使一些共同的任务和过程自动化。简单点来说，就是把营销人员及营销管理人员每天所从事的各种营销活动尽可能“信息化”“标准化”“合理化”“智能化”。

营销自动化的最终目标是企业可以在活动、渠道和媒体间合理分配营销资源，以达到收入最大化和客户关系最优化的效果。营销自动化是通过营销计划的编制、执行和结果分析，清单的产生和管理，预算和预测，资料管理，建立产品定价和竞争等信息的知识库，提供营销的百科全书，进行客户跟踪、分销管理等，以达到营销活动的设计目的。

营销自动化能够协调多种营销渠道，如电话销售、电视销售、直接邮寄、传真、E-mail和 Web，并且防止渠道间营销策划发生交叉或冲突。营销自动化还可以在市场营销过程中有效帮助市场人员分析现有的目标客户群体，如主要客户群体集中在哪个行业、哪类职业、哪个年龄层次、哪个地域等等，从而帮助市场人员进行精确的市场投放。

营销自动化和销售自动化模块所提供的功能不同，这些功能的目标也不同。营销自动化不局限于提高销售人员活动的自动化程度，其目标是为营销及其相关活动的设计、执行和评估提供详细的框架。但很多情况下，营销自动化和销售自动化是互补的。

客户关系管理中，营销自动化实现的功能：

1. 规划及进行市场活动，通过区分不同的营销对象来规划市场活动和推动营销层次；通过线索和商机的获取数量及质量来定义营销活动的成功指标，并评估营销效率；跟踪所有客户与营销活动相关的需求；跟踪所有客户与营销活动相关的销售人员。

2. 电子邮件营销，可以根据已有的线索、联系人和商机中的有关信息管理邮寄地址列表；批量发送邮件至线索或联系人；对线索和联系人使用一系列的自动回复系统管理。

3. 潜在客户开发，通过在线线索表格从网站直接捕获线索；根据客户要求配置自动回复的电子邮件，从网站上捕获线索并分配给相应的销售人员，在企业网站上定制在线提交的表格，从外部资源导入线索比如网络下载、贸易展览、研讨会、直销邮件以及其他的市场活动获取的客户清单，根据线索信息的详情将潜在机会推向新的阶段。

4. 管理营销联系人，在同一个系统中跟踪所有联系人及相关商机、销售活动等信息，从外部资源及其他业务系统中导入联系人。

5. 评估营销效果，以便跟踪和改进营销活动的效果。

二、市场管理子系统的主要数据文件

市场管理子系统需建立的主要数据文件有营销战役、目标客户群、具体客户、市场计划等。此外，企业还可以建立行业政策、市场活动、媒体宣传、动态信息、签约信息等辅助数据文件。

（一）营销战役文件

营销战役文件是市场管理子系统的主文件，按战役项目设置记录，按战役项目的编号和名称、战役的时间、战役的地理区域、战役的目标和费用、战役的类型和状态、战役的责任人等内容设置字段。

（二）目标客户群文件

目标客户群文件是以某一营销战役为对象、记录一组目标客户总体情况的文件。该文件按营销战役编号，按目标客户群名称、类型、数量以及在数据处理时需要的、目标客户群选择的条件设置字段。

（三）具体客户文件

具体客户文件是以某一具体客户为对象存储客户初步的、基本信息的文件。该文件按客户的编号、名称、类型、联系方式、所在地理位置，与其他文件相关联的营销战役、目标客户群、联系人等情况，以及与具体客户相联系的时间、状态、结果，负责人，是否完成等内容设置字段。

（四）市场计划文件

市场计划文件是以市场计划项目为对象记录市场计划、市场开展情况的文件。该文件按市场计划的编号、名称，计划和实际的时间，市场计划的状态、描述、总结，市场计划的预计收入、费用预算、紧急程度，市场计划针对的产品，市场计划的合作媒介、责任人以及关联营销战役文件和目标客户群文件的营销战役和目标客户群等内容设置字段。

上述文件的相互关系是以营销战役文件为核心文件，并由市场计划文件关联营销战役文件和目标客户群文件，通过目标客户群文件筛选出此次营销战役的具体客户，形成具体客户文件。

三、市场营销子系统的功能结构

市场管理子系统主要是通过营销战役的开展、市场计划的实施来完成市场开发和客户挖掘的工作，以便更好地提供销售线索，形成商机。市场管理子系统应设置的功能有营销战役管理、市场计划管理、市场资料管理、数据统计分析等。

（一）营销战役管理

营销战役管理是市场管理子系统的核心模块之一，主要包括营销战役、目标客户群、具体客户等功能模块。

营销战役是企业市场管理工作的起点。通过对营销战役的规划可以实现企业营销活动的费用预算规划、区域规划、时间进度规划、预计收入规划等，可以建立营销战役和目标客户群、具体客户、市场计划等对象的关系，表现企业营销战役的整体情况。通过营销战役对客户的处理情况，可以更有效地监督、控制营销战役的执行情况。通过销售系统的销售数据分析、客户数据分析、产品数据分析等为市场的营销规划做决策参考，同时通过将市场反馈和销售及时、有机地结合起来，从而实现市场管理子系统与销售管理子系统的整合。

（二）市场计划管理

对于日常的、小型的市场活动，企业可以通过市场计划的管理来实现。而企业一些连续性强并具有战略意义的大型市场活动或者营销计划，就得通过营销战役管理确定具体的客户之后再实现。

编制市场计划是市场管理子系统的核心模块。在营销活动中，根据筛选条件形成目标客户群并进一步导出具体客户后，就应及时编制市场计划。市场计划经过审批人员审批后，即可进行实施。

（三）市场资料管理

市场资料管理是指对从各个方面汇聚来的市场信息的管理，包括行业政策、市场活动、动态信息、媒体宣传、签约信息等。

（四）数据统计分析

市场管理子系统可以选择系统提供的默认方案，也可以根据实际需要自定义图表分析方案，采用直方图、折线图、饼图、层叠图进行分析。对于具体客户，可以按地区或行业分析企业客户、竞争对手客户、合作伙伴、线索客户在不同时期的发展变化趋势。对于市场计划，可以按营销活动的不同时期、计划的状态和计划的完成情况进行分析。

第三节　销售管理子系统

销售是客户关系管理系统中的主要组成部分，主要包括潜在客户、客户、联系人、业务机会、订单、汇款单、报表统计图等模块。业务员通过记录沟通内容、建立日程安排、查询预约提醒、快速浏览客户数据有效缩短了工作时间。而大额业务提醒、销售漏斗分析、业务指标统计、业务阶段划分等功能又可以有效帮助人员提高整个公司的成单率、缩短销售周期，从而实现最大程度的业务增长。

销售漏斗原理

销售漏斗，也叫销售管线，是科学反映企业机会状态以及销售效率的一个重要的销售管理模型。通过对销售漏斗要素的定义，如阶段划分、阶段升迁标志、阶段升迁率、平均阶段耗时、阶段任务等，形成销售漏斗管理模型。当日常销售信息进入系统后，系统会自动生成对应的销售漏斗图，通过对销售漏斗的分析可以动态反映销售机会的升迁状态，预测销售结果；通过对销售升迁周期、机会阶段转化率、机会升迁耗时等指标的分析评估，可以准确评估销售人员和销售团队的销售能力，发现销售过程的障碍和瓶颈；同时，通过对销售漏斗的分析可以及时发现销售机会的异常。销售漏斗是一个科学有效的管理手段和方法，它的实施可以很方便地计算出销售人员的定额，可以有效地管理和督促销售人员，对销售人员的任务分配具有指导作用。

销售漏斗的顶部是有购买需求的潜在用户，上部是将本企业产品列入候选清单的潜在用户，中部是将本企业产品列入优选清单的潜在用户，下部是基本上已经确定购买本企业的产品、只是有些手续还没有落实的潜在用户，底部就是期望成交的用户。为了有效管理自己的销售人员或系统集成商、增值服务商，就要将所有潜在用户按照上述定义进行分类，处在漏斗上部的潜在用户成功率为25%，处在漏斗中部的潜在用户成功率为50%，处在漏斗下部的潜在用户成功率为75%。

（《销售漏斗原理》，http：//baike. baidu. com）

一、销售管理子系统概述

（一）销售管理子系统

在CRM系统中，销售管理主要是对商业机遇、销售渠道等进行管理，即将企业所有的销售环节结合起来，形成统一的整体。销售管理模块有助于缩短企业销售周期，提高销售的成功率，同时还为销售人员提供包括企业动态、客户、产品、价格和竞争对手等大量的最新企业信息。

销售管理子系统可以快速获取和管理日常销售信息。从机会受理、对联系人的跟踪，到预测和查看最新的渠道信息，能够为提高销售人员工作效率提供流畅、直观的工作流功能，同时也保证了每个客户和每个销售小组成员之间能进行充分的沟通。另外，销售经理也能有效地协调和监督整个销售过程，从而保证销售取得最大的成功。

销售管理子系统的任务主要是从市场管理子系统获取销售线索信息，形成商机，对协商价格、签订合同、组织发货、收取货款等一系列的工作直至销售目标实现全过程管理。在以客户为中心的CRM系统中，企业对客户的管理和关怀十分重要。在掌握大量客户数据的基础上，对客户资源进行集中全面的管理，帮助企业建立客户全方位视图，能够延长客户生命周期，更深入地挖掘客户潜力，对提升客户价值有着重要的意义。销售管理子系统根据市场管理子系统所提供的销售线索，随着营销人员分派任务的进一步完成，将一些有现实需求的客户转入商机管理。在为其提供更好的跟踪服务后提出审批的报价单，以便实现销售合同的签订，达到预期的销售目标。

从图6.4中可以看出，销售管理各阶段通过对客户进行全过程跟踪服务，最终取得销售的实现。销售管理子系统的处理过程是：线索→商机→报价→合同→订单→收款→分析，即从市场管理子系统中将客户资料形成销售线索；通过对这些销售线索全方位、细致的分析，可以将其进一步转化为商机；把握住商机并根据客户需求提出经过审批的商品报价单；协商商品价格使客户满意，双方签订销售合同，确立购销关系；企业开始组织订货，按客户的要求签订销售订单；企业根据销售合同的要求按期提供保质保量的商品，及时组织发货并开出销售发票，产生应收账款；考虑销售订单，根据销售任务等资料编制销售计划；利用各种分析 方法 ，分析销售计划的完成情况。

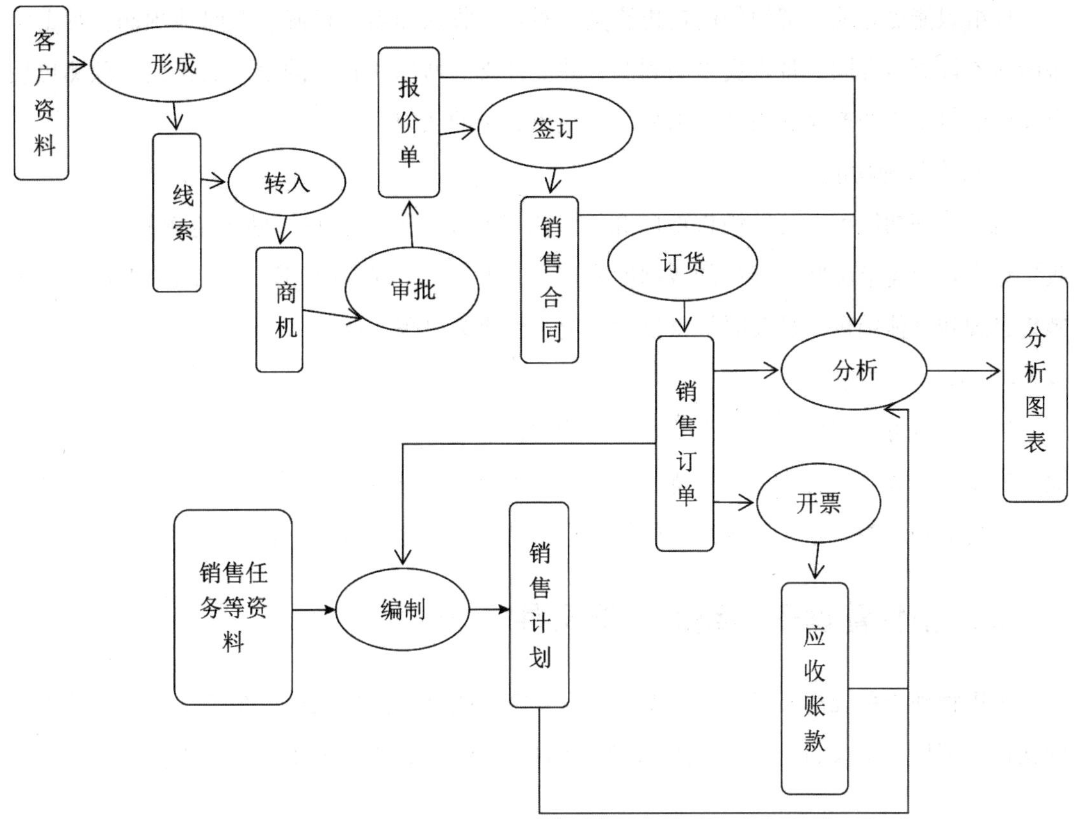

图 6.4　销售管理子系统业务流程

（二）销售自动化

销售自动化是销售管理子系统的重要组成部分，是以自动化方法——即信息技术，替代原有的销售过程。强大的销售能力是任何企业获得收益的关键。CRM 系统通过重构企业业务流程，增强企业的销售能力，同时实现销售力量自动化，提升销售的水平。

销售自动化适应了在激烈的市场竞争中销售机构提高本身管理水平的要求，可以帮助企业获得竞争优势。一般而言，它可以帮助销售部门和人员高质量地完成日程安排、联系人和客户管理、销售机会和潜在客户管理、销售预测、建议书制作与提交、定价与折扣、销售地域分配和管理以及报销报告制作等工作。

销售自动化的功能集中体现在联系人管理、销售预测、机会管理、活动管理等方面。

1. 联系人管理功能

联系人管理功能可以跟踪潜在客户，并将合适商机无缝地转移给合适的人员，使销售代表能够实时接触到潜在客户，使整个公司全方位地了解客户信息，并能够对每个客户保持深入了解，推动跨部门协作，建立稳固长期的客户关系，从而与客户进行有效的沟通。

2. 销售预测功能

使组织能更好地了解他们的销售流量，对客户收入和需求精确、及时地预测，帮助销售团队签订更多合同，带来更多的利润，并使开支的增加和收入的增长成正比。预测也使企业能够对未来的产品和服务需求趋势产生更深刻的认识。

3. 机会管理功能

机会管理功能可以帮助销售部门和销售人员跟踪产品、客户、销售定额并预测前景，收集潜在客户需求和联络资料的数据库应用系统及“市场百科全书”，管理销售机会，为销售经理和其他销售人员及时提供反馈意见，使决策过程有序化。

4. 活动管理功能

销售人员可以利用客户关系管理系统管理自己的日程表、活动计划、待处理工作，快捷地安排时间和会议，快速查看待处理的工作内容；也可以将各项活动按照其重要程度排序，并附上相应的联系人、客户名称等信息，从而更好地进行客户管理。

二、销售管理子系统的主要文件

销售管理子系统需要建立的数据文件有：客户线索、商机文件、报价单文件、销售合同文件、销售订单文件、客户佣金文件、销售员佣金文件、应收账款文件、销售计划文件等。

1. 客户线索文件是以客户为单位设置记录，反映客户的基本信息、联系人信息和自有产品信息，线索来源［包括营销活动、员工推介、800 电话一种被叫方付费的电话，常用于售后服务、电视购物等方面）、广告反馈、老客户推介等］，线索状态（包括已分配、未分配、成功关闭、失败关闭），结果信息（包括转入商机或失败关闭），以及线索责任人等方面的信息。

2. 商机文件反映关于求购产品、销售产品、寻求合作机会、提供服务等方面的商业信息的文件，按每一项客户伙伴的商机设置记录，反映商机的编号、名称、状态，客户伙伴销售方法和所处的销售阶段（标准销售方法包括：需求跟踪、方案设计、销售报价、合同签订等四个阶段），收入情况、线索情况、成功概率，各活动阶段日期、预购产品，责任人等内容 。商机文件与客户线索文件相关联，以获取线索客户的有关信息。

3. 报价单主体文件按每一项报价设置记录，反映报价的名称、版本、状态（包括报价中、已核准、已接受、已拒绝），关联的商机和客户伙伴，采取的价格策略，产品价格，付款要求，责任人等内容。

4. 报价单明细文件是在报价单主体文件的基础上，对产品的品种规格、计量单位和价格情况的明细反映。报价单主体文件的一条记录可以对应多条产品及其价格记录。

5. 销售合同主体文件按签订的每项销售合同设置记录，反映销售合同的编号、类别、客户、价格策略、金额、佣金、责任人以及报价单号和商机等内容。销售合同主体文件关联报价单文件和商机文件，从中获取客户有关信息，并保持数据的一致性。

6. 销售合同明细文件反映每一项销售合同的各种产品数量、价格等方面的内容。一个销售合同主体文件可以对应多个销售合同明细文件的记录，即按不同产品开设记录。其结构与报价单明细文件的基本结构相同。

7. 销售员佣金文件是反映销售员根据所签订的销售合同应获得佣金情况的文件。应反映销售员佣金的编号、名称、类型（包括基本佣金、月度佣金、季度佣金、半年度佣金、年度佣金），销售合同的编号、类型和金额，佣金的基准、提取、支付，以及佣金的日期和责任人等内容。

8. 客户佣金文件按客户签订的每项销售合同设置记录，反映客户佣金的名称、金额、状态（包括拟订中、审批中、执行中、关闭中）、时间，签订的销售合同、销售金额及客户，客户付款和佣金支付情况，佣金提取的比例，联系人、责任人等内容。

9. 销售订单主体文件按销售的每一项订单设置记录，关联报价单、销售合同、商机等三个文件，反映销售订单的编号、日期、类别、来源、客户，销售方式、送货方式、结算方式，送货地址，货款的价格策略、币种、汇率、税额、金额，联系人、责任人，以及报价单文件的报价单号、销售合同文件的合同号、商机文件的商机等内容。

10. 销售订单明细文件反映每一项销售订单的产品数量、价格等方面的内容。一个销售订单主体文件可以对应多个销售订单明细文件的记录，即按不同产品开设记录。其结构与报价单明细文件和销售合同文件的基本结构相同。

11. 应收账款文件是在确认企业产品销售已实现并开出销售发票之后，所形成的客户销货往来业务应收未收和应收已收款项的文件。按每一项应收款设置记录，反映应收款单据的编号、日期、说明，订单号、合同号、商机、客户，币别、汇率、结算方式，应收总金额、已收金额、未收金额，应收款状态（款未完、款已完），发票号、发票日期以及责任人等内容。

12. 收款单文件是反映客户销售货款应收已收情况的文件。按取得的每一项收款设置记录，反映收款单号、日期、类型，订单号、合同号，货款的币别、汇率、应收金额、已收金额、未收金额、冲款、总金额，客户、合同号以及责任人等内容。

总之，CRM 中销售管理子系统的数据分析，是从获得线索所形成的商机开始，直至实现销售收入的全过程，反映了系统内的数据流程和存储内容。它要求以“客户为中心”来构架企业，完善对客户需求的快速反应的组织形式，规范以客户服务为中心的工作流程，建立客户驱动的产品/服务体系，这样才能达到培养和提高客户的品牌忠诚度、增加企业销售收入、扩大市场份额的最终目的。

三、销售管理子系统的功能

销售管理子系统主要是从市场管理子系统中获取销售线索信息，并将其转化为商机，提出销售报价，签订销售合同，结算佣金，开除销售订单，收回销售货款，编制销售计划，进行销售分析等全过程管理；同时为下一环节提供销售服务需求，形成服务管理子系统的数据来源。销售管理子系统应设置的功能有线索管理、商机、销售报价、销售合同、佣金、销售订单、销售计划、销售分析等。

1. 线索管理

销售线索是商机的前序，不属于销售漏斗的管理范畴。其数据来源非常广泛，既可以由市场营销活动产生，也可以由销售员或其他部门直接产生。销售经理将销售线索分配给销售人员，然后销售人员对销售线索进行核对，将其中具有购买意向的销售线索转入商机。在销售线索转入商机的过程中，销售人员要对销售线索进行审核条件判断，如果需要审核，则转入销售经理审核流程，由销售经理审核后转入商机；如果不需要审核，则直接转入商机。销售线索从新增到关闭，其状态不断变化。

2. 商机

商机即商业机会，是指可能为企业带来潜在收入的事件。在客户关系管理系统中，企业不但要同时跟踪与某客户相关的多个商机，也要获得与其相关的资料和信息，如客户伙伴、联系人、活动和日志等。针对某一商机，企业可以保存和跟踪其潜在的价值变化和在各销售阶段的信息，还可以使用图表对商机的各项指标进行分析。

3. 销售报价

销售报价主要是通过报价单来完成的。报价单用来向特定的用户提供其产品或服务的报价。系统对报价单的管理划分为报价单和报价明细两部分：报价单是对报价总体描述，描述的信息有报价单名称、创建日期、相关的商机、客户伙伴等；报价明细则是对同产品或服务的具体报价，一个报价单可以有多条报价单明细。

4. 销售合同

销售合同是购销双方共同签订、应该遵守的协议。大多数企业，都有销售合同存在。其在项目生产、实施型的企业应用较多，而在零售企业可能应用较少。销售合同可以分为意向合同和具体合同。意向合同是企业与客户签订的意向协议，有些企业也叫年度合同，主要的信息是购买产品的数量信息、金额信息。通过意向合同，企业可以对新的一年或以后的某段时间里，有比较粗略的生产计划和销售预测。意向合同在意向转化为现实时，也可以签订具体的合同。此时意向合同和签订具体合同的关系称为关联关系，意向合同和与之有关联关系的合同在报批、审批、关闭等过程中，都要单独处理。

销售合同与商机之间的关系是商机经过一定的销售阶段推进、双方认可后可以草拟合同，合同签约后商机关闭。合同具有拟定、审批、审批通过、合同签约、合同关闭等几个阶段。

5. 佣金

企业可根据具体合同，对需要的项目佣金进行管理。生成佣金管理时，系统自动带入合同金额，录入佣金金额。佣金金额可与佣金比例联动，然后报批。报批通过后方可进行佣金执行。佣金执行时，从支付佣金明细中进入，新增佣金支付明细。然后报批，报批通过后，支付佣金进入佣金主体，佣金主体可以提供佣金的已支付总金额、剩余佣金总额、佣金总金额、合同总金额等数据。

6. 销售订单

销售订单是购销双方共同签署的、确认购销活动的标志。销售订单所反映的业务资料是企业正式确认的、具有合法经济地位的文件。通过它企业可以直接向客户销货、查询销售订单的发货情况和订单收款情况，是销售业务中非常重要的管理方式，从而在销售系统中处于核心地位。

7. 销售计划

销售计划主要是根据企业的经营目标，预计在一定时期内应完成的销售任务，反映企业未来最重要订单的整体情况。企业应充分利用销售数据，达到预测分析的功能。通过分解销售任务，将全公司年度销售任务分解到大区、分公司、部门、销售员，并自动按时间细化到每一周。销售计划的内容主要包括销售金额计划、销售产品计划、销售费用计划。销售计划主要包括制定和分解两个环节：制定在公司完成，分解是将公司计划层层下达到区域、分公司、部门、员工。

8. 销售分析

销售分析是指对销售管理子系统中比较重要的销售报表进行分析，主要包括产品收入分析、趋势分析等内容。

第四节 服务管理子系统

服务管理是让客户方便安全使用产品的有力保障，同时也是使客户满意乃至忠诚的关键步骤。如何将繁杂的服务管理通过客户关系管理系统进行有效集成，从而变成以本中心为利润中心，也是企业客户关系管理高效应用的一个关键环节。

一、服务管理子系统概述

客户服务管理是指企业为了建立、维护并发展顾客关系而进行的各项服务工作的总称，其目标是建立、提高顾客的满意度和忠诚度并最大限度地开发利用顾客，是针对企业单位开发新客户及维护老客户形成的一个对客户的联系、服务、售后，形成定期的管理记录档案。

客户服务管理是了解与创造客户需求，以实现客户满意为目的，企业全员、全过程参与的一种经营行为和管理方式。它包括营销服务、部门服务和产品服务等几乎所有的服务内容。

在客户关系管理中，服务管理主要是通过呼叫中心和互联网来实现的。当把服务管理与营销、销售管理模块较好地结合起来时，就能为企业提供很多好机会，向已有的客户销售更多的产品。

一般在客户关系管理下，服务管理覆盖的业务领域主要有呼叫中心客户服务（包括售前、售后服务）和现场客户服务两类。对于纯服务企业，如银行、保险和航空等，不涉及物质产品，因而也不涉及现场客户服务的应用。

（一）服务管理子系统

服务管理子系统是基于 CIT 技术（计算机和电话集成技术）的客户服务系统。它能使客户服务人员准确、高效地满足客户的个性化要求，并进一步保持和发展与客户的关系。

服务管理子系统通过呼叫中心系统（包括电话、E-mail、Web 等）是客户服务请求的入口。在接到客户服务请求后，先将相关信息录入系统中，然后将该任务进行分配。被分配人可以了解到任务由谁分配、任务的内容、服务的客户及联系人以及其他一些具体要求。另外，处理人的意见，也会说明为客户上门服务的时间。被分配人可以进入客户伙伴和联系人的列表，查看该客户的联系方式和地址等信息。在给客户服务的过程中，被分配人可以将相关的活动情况记录下来，作为自己的工作记录，以及自己对客户联系的活动记录。对需要维修的产品，首先要填写产品维修单，然后实施产品维修服务。产品维修单管理是售后维修业务管理的核心。在产品维修单中，通过产品信息、故障描述信息及故障诊断信息等，服务人员可以粗略地判断，然后再进行下一步工作。如果维修产品涉及配件维修情况，可以将配件的维修情况和维修结果写在记录中。产品维修如果涉及费用问题，可以在维修收费里记录。填上产品以及相关维修费用后，记录就完成了。维修工作完成后，应该将维修结果补充到维修单当中。服务管理子系统业务流程分析如图 6. 5 所示。

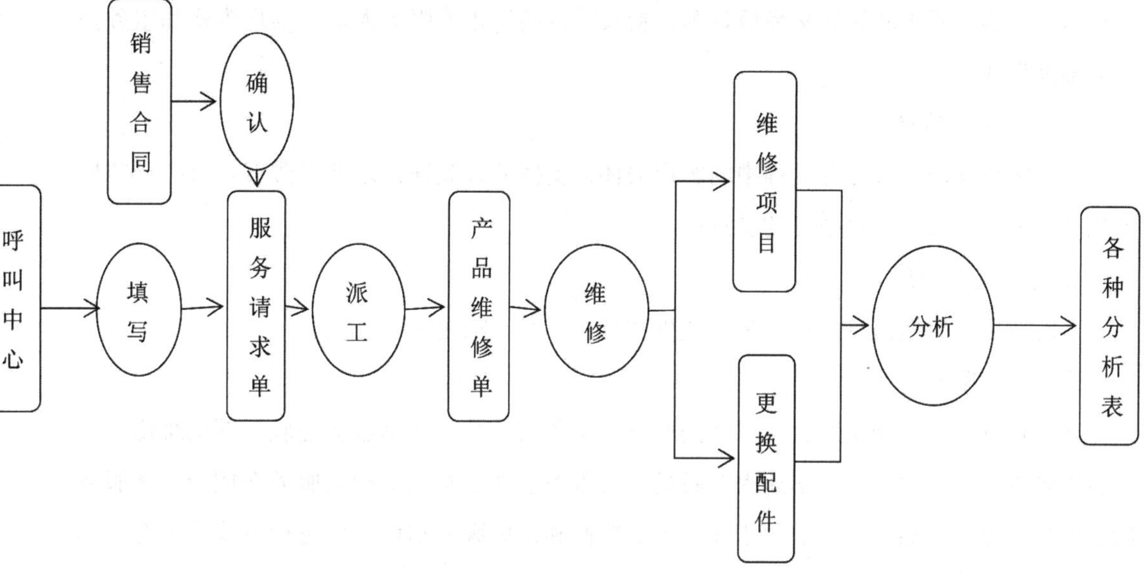

图 6. 5　服务管理子系统业务流程

从图 6. 5 中可以看出，服务管理子系统通过呼叫中心取得服务请求；然后按照销售合同的承诺，分派产品的售后维修服务任务，并根据维修的需要领取配件实施维修；最后通过维修找出产品的缺陷，分析故障原因以便改进产品设计。

（二）服务自动化

实现服务自动化对提高客户满意度、维护客户关系至关重要。服务自动化可以帮助企业以更快的速度和更高的效率来满足客户的售后服务要求，以进一步保持和发展客户关系。服务自动化系统可以向服务人员提供完备的工具和信息，支持与客户的多种交流方式，可以帮助客户服务人员更有效、快捷、准确地解决客户的服务咨询，同时根据客户的背景资料和可能的需求向客户提供合适的产品和服务建议。服务自动化包括客户自助式服务、客户服务流程自动化、客户关怀管理、客户反馈管理、建立知识库、收集信息、提供接口等方面的自动化功能。

1. 客户自助式服务

当客户使用产品时遇到困难或产品有使用问题和质量问题时，客户可通过 Web 自助服务。当前应用较为广泛的人工智能技术，为客户自助式服务提供了更为丰富的解决方案。

2. 客户服务流程自动化

若客户不能自行解决产品问题，可通过各种渠道联系售后服务部门。企业从收到客户的服务请求开始，可以全程跟踪服务任务的执行过程，保证服务的及时性和服务质量。企业可以自动派遣服务人员，分配服务任务。引入的“一对一个性化服务”理念，能自动把客户信息、客户所买产品的交易信息等资料及时传递给相关服务人员，实现维修和服务报告的辅助生成。

3. 客户关怀管理

实现客户维修、服务等过程中的客户关怀，支持节日关怀，定期提醒客户进行预防性维修和保养，提高客户对服务的满意度。

4. 客户反馈管理

及时对服务反馈信息进行收集、整理和分析，及时响应客户反馈。

5. 建立知识库

建立标准的服务知识库，可以帮助所有的服务人员及时共享服务经验，帮助维修人员进行故障诊断、技术支持，迅速提升新员工的服务水准。实现了相关服务案例分析和服务问题的自动分析诊断，实现了用于在巨大的维修和售后服务知识库中进行查找的强有力的检索功能。

6. 收集信息

及时收集服务过程中的客户需求信息和潜在购买意向，并将其及时提交给销售、营销部门，由相关人员进行跟踪管理。

7. 提供接口

提供与客户服务中心的接口，支持采用不同的方式与客户进行交流，包括互联网、E-mail、传真、电话等。

二、服务管理子系统主要数据文件

服务管理子系统需建立的主要数据文件有服务请求、产品维修、装箱单、产品缺陷、维修项目、更换配件和销售商品等。

（一）服务请求文件

服务请求文件是接受产品销售后的客户提出需要服务的有关信息的文件。该文件详细记载了客户的服务请求及企业为客户服务的时间和责任人情况。该文件按服务请求项目设置记录，按服务请求编号、内容、来源、范围、类型、等级、状态、时间、联系方式、责任部门和人员，以及服务请求所对应的销售合同等内容设置字段。

（二）产品维修文件

产品维修文件是反映客户服务请求需要产品维修情况的文件。该文件按每张产品维修单设置记录，按产品维修的时间、内容、故障诊断类型、产品缺陷、解决方案、产品维修部门和责任人，以及产品维修费用、与装箱单文件相关联反映装箱情况、与服务请求文件相关联的服务请求内容和相关商品产品等内容设置字段。

（三）维修项目明细文件

维修项目明细文件是根据产品维修文件的要求，对需要进行产品维修的项目设置维修项目明细文件，用以存储维修项目所需的商品、配件，以及维修情况的文件。该文件按维修项目设置记录，根据相关联的产品维修文件的维修单编号、所需商品组件和配件、维修级别、故障原因、维修项目内容和工种、维修车间和人员、是否更换、替代品、维修状态，以及需要结算的费用等内容设置字段。

（四）更换配件明细文件

更换配件明细文件是反映维修项目中确定需要更换配件明细情况的文件。该文件按维修项目所更换的配件设置记录。通过维修项目文件中维修商品的关联，按维修商品的编号和名称、更换配件的编号和名称、是否更换、是否替代、配件的数量、单价、折扣、费用，以及更换配件的确认状态、配件是否装箱等内容设置字段。

（五）装箱单文件

装箱单文件分为装箱单主体文件和装箱单明细文件，装箱单主体文件是在产品维修文件和更换配件明细文件中反映需要装箱配件主要情况的文件。按每一装箱单设置记录，在装箱单主文件中只反映装箱单各种配件的编号、状态、日期，发送、接收的部门和人员以及责任人等。装箱单明细文件是在产品维修文件和更换配件明细文件中反映应装箱配件情况的文件。

（六）商品文件

商品文件是反映已销售完成的商品情况的文件。该文件按每种已售商品设置记录，按商品的编号、名称、规格、序列号以及客户伙伴、联系人、合同号、订单号、数量购买时间、保修和责任人等内容设置字段。

（七）产品缺陷文件

产品缺陷文件是记录和反映产品在维修过程中，发现已销售完成的产品存在某种缺陷的文件。该文件按产品缺陷的内容设置记录，按产品缺陷编号、内容描述、产品名称、缺陷等级、缺陷类型、缺陷来源、严重程度、缺陷记录和关闭时间以及报告部门和报告人等内容设置字段。

三、服务管理子系统的功能

服务管理子系统主要通过呼叫中心或互联网来接受客户服务请求信息。具体的功能模块如下：

（一）客户信息管理模块

主要是收集与客户服务相关的资料，可完成包括现场服务派遣、客户数据管理、客户生命周期管理、支持人员档案和地域管理等业务功能。此外，通过与 ERP 系统的集成，可为后勤、部件管理、采购、质量管理、成本跟踪、财务管理等提供必须的数据。

（二）服务合同管理模块

通过帮助用户创建和管理客户服务合同，确保客户能获得应有的服务水平和质量，跟踪保修单和合同的续订日期，通过事件功能表（即根据合同制定的定期客户拜访、产品维护日程）安排预防性的维护行动。

（三）服务档案管理模块

使用户能够对客户的问题及解决方案进行日志式的记录，包括联系人管理、动态客户档案、任务管理以及解决关键问题的方案等，从而提高检索问题答案或解决方案的速度和质量。

（四）服务统计分析与决策支持模块

能对客户服务资料进行分析和处理，使企业既能根据客户的特点给客户提供服务，又能对客户的价值进行评估，从而使客户的满意度和企业盈利都得到提高。

第五节　呼叫中心

呼叫中心作为企业与客户沟通的重要渠道之一，也是多数客户乐于使用的渠道。这一交互界面集中了大量客户的基本信息、需求信息和业务活动信息，据此提升业务处理能力，是呼叫中心渠道的主要任务。正是这种特点，在全球客户关系管理系统表现最佳的应用案例中，无论是产品还是解决方案，都将呼叫中心纳入了客户关系管理系统的整体战略框架中，将其作为客户关系管理系统不可缺少的组成部分。

一、呼叫中心的概述

呼叫中心起源于北美。随着企业运营思想的改变，特别是客户关系管理在企业中的出现及其应用范围的不断扩展，呼叫中心也逐渐形成了一个巨大的产业，并被广泛应用。

管理方面，呼叫中心是促进企业营销、市场开拓并为客户提供友好的交互式服务的管理与服务系统。它作为企业面向客户的前台，面对的是客户，强调的是服务，注重的是管理，使企业理顺与客户之间的关系，并加强客户资源管理和企业经营管理的渠道。它可以提高客户满意度，完善客户服务，为企业创造更多的利润。

技术方面，呼叫中心是围绕客户采用 CTI 技术建立起来的客户关系中心。对外提供语音、数据、传真、视频、互联网、移动等多种接入手段，对内通过计算机集合电话网络联系客户数据库和各部门资源。

二、呼叫中心的发展

第一代呼叫中心就是今天常说的热线电话，基本上靠人工操作，服务人员专门负责处理各种各样的咨询与投诉。

第二代呼叫中心由具有简单排队功能的交换机和自动语音应答系统构成，可以减轻话务员的劳动强度，减少出错率。

第三代呼叫中心是兼有自动语音和人工服务的客户服务系统，在第二代的基础上采用 CTI 技术，实现数据与语音的融合。

第四代呼叫中心 CIC 完全提供了前三代呼叫中心所具有的语音交换功能，同时利用了集成的 IP 交换功能，能够完全支持计算机的网络服务。

第五代呼叫中心是基于 UC、SOA 和实时服务总线技术的、具备 JIT 管理思想和作为全业务支撑平台 TSP 的呼叫中心。

三、呼叫中心的作用

呼叫中心是企业与客户沟通的平台，是企业收集客户资料、了解客户需求的渠道，是为客户提供优质服务、维护客户忠诚度的中心，是企业从成本中心变成利润中心的手段。

（一）销售环节

销售人员通过呼叫中心可以随时得到相关产品的有关信息，随时与客户进行业务活动，从而在一定程度上实现了销售自动化，使销售人员将主要精力集中在开拓市场上，将企业的运营维持在最佳状态。

（二）市场营销环节

呼叫中心的呼出功能可帮助企业实施针对性强、效率高的市场营销活动，从而争取和保留更多、更有利的客户。

（三）售后服务环节

客户关系管理系统可以帮助企业提供有竞争力的售后支持、维修和维护服务。客户能够在最短的时间内得到统一、完整和准确的信息。同时，企业也能得到客户相关的资料，真实和全方位地了解客户。

四、呼叫中心的建设步骤

（一）呼叫中心的建设模式

1. 自建模式

自建模式是指企业自己购买硬件设备，并编写有关的业务流程软件，直接为自己的顾客服务。该种方式能够提供较大的灵活性，而且能够及时地了解用户的各种反馈信息。但是对于许多企业来说，建设呼叫中心时的投资和建成后保障中心正常运转需要投入的人力、物力、财力是巨大的。此时，企业需要采用外包模式通过呼叫中心运营商来进行呼叫中心的建设。

2. 外包模式

外包模式是指企业把客户服务中心全权委托给企业专业服务中心运营商来管理运作。外包模式中，首先要有一个独立的呼叫中心业务运营商，它有自己的、较大的呼叫中心运营模式，并可以将自己的一部分坐席或业务承包给有关的其他企业。这样，企业就可以将有关业务需求直接建立在这种业务运营商的基础之上，不用自己添置单独的硬件设备，仅需要提供有关的专用服务信息，而由呼叫中心业务运营商为自己的客户提供服务。这种方式的优点是节约成本，而且能够提供一个较专业的服务，但需要对有关的坐席人员进行培训。

3. 托管模式

托管模式是指由托管型呼叫中心服务商集中构建大型、高并发处理能力呼叫中心。系统通过创新远程坐席功能将呼叫中心坐席分租给位于不同地点的不同企业使用。通过呼叫中心托管服务，企业可以用自己坐席人员在自己办公室通过登录托管型呼叫中心平台来实现所有呼叫中心功能。这种方式既规避了自建模式的困难和风险，又可以使用自己坐席来为客户提供服务，将核心资源牢牢掌握在企业手中。尽管托管型呼叫中心被市场广泛接受，但是要成为一个合格的托管型呼叫中心服务商并不容易，需要有效解决两个方面的棘手问题，即如何保障企业信息安全性和在享受网络灵活、可分布特点的同时保证通话质量问题。

外包模式和托管模式的区别就在于外包式呼叫中心运营企业将设备、场地、人员、培训、管理等业务整体外包出去，而托管式呼叫中心的人员、培训、管理等全部交由企业负责。

（二）呼叫中心的建设步骤

1. 明确建设目标

根据企业的发展战略确定呼叫中心的目标及呼叫中心的建设规模，使呼叫中心成为战略的一个组成部分。

2. 确定业务需求及流程

先建立呼叫中心的系统模型，再根据目标来改造业务流程或者是建立新的业务流程。

3. 设备选型

根据公司的实际需要，做到既能满足现有传统服务的需要，又能满足系统将来的升级和扩展能力。在建设初期，可根据实际需要先选择几个必需的功能模块，而后根据需要添加新的功能组件和模块。

4. 建设实施

呼叫中心的建设阶段主要包括综合布线、系统安装、业务系统开发、调试、试运行和验收，同时也要建立与企业的其他数据库和应用服务器的连接。

5. 招募和培训人员

呼叫中心一般包括维护人员、业务代表、班组管理人员、质检人员和主管人员。

6. 运营管理

完善呼叫中心的培训、绩效考核、管理运作有助于拓展和发挥其技术优势，可有效地提高客户满意度和对产品的忠诚度。

本章小结

客户关系管理系统是以客户为核心，由市场、销售、服务组成的有机系统，它的整个业务流程也是按照市场营销、企业销售、售后服务的顺序进行运作的。

客户关系管理系统是以客户数据的管理为核心的。客户数据库是企业重要的数据中心，记录企业在市场营销与销售过程中和客户发生的各种交互行为以及各类有关活动的状态，提供数据模型，为后期的分析和决策提供支持。

客户关系管理系统是以最新的信息技术为手段，运用先进的管理思想，帮助企业最终实现以客户为中心的管理模式。所以，一个完整的客户关系管理系统应当具有综合性、集成性、智能化和精简性、高技术等特征。

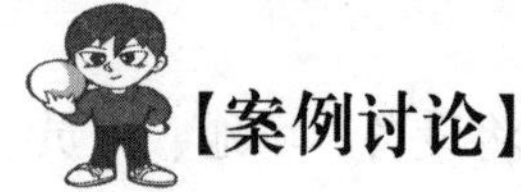

【案例讨论】

梅特勒—托利多仪器的革新

梅特勒—托利多仪器（上海）有限公司是全球著名的衡器及分析仪器制造商——瑞士梅特勒—托利多集团于1992年在上海漕河泾开发区成立的独资公司，主要从事各类电子天平、实验室分析仪器、过程检测及工业称重系统等产品的研发、生产和销售。从1996年开始，梅特勒—托利多上海公司便开始尝试使用不同的营销数据库系统，开展“数据库营销”。但是，效果不能令公司满意。

梅特勒—托利多集团有过实施CRM系统成功的经验，所以他们决定在中国选择一套功能完善的CRM系统。经过慎重的考虑比较，公司最终决定使用GrapeCity（原奥林岛集团）的CRM系统。梅特勒认为，如今的企业都面对着全球化的市场，企业的组织和流程管理应该是基本一致的，中国企业的管理也需要吸取西方的管理思想，所以，国外企业开发的CRM系统同样适合中国企业。

整个项目于2000年4月正式启动。具体的实施步骤大致可分为概念培训、流程分析、系统设计及客户化改变、环境建造、快速演习和初步运作。开始的初期阶段逐一地确定商业流程。在GrapeCity顾问的建议和指导之下，用户首先按照CRM系统的要求，围绕着以客户管理为核心业务，进行销售、市场、售后服务三大部门为主的构架组合，将原先松散独立的业务结构重新有机地组合在一起。在随后的三个月里，GrapeCity的实施顾问和用户一起携手进行流程的客户化工作，并逐步着手搭建数据库框架，整理产品信息和原来的旧数据库。

销售和市场融为一体。销售员利用GrapeCity的CRM方案可以比以往更有效地获取数据。通过个人销售环节、销售预测及动态区域管理，使销售员在团体销售的环境中充分共享信息，迅速获取潜在客户，把握销售机遇，并协助市场部门追踪了解市场、竞争者、消费者的趋势，建立修正市场发展计划，通过市场投资回报来计算获得潜在客户的机会成本。

愉悦的客户支持。为了同原先的业务相整合，GrapeCity将梅特勒自身的一整套支持方案无缝地连接到CRM系统中去，并结合GrapeCityCRM系统中的Agents技术，实现了与客户间的双向沟通和梯级传递，及时给予客户关系组的成员发送通知并协调相关活动，跟踪并且解决客户的问题，向客户提供专业的支持。

自定义电话销售模块功能。由于梅特勒—托利多的实验室产品有应用上的特性，极少可能通过电话实现销售，所以就将电话模块应用在调研和客户维持上。除了筛选有潜质的客户外，更多的应用是针对客户满意程度的评估和产品市场的定位。

实施的主角。作为整个项目的受益者和最终参与者，梅特勒自始至终都是以主动的角色来面对CRM，在灵活贯通了CRM的实施精髓之后，又结合自身行业特色提出了潜在应用的概念。潜在应用的含义和定位远远超越了潜在客户，并且完全站在了客户需求的角度上。GrapeCity的顾问按照用户的需求，设置CRM系统动态提示，以提醒销售人员在什么时候，以怎样的方式，去联系谁，提供哪个产品才是真正贴合客户的需求，以及提示市场和支持人员应当提供怎样的服务。

进入了实施的第四个月之后，公司培训了相关部门的部分员工，并从员工那里吸收了一些意见，对流程做了进一步的细化和调整，并在外地办事处建立起了子系统。整个项目进展顺利，在实施后的第六个月宣告成功。

由于有了先前信息化实践的经验，梅特勒—托利多公司对于CRM的实施给予了必要的重视，从整个公司的战略角度出发，多次进行系统的培训和观念上的培训，让公司的销售市场人员充分理解管理软件对公司及个人的重要性，教育全公司的职工能够切实地适应新的系统，适应新的管理机制。公司还采取了管理和系统并重的实施措施，保证销售人员使用CRM系统。现在大多数的销售人员已经转变了观念，愿意主动共享资源，真正实现了思想上的CRM实施。

梅特勒在短短的六个月之内完成了全部的实施工作，包括最初的重要基础数据的收集到最为艰巨的组织机构改革。当公司的国外总部了解到了中国CRM实施的成果之后，将之作为集团统一的原则标准，在全球范围内推广。

（《梅特勒-托利多仪器》，http：//www. managershare. com/wiki/客户关系管理）

思考：

1. 梅特勒-托利多仪器是如何走出困境的？

2. 该案例带来哪些成功的启示？

3. 其客户关系管理系统的成功因素表现在哪些方面？

复习思考题

一、选择题

1. 以下哪一项不属于销售模块的主要功能？（　　）

A. 现场销售管理　　B. 电话销售　　C. 销售佣金　　D. 移动现场服务

2. 在客户关系管理系统的功能当中，以下哪项功能不在其范畴？(　　)

A. 销售管理　　B. 采购管理　　C. 呼叫中心　　D. 数据挖掘

3. CRM 系统分为操作型 CRM、分析型 CRM 和（　　）。

A. 业务型 CRM　　B. 协作型 CRM　　C. 数据型 CRM　　D. 合作型 CRM

4. 在客户关系管理战略实施层次中，处于最高层的是(　　)。

A. 公司愿景和公司战略　　B. 企业价值

C. 业务流程设计　　D. 企业文化

5. 下列属于 CRM 中企业内部环境的是(　　)。

A. 财务状况

B. 营销能力

C. 研发能力和企业曾经使用过的战略目标

D. 以上都是

二、判断题

1. CRM 系统实现的第一步是拟定 CRM 战略。(　　)

2. 实施客户关系管理就是要购买一个 CRM 软件，并且在企业全面使用。(　　)

3. CRM 系统中最基本的功能模块就是销售自动化。(　　)

4. 客户关系管理系统是一套人机交互系统，需要一个有效的 CRM 解决方案的支撑。(　　)

5. 采用了 CRM 系统的企业相对于没有采用 CRM 系统的企业，可以降低对某些重要销售人员的依赖。(　　)

6. 情报信息属于销售模块的。(　　)

7. 服务模块不如销售模块和营销模块重要，可有可无。(　　)

8. CRM 软件的功越多，价钱越贵，对于企业实施 CRM 越好。(　　)

三、简答题

1. 客户关系管理系统有哪些业务功能？

2. 简述客户关系管理系统中各功能模块有哪些具体的功能。

3. 简述客户关系管理系统中各功能模块之间的联系。

参考文献

1. 王永贵：《客户关系管理》，清华大学出版社 2007 年版。
2. 李志刚：《客户关系管理理论与应用》，机械工业出版社 2006 年版。
3. 丁秋林、力士奇：《 客户关系管理》，清华大学出版社 2002 年版。
4. 杨路明、巫宁：《客户关系管理理论与事务》，电子工业出版社 2004 年版。
5. 叶开：《中国 CRM 最佳实务》，电子工业出版社 2005 年版。
6. 卢向南、李小东：《网络企业管理》，高等教育出版社 2001 年版。
7. 王实、张胜：《银行业 CRM 理论与实务》，电子工业出版社 2005 年版。
8. 陈京民：《数据仓库与数据挖掘技术》，电子工业出版社 2002 年版。
9. 苏新宁：《数据仓库与数据挖掘》，清华大学出版社 2006 年版。
10. 张翔：《客户关系管理》，机械工业出版社 2008 年版。
11. 郑玉香：《客户资本价值管理》，中国经济出版社 2006 年版。
12. 周贺来：《客户关系管理实务》，北京大学出版社 2011 年版。
13. 朱爱群：《客户关系管理与数据挖掘》，中国财经经济出版社 2001 年版。
14. 许志玲、赵莉：《数据库营销》，企业管理出版社 2008 年版。
15. 夏永林、顾新：《客户关系管理理论与实践》，电子工业出版社 2011 年版。
16. 谷再秋：《客户关系管理》，科学出版社 2013 年版。
17. 薛永基：《客户关系管理——理论、技术、与实践》，人民邮电出版社 2013 年版。
18. 江林：《顾客关系管理》，首都经济贸易大学出版社 2008 年版。
19. 陈企华：《成功留住老客户》，中国纺织出版社 2002 年版。
20. 陈企年：《成功开发和管理核心客户》，中国纺织出版社 2003 年版。
21. 陈祝平：《服务营销管理》，电子工业出版社 2011 年版。
22. 程越敏：《客户关系管理》，高等教育出版社 2011 年版。
23. 丁建石：《客户关系管理》，北京大学出版社 2006 年版。
24. 范云峰：《客户不是上帝：管理客户的策略》，京华出版社 2003 年版。
25. 范云峰：《客户管理营销》，中国经济出版社 2004 年版。
26. 谷再秋：《CRM 理论与实度》，经济科学出版社 2009 年版。

27. 彭志忠：《客户关系管理：理论、实务与系统应用》，山东大学出版社 2005 年版。

28. 邵兵家：《客户关系管理》，清华大学出版社 2010 年版。

29. 汤兵勇：《客户关系管理》，高等教育出版社 2008 年版。

30. 王晓梅：《客户关系管理实务》，北京大学出版社 2011 年版。

31. 郎金涛：《客户关系管理》，武汉大学出版社 2008 年版。

32. 吴清、刘嘉：《客户关系管理》，复旦大学出版社 2008 年版。

33. 夏水林、圆新：《客户关系管理理论与实践》，电子工业出版社 2011 年版。

34. 许志玲、赵有：《数据库营销》，企业管理出版社 2003 年版。

35. 易明、邓卫华：《客户关系管理》，华中师范大学出版社 2008 年版。

36. 张翔：《客户关系管理》，机械工业出版社 2008 年版。

37. 周贺来：《客户关系管理实务》，北京大学出版社 2011 年版。

38. 周洁如：《客户关系管理经典案例及精解》，上海交通大学出版社 2011 年版。

39. 马刚、李洪心、杨兴凯：《客户关系管理》，东北财经大学出版社 2005 年版。

40. 袁航、魏蕾、苏彦：《客户关系管理实务》，上海交通大学出版社 2016 年版。

41. 杨路明：《客户关系管理》，重庆大学出版社 2004 年版。

42. 韩耀：《客户关系管理：原理．技术．应用》，北京物资出版社 2004 年版。

43. 李志宏、王学东：《客户关系管理》，华南理工大学出版社 2006 年版。

44. 苏朝晖：《客户关系的建立与维护》，清华大学出版社 2007 年版。

45. 王广宇：《客户关系管理方法论》，清华大学出版社 2004 年版。

46. ［美］科特勒：《市场营销原理》，何志毅译，清华大学出版社 1999 年版。

47. ［美］吉尔·戴奇：《客户关系管理手册》，杨阳，管政译，中国人民大学出版社 2004 年版。

48. ［美］麦克姆·麦克唐纳、贝思·罗杰斯，《大客户管理》，徐嘉勇、文武译，企业管理出版社 2006 年版。

49. ［英］切维顿：《关键客户管理要点》，李志宏译，北京大学出版社 2005 年版。

50. ［英］马丁·克里斯托夫：《关系营销》，逸文译，中国财经经济出版社 2005 年版。